T0348653

FRANCESC MIRALLES

ESCRITO EN LA TIERRA

Sobre la cocina de los libros de éxito,
la felicidad y otros secretos de la vida

EDICIONES OBELISCO

Si este libro le ha interesado y desea que le mantengamos informado de
nuestras publicaciones, escríbanos indicándonos qué temas son de su interés
(Astrología, Autoayuda, Psicología, Artes Marciales, Naturismo,
Espiritualidad, Tradición…) y gustosamente le complaceremos.

Puede consultar nuestro catálogo en www.edicionesobelisco.com

Colección Espiritualidad y Vida interior
Escrito en la Tierra
Francesc Miralles

1.ª edición: noviembre de 2024

Maquetación: *Marga Benavides*
Diseño de cubierta: *Enric Jardí*
Gráfico manual p. 273: Carol Bernabeu Bayarri

© 2024, Francesc Miralles
(Reservados todos los derechos)
© 2024, Ediciones Obelisco, S. L.
(Reservados los derechos para la presente edición)

Edita: Ediciones Obelisco, S. L.
Collita, 23-25. Pol. Ind. Molí de la Bastida
08191 Rubí - Barcelona - España
Tel. 93 309 85 25
E-mail: info@edicionesobelisco.com

ISBN: 978-84-1172-193-6
DL B 16229-2024

Impreso en los talleres gráficos de Romanyà/Valls S. A.
Verdaguer, 1 - 08786 Capellades - Barcelona

Printed in Spain

*«No importa lo aislado que estés
y lo solo que te sientas.
Si haces tu trabajo
de forma verdadera y consciente,
amigos desconocidos vendrán en tu busca».*
CARL GUSTAV JUNG

*«Lo mejor que uno puede hacer cuando llueve
es dejar que llueva».*
HENRY WADSWORTH LONGFELLOW

1

VIVIR, ESCRIBIR Y AMAR

TERMINAL DE SALIDA

Te doy la bienvenida y gracias por estar aquí.

Mientras nace la primera página de este libro, siento que se abre un abismo bajo mis pies. Entre otras cosas, porque voy a contar mi vida desde que escribí mi primera novela hasta la actualidad. Con eso completo –por ahora– el proyecto que empecé con *Los lobos cambian el río,* aunque ambas obras se pueden leer de forma independiente.

El volumen que tienes en tus manos contiene, de hecho, tres libros. En el primero contaré, sin extenderme demasiado, todo lo que he aprendido de los libros y del arte de escribirlos. Hablaré de la cocina de los *best sellers,* de las ideas que triunfan misteriosamente y de las que pasan desapercibidas.

Como no todo el mundo quiere ser editor o escritor, todo eso nos servirá para hablar de los secretos de la felicidad.

A diferencia de mi primer escrito biográfico, del que *20 preguntas existenciales* es un puente que nos lleva a este, me detendré poco en mi vida sentimental. Sí relataré algunos eventos personales que son necesarios para entender el cuarto de siglo que voy a comprimir en este volumen, espero que de manera entretenida e inspiradora.

No es mi andadura lo que interesa, sino lo que sirva de ella para aprender el arte de vivir.

Tras esta primera parte más cronológica y literaria, en *Apuntes sobre la vida* he seleccionado las mejores anécdotas y reflexiones de mi blog semanal, *Monday News,* aunque sólo algunos lunes logro subir material nuevo. Es una miscelánea de vivencias y filosofías cotidianas que espero que te hagan sonreír y que te sirvan para tu propio viaje vital.

En tercer lugar, encontrarás una sorpresa que, hasta hace pocas semanas, ni yo mismo imaginaba que entraría en este libro.

Katinka Rosés, madre de mi hijo y amiga del alma, me hizo llegar tres cuadernos de viaje que hacía más de veinte años que no veía. Dos eran muy breves, pero el que recoge mi primer retiro budista en un monasterio de la Alpujarra es un libro completo en sí, ya que tiene 138 páginas.

Dado que lo escribí en apenas diez días, es la prueba de que tenía mucho tiempo –cuento lo que viví y cómo lo viví casi a tiempo real– y que soy un pésimo meditador. Las peripecias que se narran me han recordado a *El espejo vacío,* de Janwillem van de Wettering, o a la película *Sabiduría garantizada,* de mi admirada Doris Dörrie.

Tras releerlo, me di cuenta de que este manuscrito en una gruesa libreta de tapas naranjas es un libro en toda regla; uno de mis mejores, de hecho. Y está escrito con tanta precisión –regalos del aburrimiento– que la versión que vas a leer apenas tiene algún retoque. Esta obra inédita y vivencial ha escapado de una bolsa, donde dormía desde finales del siglo pasado, para completar *Escrito en la Tierra.*

Es un placer para mí que hagamos juntos este viaje. Sin más preámbulos –bueno, queda uno más–, vamos a empezar.

2

UN ASTRONAUTA EN LA TIERRA

Éste era el título que yo quería poner al principio, porque siempre me he sentido un bicho raro, como el *Space Oddity* del que habla David Bowie en su canción. Si estas memorias han llegado a tus manos, es posible que también te hayas sentido así.

No encajar se vive como un drama en la adolescencia y la primera juventud, cuando necesitas el calor y seguridad del círculo. Tratando de agradar, uno llega a convertirse en esclavo de los demás y sufre cada vez que no recibe la validación necesaria.

Por suerte, éste es un sarampión que se cura con la edad. Llega un momento en el que comprendes que no puedes ni debes gustar a todo el mundo. Madurar es aceptar que algunas personas te amarán y otras te ignorarán o te aborrecerán incluso.

Asumir esto es liberador, como afirman los filósofos Ichiro Kishimi y Fumitake Koga en su recomendable *Atrévete a no gustar*. El hermano de mi mejor amigo, JR, iba más lejos aún. Tras llegar los tres a una fiesta de gente realmente antipática, nos dijo: «*Yo aquí quiero quedar mal*».

A la hora de encargar la cubierta a Enric Jardí, un diseñador al que admiro profundamente, pensé que sería más divertido que en la portada se me viera en mi escritorio lleno de desorden con el casco de astronauta, navegando entre mundos imposibles. Para evitar el efecto vaca-vaca, el título cambió a *Escrito en la Tierra*.

Sin duda, se habrá usado antes para muchas otras cosas, pero, como decía Jaume Rosselló, mi maestro en el mundo editorial, «¿Cuántos libros hay que se llaman *El budismo*?».

Para singularizarlo está, además el subtítulo, así que este libro que contiene tres obras se llama: *Escrito en la Tierra: Sobre la cocina de los libros de éxito, la felicidad y otros secretos de la vida.*

La portada es muy diferente a la de *Los lobos cambian el río,* tan sobria y conceptual. De hecho, cuando se la mostré a mi amiga Xenia Vives y le dije lo que había pagado por ella, se partió de la risa, mientras gritaba: «¿Te han cobrado eso por cuatro piedras?».

A mí me gustan mucho las dos, porque además se trata de dos libros muy diferentes. El primero narra un cúmulo de calamidades, además de hablar de los maestros inesperados de la vida. Este aborda todo lo demás, cualquier cosa que eso pueda significar.

En esta primera parte voy a compartir muchas experiencias y visiones, y puede que hayas oído ya algunos chascarrillos en mis charlas y entrevistas. Si detectas una de esas anécdotas, estimado lector, te recomiendo que saltes al siguiente capítulo. No pierdas el tiempo con cosas que ya conoces.

En todo caso, estoy seguro de que aquí hay algo para ti. Puedo sentir tu aliento a unos 25 centímetros de la hoja, que según dicen es la distancia media del lector.

Gracias, de nuevo, por venir. Nos espera un viaje hacia finales del siglo xx que empieza en un aeropuerto de la India, con el olor a incienso mezclado con el de basura quemada.

Veamos qué pasó.

3

LA PRIMERA VEZ

La India siempre ha sido una vía de escape para los occidentales en crisis. Quizás hoy lo sea un poco menos, porque el Bombay que yo conocí en aquel primer viaje a Asia era un tremendo caos. Los elefantes y las vacas circulaban o bloqueaban el tráfico, mientras grupos de cerdos campaban a sus anchas frente a edificios públicos.

Desde el *boom* de *Ikigai,* que ha sido tres años n.º 1 en ventas en la India, he regresado a menudo al país. El Bombay actual es un nido de autopistas flanqueadas de edificios modernos y una contaminación que apenas permite respirar.

La India que yo encontré a las puertas del año 2000 era todavía lo que el viajero imagina en una aventura. Con Katinka, mi pareja, recorrimos el país más de un mes en vagones de tren de tercera clase, descansando nuestros huesos en pensiones llenas de ratas y cucarachas. También conocimos al misionero Vicente Ferrer, que atendía en Anantapur a un millón de pobres.

En la mayoría de lugares, antes de las nueve la gente se iba a dormir y quedaba todo cerrado. Tampoco había Netflix ni Internet por móvil en aquella época, por lo que cada noche dedicaba unas tres horas a escribir. Lo hacía con bolígrafo en una libreta que había comprado en un puesto de la calle.

Al terminar aquel primer periplo, en el que perdimos ocho kilos cada uno, regresé a Barcelona con esa libreta que contenía mi primera novela escrita a mano hasta el final. Sorprendido ante mi propia hazaña, la pasé pacientemente al ordenador y, con la inconsciencia del principiante, la envié a un importante premio de novela infantil en catalán.

Hecho esto, me olvidé de aquel mundo lejano y volví a mi trabajo de *freelance* como traductor, entre otras cosas, tras haber renunciado a mi empleo como editor.

Meses después se falló el premio y leí en la prensa el nombre del ganador. Lógicamente no era yo. Unos días después, sin embargo, me llamó la editora del sello que organizaba el premio y me dijo:

—La verdad es que el catalán que escribes no acaba de ser correcto, pero al jurado le gustó mucho tu novela y recomienda su publicación. ¿Estás dispuesto a entrar en el juego de las correcciones?

Dije que sí dando saltos de alegría y me puse manos a la obra. Adriana, una amiga filóloga, revisó el texto –yo había sido escolarizado en castellano y muchas cosas no sabía cómo se escribían– y pulí un poco más el estilo. Cuando lo tuve listo, lo llevé a la editorial y, sintiendo que mis pies no tocaban el suelo, firmé mi primer contrato como novelista.

Creo que recibí unos 600 euros de los que me sentí tremendamente orgulloso.

Medio año después, me dieron el primer ejemplar impreso. Jamás olvidaré la mañana que, estando en un café, abrí por fin el sobre. Contemplé asombrado la portada y las ilustraciones de interior que nadie me había mostrado en el proceso de edición.

Una semana más tarde me llegó la primera caja de libros, que repartí entre mis amigos, que parecían más felices que yo.

Uno de ellos, que dirigía una fábrica de colorantes para plástico, convenció a todos los obreros que tenían hijos de que compraran mi libro. Luego se acercó a mi casa para que le firmara medio centenar de ejemplares, cada uno dedicado al niño que iba a leerlo.

En esos modestos inicios recibí un cariño y amistad que nunca después he vuelto a encontrar.

Años después, cuando eres visto como un autor de éxito –aunque yo nunca me he considerado así– desapareces como persona. Nadie recomendará tu libro a los trabajadores de una fábrica, ni saldrá contigo a celebrar que has conseguido esto o aquello. Los viejos amigos creen que las cosas te van más que bien y que no necesitas ayuda. Piensan que estás demasiado ocupado para hacer «cosas normales», por lo que dejan de llamarte para ver partidos de fútbol.

Así es como vas desapareciendo humanamente y te conviertes en alguien que hace cosas y que consigue cosas. Atiendes mensajes de personas que te piden trabajo o una recomendación, de autores debutantes que te hacen consultas (intento contestar siempre que puedo); te llegan propuestas, invitaciones, quejas porque vas tarde con alguna entrega…

Pero no nos desviemos de aquel 2001 en el que sentí que mi modesta carrera literaria arrancaba por fin.

4

LA GATA MIKA Y LOS AÑOS DE SUBSISTENCIA

Por aquel tiempo, y durante quince años, viviría en la calle Tagamanent n.º 5 junto a Mika. Nunca he estado tan apegado a ningún animal como a esa gata atigrada de pelo largo que encontré en un viaje por Francia.

Bajábamos en coche desde Münster, con mi novia alemana y algunos amigos de allí, en dirección a un camping de la Costa Brava. En una de las últimas paradas antes de dejar Francia, en una estación de servicio un hombre de la limpieza sacó de la basura dos bebés de gato. Algún desgraciado los había arrojado allí.

Yo me quedé con la gata atigrada y la hermana de mi novia adoptó una gata de pelaje gris casi azul que se llamaría Magic.

Fue todo un reto viajar y dormir en tiendas de camping con las dos gatitas, pero logré llegar a Barcelona con Mika dentro de mi mochila. Yo acababa de regresar de mi estancia en Alemania y estaba buscando piso, por lo que me quedé una semana con mis padres.

Como mi madre era modista, cada vez que cogía la aguja para hilar una tela, la gata tiraba del otro lado del hilo, lo cual complicaba mucho su tarea. La buena mujer suspiró aliviada el día que nos marchamos, primero a un piso minúsculo de la calle Banys Vells y luego a Tagamanent.

En este último piso viviría primero con Christiane y, durante más de diez años, con Katinka, con quien acabaría teniendo un hijo. Mucho antes de eso, sin embargo, nuestra vida era una lucha constante por la subsistencia, siempre al límite.

Antes de introducirme en el mundo editorial, al que volveremos en breve, durante varios años viví de dar clases de alemán, principalmente.

Después de unos cursos deliciosos en Hibernia, una escuela irlandesa del Maresme donde fui tratado por sus dueños como un hermano, los tumbos de la vida laboral me llevaron a una escuela de azafatas, el peor empleo que he tenido.

No hacía demasiadas horas en ninguno de esos centros, así que me tenía que buscar clases particulares para juntar un mínimo sueldo. Para ello colgaba regularmente anuncios en panaderías, y la respuesta solía ser bastante buena, porque no hay tantos profesores de alemán.

El alumno más raro que llegué a tener, sin duda, fue uno que me llamó para pedir clases de conversación por teléfono. *«Nunca me verás»*, me advirtió, *«pero te ingresaré puntualmente el precio de las clases en tu cuenta. ¿Te parece bien que te llame cada mañana de 7h a 8h?»*.

Así fue como, durante tres meses, tuve que levantarme cada día a las 06:45 para dar palique a mi alumno fantasma. Me contaba que, después de las clases, limpiaba una fábrica mientras escuchaba CDs con lecciones de alemán.

Muerto de sueño, hablaba con él sobre su trabajo y sobre viajes. Mi misterioso interlocutor había estado el verano anterior en una isla griega que a mí me gustaba mucho, así que le pregunté qué le había parecido.

—*No vi nada* –dijo–. *Estaba siempre en el agua.*

En una de mis campañas para captar nuevos alumnos, tras colgar medio centenar de anuncios, nadie llamó. O como mínimo ya no dejaban mensajes en el contestador, puesto que yo me pasaba el día fuera de casa.

Cada tarde al volver, totalmente reventado, me encontraba con que nadie había solicitado información, lo cual era inusual. Empezaba a preocuparme.

Transcurrió una semana así y me dije que aquello era un misterio.

Este se resolvió una mañana que me encontré a un amigo por la calle y me preguntó:

—*¿Por qué cuando llamo a tu casa me contesta un puto gato?*

Sorprendido, hice la prueba de llamar a mi propio teléfono desde una cabina (en aquella época casi nadie tenía móvil) y, después de tres llamadas, oí el maullido quejumbroso de mi gata Mika. Luego la señal para que dejara el mensaje. Colgué.

Al llegar a casa, encontré a la gata ronroneando sobre el contestador, una máquina antigua (iba con microcasetes) que siempre estaba caliente. Era invierno y el animal lo usaba como estufa. De repente entendí lo que había sucedido.

Una de las mañanas que se había apalancado sobre el aparato, había activado por azar el botón de grabar nuevo mensaje de saludo. Tras el pitido, la gata se había asustado, reaccionando con un maullido entrecortado. Eso era lo que había quedado grabado en el contestador y lo que oían los futuribles alumnos al llamar. Misterio resuelto. Nadie se había atrevido a pedir información a un gato.

5

EL HAIKU

Tras mi paso por el sello de autoayuda y el viaje a la India, las clases de alemán habían quedado sustituidas por tareas editoriales. De vuelta a la vida del *freelance,* trataba de subsistir con traducciones y encargos muy esporádicos, mientras mi pareja daba algunas clases de alemán.

De vez en cuando visitaba alguna escuela donde leían *Perdido en Bombay,* y me hicieron un par de entrevistas en radios locales, pero pasaba la semana trabajando de sol a sol en unos trabajos que no me daban para vivir.

Para empeorar aún más la situación, dediqué muchos meses a escribir mi primera novela juvenil. Me presentaría a un concurso en el que sabía que no tenía posibilidades, el Gran Angular en catalán. Me faltaba oficio y los libros que ganaban premios siempre se ocupaban de problemas sociales.

Inspirado por mis amores platónicos, de los que hablé sobradamente en *Los lobos cambian el río,* me propuse escribir una historia muy sencilla: el primer enamoramiento de un chico tímido y acomplejado en un instituto público.

¿A quién podía interesar esa vida de mierda que, sin misterio alguno, se parecía a la mía de adolescente?

Eso sí, había encontrado un título bonito: *Un haiku para Alicia.*

Para acabar de complicar las cosas, yo en aquella época estaba convencido de que no podía escribirse nada bueno sin una primera versión a mano en una libreta bien gruesa, y con estilográfica. En algún lugar había leído a un editor decir que él podía detectar aquellos libros escritos directamente en ordenador, como si estuvieran apestados.

Cargado de manías, cada día me sentaba de 13:30 a 16:00 en la mesa de la cocina a escribir y reescribir con mi pluma. En muchos párrafos me costaba comprender mi propia letra. Luego habría que pasar todo eso al ordenador y repasarlo de nuevo. Es decir, que la redacción requeriría el doble o triple de tiempo que si la hubiera hecho directamente en ordenador.

Con todo, logré mantener la mentalidad de maratoniano hasta el final. El *deadline* era el 12 de septiembre de aquel 2001, cuando habría que llevar a la editorial cinco copias encuadernadas del manuscrito.

En mi audiolibro *Click,* donde explico los momentos en los que das un salto cuántico en tu existencia, explico así aquel proceso:

Mi amigo Gabriel García de Oro, experto en storytelling, *siempre dice en sus cursos que el principal músculo del escritor no es el cerebro, sino el culo.*

Yo había decidido sentarme a escribir todos los días esas dos horas y media, aunque no lograra avanzar. Y, de hecho, muchas veces asistía a la lucha entre mi cuerpo y mi mente. El cuerpo quería largarse a otra parte, no estaba «metido» en la novela, pero la mente lo obligaba a permanecer ahí, aunque fuera para releer páginas anteriores y tomar notas de cara a futuros capítulos.

Y entonces sucedía la magia. Había un momento en el que vencía la resistencia de la que hablábamos antes, cosa que podía suceder tras media hora o más de lucha. Entonces me sumergía en el texto y fluía en él, me dejaba arrastrar.

En ese estado de flow *el tiempo deja de existir, así que a veces la escritura se alargaba mucho más allá de las cuatro, sin que me diera cuenta.*

Tras el tremendo engorro que supuso pasar todo aquello al ordenador, dos horas antes de que venciera el plazo de entrega aún no sabía cómo terminar la novela. Había estado toda la noche tecleando, pero a las siete de la mañana aún me faltaba darle el cierre.

Conmocionado por el ataque a las torres gemelas, que había visto la tarde antes por televisión, estuve tentado de acabar la historia de amor con el torturado Genís Gràcia viendo esa escena. Sería como si el mundo entero se viniera abajo mientras él sufre por Alicia. Afortunadamente, opté por un cierre mucho más sencillo y natural.

Hecho esto, imprimí una copia y fui a duplicar y encuadernar cinco ejemplares a un Workcenter de la avenida Diagonal. Tras entregarlos, me olvidé totalmente del asunto.

6

LA POBREZA FELIZ

Seguramente conoces *París era una fiesta,* cuyo título original se traduce literalmente como *«una fiesta que cambia de sitio».* Describe los años bohemios de Hemingway en la capital francesa de 1921 a 1926, aunque lo escribiría mucho después y se publicaría de forma póstuma en 1964.

Por aquel entonces, Hemingway estaba casado con Hadley Richardson y, tras haber sobrevivido a la Primera Guerra Mundial, pertenecía a la «generación perdida». Allí conocería a Gertrude Stein, Ezra Pound o Scott Fitzgerald, entre otros.

Woody Allen adaptó este libro a su manera en *Medianoche en París.*

Hay un fragmento muy famoso de estas memorias que romantiza el hecho de vivir a salto de mata. De hecho, es el final de la obra:

«París siempre valía la pena, y uno recibía siempre algo a cambio de lo que allí dejaba. Yo he hablado de París según era en los primeros tiempos, cuando éramos muy pobres y muy felices».

Es posible que la escasez se valore más *a posteriori,* al igual que a lo largo de un viaje incómodo clamas al cielo, pero luego lo recuerdas con cariño y acabas incluso volviendo a ese lugar infernal. Tal como reza un proverbio chino: *«Cuando los calvos mueren, la nostalgia los convierte en cabezas rizadas».*

Algo así me sucede a mí con los meses que siguieron a aquel esfuerzo sostenido con la libreta, la pluma y la madre que los parió.

Debido a todo el tiempo que había invertido en eso, las facturas por pagar se habían ido acumulando. Llegó un momento en el que no ingresábamos nada y debíamos cuatro meses de alquiler.

Habíamos recibido ya la carta del juzgado para echarnos del piso, sin posibilidad de ir a ningún otro.

Un sábado por la noche que no habíamos comido en todo el día, abrimos la nevera y sólo encontramos una botella de cava que alguien había olvidado en alguna fiesta. Nada más.

Resignados, empezamos a juntar las monedas que teníamos en los bolsillos y cajones. Entre los dos juntamos 60 céntimos de euro, lo cual sólo llegaría para comprar una barra de pan el domingo.

Y entonces se hizo la magia.

Justo cuando acababa de apilar la última moneda de diez sobre el montoncito, sonó el teléfono a las 22:30 de la noche.

A esas horas sólo podía ser un amigo aburrido, pensé. Para mi sorpresa, al otro lado me habló el presidente de la editorial que convocaba el premio. El jurado se había reunido en una cena y *Un haiku para Alicia* había ganado el premio Gran Angular.

Además de la publicación, pronto llegaría suficiente dinero para pagar los alquileres y comprar comida.

He comprobado que una constante en la vida es que, cuando estás en la total miseria, si no desesperas, el destino suele premiarte con un punto de giro digno de una novela como la que inspiró *¡Qué bello es vivir!* Se trata de aguantar hasta que surja algo bueno.

Churchill lo resumía así en una frase que se ha convertido en un *leitmotiv* de mi vida: «*Si atraviesas el infierno, no te detengas, sigue caminando*».

7
OTRO CALLEJÓN SIN SALIDA

La noticia del premio fue toda una sorpresa, tanto en mi entorno como en la propia editorial, que era la misma que había publicado mi novela infantil de la India.

De hecho, al ir a las oficinas a recoger el cheque, noté frialdad por parte de la editora que había publicado mi primer libro. Me dijo que había tenido un «oponente fuerte», o algo así, lo cual significaba que ella había apostado personalmente por otro manuscrito.

Ésta es una de las cosas buenas de los premios que no tienen dotaciones enormes. Por mucha presión que se reciba de la editorial, al final el jurado vota lo que le da la gana. Puedo dar fe de ello porque he sido jurado de tres premios de novela juvenil, y nunca me he dejado influir por otra cosa que no sea mi propio criterio.

Cuando llegó el acto oficial de recibir el premio, delante de la prensa y el público, cometí uno de los mayores errores de mi vida.

Por aquella época mi timidez aún era enfermiza, por lo que no estaba seguro de poder dar la rueda de prensa sin sucumbir a un ataque de pánico. Éste fue el motivo por el cual no invité al acto a mi madre, a quien habría dado la mayor alegría de su vida.

Doce años después de su muerte, lo sigo lamentando.

Un haiku para Alicia fue un éxito, por tratarse de una novela juvenil en catalán. Se reeditó más de diez veces en poco tiempo, y fui a cientos de escuelas donde la tenían como lectura obligatoria. En estas sesiones, además de responder a las preguntas de los alumnos, yo organizaba siempre un concurso de haikus.

Por regla general, el ganador solía ser el peor alumno de la clase, quizás porque, al estar desahuciado escolarmente, tenía una libertad para crear de la que carecía el resto.

Mi anterior novela, *Perdido en Bombay,* también se estaba reeditando regularmente, así que pensé que la editorial debía de estar contenta y escribí una segunda novela con aquel primer protagonista. Tras mandarla a la editora, la respuesta fue un silencio –impermeable a *e-mails* de recordatorio– que duró más de un año.

En aquel entonces, yo no concebía publicar en otro sello que el que había apostado por mí, así que esa vía literaria quedó muerta.

Mientras esperaba en vano el *feedback* de mi nueva novela infantil, que se desarrollaba en Tailandia, donde había estado meses antes, tomé un cambio de rasante. Decidí que escribiría mi primera novela para adultos.

En aquella época, a los autores de LIJ (literatura infantil y juvenil) les colgaban el sambenito de que no podían salir de ese grupo de lectores. Estaban destinados a escribir sólo para las aulas, bajo prescripción de los profesores.

Yo quería romper con eso y, sabiendo que lo tenía difícil para que un sello de adultos quisiera publicarme, se me ocurrió una locura: escribiría seis novelas en una.

8

LOS SOÑADORES

Aquel proyecto, que me dio bien pocas satisfacciones, se publicó hace un par de años en castellano –es decir: veinte años después del original catalán– bajo el título *Los soñadores*.

Explicaré la rocambolesca manera en la que llegó a ver la luz a partir del prólogo que compuse para la edición de Malpaso, a quien agradezco que hayan rescatado esta rareza.

Como sucede a la mayoría de los escritores, para mi nuevo libro tenía demasiadas ideas bullendo en mi cabeza. ¿Cuál elegir? Me di cuenta de que muchas de las historias tenían un factor común: un ser humano enfrentado a un sueño aparentemente imposible.

Puestos a hablar de imposibles, yo me temía que, si encontraba un editor, mi primera novela para adultos sería tal fracaso que no me querrían publicar nunca más. Eso me llevó a una conclusión alocada: ¿por qué no incluir todas esas historias dentro de una misma novela? Así me aseguraría de que vieran la luz, como un parto de sextillizos, antes de estrellarme.

Tras completar la obra, emprendí la odisea de buscar un editor para la novela raruna que había parido. Era una época en la que aún se mandaba a las editoriales el manuscrito encuadernado con espiral, junto con tus datos de contacto.

Lancé mi misil literario a seis o siete sellos y, a excepción de uno, no logré respuesta alguna. Ni siquiera la nota estándar de rechazo que coleccionan muchos autores consagrados.

El único *feedback* que obtuve fue de un joven editor, Bernat Puigtobella, que entonces trabajaba en Edicions 62. No sólo tuvo la amabilidad de leer mi manuscrito, sino que me convocó en su despacho para comentarme la novela.

Me hizo comentarios muy precisos sobre cada una de las historias, demostrando que había leído el manuscrito con detenimiento. Luego vino el jarro de agua fría:

—*Dicho todo esto, mi respuesta es que no puedo publicarla. Sobre todo, porque no sabría cómo venderla.*

Con el paso de los meses, la falta de respuestas fue apagando mis esperanzas, mientras yo continuaba de *freelance*. Nadie quería aquel libro firmado por mí, aunque empezaban a irme bien las cosas con obras de autoayuda bajo seudónimo. Aun así, de vez en cuando imprimía y encuadernaba mi novela para darla a leer a algún amigo.

Una tarde que acarreaba uno de aquellos mamotretos en la bolsa, subí a la librería de FNAC de Plaça Catalunya a curiosear.

Un hábito que coservaba de cuando ejercía de editor era leer siempre que podía el *Publisher's Weekly* y explorar las novedades de las librerías. Mientras paseaba entre las mesas, leía sinopsis y cataba primeras páginas como si me fuera la vida en ello.

En una de esas *razzias,* me fijé en un nuevo sello de narrativa contemporánea. No conocía la editorial, pero los diseños eran modernos, y publicaban traducciones de obras *underground* como el *Sarah* de J. T. Leroy.

Al hojear uno de aquellos libros, mi intuición me habló en voz alta y clara: *«Ellos publicarán tu novela».*

Obedeciendo aquel mensaje de los servicios secretos del inconsciente, miré en los créditos dónde se encontraba la editorial. Era en una calle cercana al parque de la Ciutadella.

Era bastante tarde cuando decidí tomar el metro y presentarme allí sin cita alguna. Para mi desolación, al llegar la persiana metálica estaba casi echada. Sólo se levantaba un palmo del suelo, prueba de que quedaba alguien dentro, quizás el personal de limpieza.

Siguiendo el impulso que me había llevado hasta allí, apunté mi número de teléfono en la portada y deslicé el manuscrito bajo la persiana. Luego me largué.

Veinticuatro horas después me llamaron por teléfono. El editor de la colección quería verme para publicar la novela.

Firmamos un contrato sin anticipo y me dejaron elegir la imagen de portada, para la que utilicé una fotografía de Maria Castells, hermana de quien había vendido mi primer libro en su fábrica. Mostraba a un hombre de espaldas, sentado en la playa.

Pocos meses después, el libro salía al mundo. Un par de periodistas amables dedicaron una columna a mi opera prima que incluía seis novelas en una.

Un año más tarde había vendido menos de ciento cuarenta ejemplares. Con todo, yo seguía intentando darla a conocer.

En Sabadell, a veinte kilómetros de Barcelona, se inauguró una nueva biblioteca y me invitaron a presentar mi novela en un flamante auditorio con capacidad para cientos de personas.

Emocionado con aquella oportunidad, pagué 80 euros que no tenía a un joven y talentoso actor de l'Institut del Teatre para que leyera partes de mi libro mientras yo le ponía banda sonora al piano.

Al arrancar el acto, nos quedamos sin palabras. No había venido nadie.

Un cuarto de hora después, las dos organizadoras obligaron a un viejo que pasaba por allí a quedarse y ellas mismas se sentaron a hacer bulto en la sala desierta.

Realizamos el *show* de 45 minutos que habíamos ensayado para tres personas que se encontraban allí a la fuerza. Al terminar, el actor y yo regresamos a Barcelona en coche bajo un silencio sepulcral. Yo tenía el alma en los pies cuando me entró el SMS de un amigo enfermero que estaba trabajando.

«*¿Cómo ha ido?*», preguntó.

Yo le expliqué sin tapujos que había sido un fracaso vergonzoso. Fue entonces cuando este amigo me mandó una observación que jamás he olvidado. Desde el quirófano donde hacía guardia me dijo:

«*Ten en cuenta, Francesc, que hay cosas en la vida que no salen a la primera*».

Y tenía mucha razón, porque seis años después publicaría *amor en minúscula*, que sería traducida a veintisiete idiomas. Pero ya llegaremos ahí.

9

CUANDO CASI FUI FUNCIONARIO EN BRUSELAS

Desanimado por una vida literaria en caída libre, el anuncio de unas oposiciones como editor de la Unión Europea me volvió pragmático y razonable. Por poco tiempo, afortunadamente.

El empleo no tendría nada que ver con los libros. Se trataba de ocuparme de los boletines que publicaba España en el Parlamento Europeo. El sueldo era astronómico, comparado con las penurias que estaba pasando. Por otro lado, trasladarme a otro país me serviría para poner tierra de por medio de aquella vida que había entrado en vía muerta.

Lo supe con poca antelación, y además tenía trabajos por entregar; apenas pude estudiar. Me leí un par de veces el temario en el tren que iba a Madrid, donde tenían lugar las oposiciones.

A pesar de eso, es sorprendente lo cerca que estuve de acabar en Bruselas. De haber sucedido, ahora no estaría aquí contando nada de esto. Aprobé los dos primeros exámenes y en el tercero caí por poco. Me quedé a las puertas de ser un bien pagado funcionario de la Unión Europea.

Lo más curioso de aquella oposición –la única a la que me he presentado– es que, reconcentrado sobre los exámenes, descubrí a aquel mismo editor que me había contratado la novela. También él quería escapar de la precariedad y la pobreza.

«¿Y ahora qué?», me preguntaba.

Además del esfuerzo constante, quizás la principal clave para salir de cualquier atolladero es ser amable con la gente. Y no sólo porque tener buenas relaciones con los demás te da salud y felicidad, como concluyó el largo estudio de la Universidad de Harvard. Las oportunidades también dependen de los aliados que te vas haciendo por el camino.

Al final de mi etapa en la editorial donde sufrí *mobbing*, trabé buena amistad con una de las empleadas. Se llamaba Esther Sanz y, además de escritora, hoy es una valorada editora en un prominente sello de romántica.

Fue ella quien, tras saber que yo vagaba fuera de órbita, vino a verme con una propuesta que lo cambiaría todo. Me vino a decir:

—*El otro día estuve en unas jornadas de formación para editores donde daba clase una agente joven que se llama Sandra Bruna. Dijo que a ella le gustan los autores de infantil y juvenil, como tú, porque está convencida de que pueden escribir buenas novelas de adultos.*

—*¡Wow!* —exclamé agradecido—. *¿Cómo puedo contactar con Sandra?*

—*Será muy fácil* —me dijo Esther—. *Le he pedido su tarjeta y ella ya sabe que la llamarás.*

ILUSIÓN Y CAÍDA

Aunque he contado decenas de veces esta historia, me parece tan relevante para el cambio de fortuna que, si no te suena del todo, te aconsejo que prestes atención. Puede irte, literalmente, la vida en ello.

A menudo arruinamos procesos que requieren de una fase de maduración a causa de la impaciencia o de la ira, que muchas veces van juntas. Valorar desde un punto de vista emocional lo que está sucediendo suele ser la tumba de muchos proyectos.

Lo entenderás muy fácilmente con la vivencia que voy a exponer, aunque exigirá un relato bastante más largo que los anteriores.

Tras llamar al teléfono de la tarjeta que me había dado Esther, una voz alegre y juvenil me atendió, dándome cita pocos días después. Era la misma Sandra Bruna, que hacía poco que se había emancipado de la agencia donde trabajaba desde los 18 años y tenía la suya propia con un equipo mínimo. Creo que eran tres en total.

Por aquel entonces se llamaba B&B y ocupaba un piso muy pequeño de Gran de Gràcia.

Aquella joven rubia de ojos claros y sonrisa radiante me devolvió la ilusión desde el minuto cero. Le hablé de las reediciones de mis obras de LIJ, así como de una novela breve que había escrito y que se llamaba *Barcelona Blues*. Contaba la vida de un maduro editor de autoayuda, con muchas anécdotas de mi amigo y maestro Jaume Rosselló, quien había dirigido la oficina infernal de la que escapé para ir a la India.

Tras leerla, Sandra me dijo que le gustaba y prometió mandar mi manuscrito a varias editoriales.

Realmente lo hizo, porque no tardaron en llegar las negativas. El editor de un sello literario de Random House Mondadori incluso la riñó por haberle mandado aquel manuscrito. Le vino a decir: «*Pero, Sandra, ¿es que no te das cuenta de lo que nosotros publicamos?*».

Al final, una agencia literaria es un negocio, no una institución benéfica como la de Vicente Ferrer. Hay que pagar sueldos, alquiler e impuestos, además del caro *stand* de las ferias editoriales. Por lo tanto, tras cuatro o cinco intentos sin éxito de venderte, lo habitual es que tu obra acabe en un cajón y a otra cosa. Y con él, ese autor prometedor acaba en el cajón también.

Los frentes abiertos que llega a tener un agente son casi infinitos, por no hablar de los miles de *e-mails* que inundan su carpeta de entrada. Por consiguiente, cuando un manuscrito se encalla, pondrá su foco en otros que sean más fáciles de vender.

Esto lo sé ahora, que conozco a fondo el mundo editorial. En aquel momento tan delicado de mi carrera no podía adivinarlo.

Yo era alguien que había renunciado a todo por su sueño de escribir. Había publicado y reeditado varias veces mi primer libro para niños. Había ganado contra todo pronóstico un gran premio con mi debut en la novela juvenil, que era uno de los títulos más vendidos de la editorial. Prueba de ello era que no paraba de ir a escuelas.

Sin embargo, no había logrado comentario alguno acerca de mi novela infantil en Tailandia, y mis intentos de entrar en la literatura de adultos habían sido un fracaso.

Mi esperanza de que una agente literaria pudiera sacarme de la parálisis empezó a desvanecerse cuando Sandra Bruna dejó de contestar a mis correos. Llamé un par de veces, pero tampoco me devolvía las llamadas. Era como si hubiera muerto para ella.

Me sentía frustrado y muy enfadado. ¿Qué hacer?

Aquí fue cuando un consejo que me había llegado, en mis tiempos de editor, a través de Jaume Rosselló obró un verdadero milagro.

II

LO CONTRARIO
ES LO CONVENIENTE

Se trate de un amante, de un amigo o de un agente literario, lo normal cuando no te contestan es que uno acabe estallando. El *ghosting* –por usar lenguaje juvenil– de Sandra me invitaba a terminar nuestra relación con una salida de tono de esas que no te perdonan.

Un problema que tenemos las personas amables, y creo que yo lo soy, es que cuando perdemos el oremus, nos pasamos tres pueblos.

Fue justo entonces, cuando estaba a punto de mandarlo todo al traste, que recordé la anécdota que me había contado el editor jefe que me enseñó todo cuanto sé de este negocio.

Si no recuerdo mal, la frase era de un maestro de Yoga que, teniendo la revista *Integral* un amplio consejo de redacción, quiso poner paz durante una agria discusión. Este sabio tenía un lema cuando las emociones negativas dominaban a alguien. Y era:

Lo contrario es lo conveniente.

Es decir, cuando una persona está fuera de sí a causa de la ira, logrará resultados mágicos si hace exactamente lo contrario de lo que le pide el cuerpo.

Yo tenía curiosidad de saber si esa táctica funcionaba, así que decidí probarme a mí mismo en mi lance con la agencia B&B.

¿Qué era lo que me pedía el cuerpo? Mandar a paseo a quien me ignoraba dolorosamente, no respondiendo desde hacía un mes a mis correos y llamadas. Rescindir nuestro trato, no sin antes haber expresado mi enfado ante la falta de consideración.

¿Qué era lo contrario de eso (lo conveniente)? Dar las gracias a la agente literaria por seguir teniéndome en su lista de autores, aunque no había dado ni un céntimo a la empresa. Celebrar el privilegio y la alegría de estar con ella, aunque aún no hubiera sucedido nada.

Esto último es lo que expresé en un correo muy cariñoso (después de dos o tres sin respuesta), en la que además le proponía llevarla a un restaurante japonés de alto copete que acababa de abrir cerca de su agencia. Así celebraríamos la vida y la amistad.

Lo creas o no, querido lector, su respuesta me llegó de inmediato. Como si, más allá de las palabras, hubiera percibido el cambio de energía, su respuesta fue tan amable y cariñosa como mi propio mensaje.

Era un claro caso de contagio emocional.

Aceptaba agradecida la invitación al japonés gourmet, y la cita quedó fijada para muy poco después.

Lo que sucedió allí merece un capítulo aparte –bueno, van a ser dos o tres–, porque fue entonces cuando descubrí lo que denomino «venta japonesa».

LA VENTA JAPONESA

Sintetizando mucho, se trata de no mencionar jamás aquello que quieres vender. Es decir, aunque te guste saber «qué hay de mi pobre libro», ese tema tiene que ser tabú durante toda la reunión. Se puede hablar de cualquier cosa, menos de aquello que te interesa y que puede estresar al otro o ponerle en guardia.

Está en sintonía con el protocolo de conversación del *Chanoyu*, la ceremonia japonesa del té, motivo por el que lo he bautizado así. En la reunión se habla sólo de temas agradables, que nos unan o relajen. Cualquier punto que suponga un conflicto o desafío queda excluido de la mesa del té.

Aplicado al mundo de la venta o la representación, consiste en silenciar el objetivo para hacer sentir al otro cómodo y relajado. Como veremos más adelante —lo expliqué también en mi fábula *Mazal*—, si el tema al final ha de salir, que no sea de tu boca.

Antes de saber qué sucedió en ese restaurante japonés, voy a hacer un salto hacia delante. Una década después, tras haber vendido millones de libros en muchos idiomas —*Ikigai* llevaba ya 40 y seguía sumando—, empecé a ir a las ferias del libro a ayudar a la agencia a lograr ventas.

La más espectacular fue en una Feria del Libro de Londres, en la que invité secretamente a medio centenar de editores a una exclusiva tetería japonesa de Fitzrovia. Había alquilado el establecimiento entero con su servicio, que servirían té y pasteles a los editores. Estos no sabían a qué venían, pero quizás por eso acabaron acudiendo.

A lo largo de la fiesta, se proyectó en una pantalla la novedad: el libro *Ichigo-ichie*, un bello concepto filosófico de la ceremonia del té japonesa. Viene a significar: *lo que vamos a vivir en este momento no se repetirá nunca más*. Tras aquella inusual presentación, logramos vender el libro en veinte idiomas de golpe.

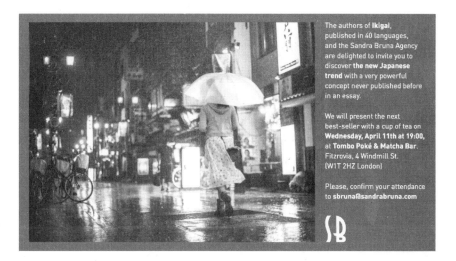

The authors of **Ikigai**, published in 40 languages, and the Sandra Bruna Agency are delighted to invite you to discover **the new Japanese trend** with a very powerful concept never published before in an essay.

We will present the next best-seller with a cup of tea on **Wednesday, April 11th at 19:00,** at **Tombo Poké & Matcha Bar.** Fitzrovia, 4 Windmill St. (W1T 2HZ London)

Please, confirm your attendance to **sbruna@sandrabruna.com**

Más allá del tema y del país de inspiración, sin embargo, esto no fue una «venta japonesa» como la que quiero ilustrar. Los editores llegados a la Feria de Londres acabaron sabiendo qué se pretendía ofrecer, y la base de este método de venta es el misterio.

Reproduciré un ejemplo real de «venta japonesa» tal como lo expliqué en un curso de mi buen amigo Álex Rovira.

Se trata de una estrategia misteriosa pero muy efectiva que tiene que ver con el concepto taoísta del Wu Wei, *el arte de no hacer.*

Imagina que eres un escritor de autoayuda que viaja a la Feria de Frankfurt para vender su último libro. Llevas años en la industria y has acudido a este encuentro de profesionales del sector para lograr traducciones de tu última obra.

Gracias a un contacto facilitado por tu agencia literaria, consigues que un importante editor británico acepte una invitación para cenar.

Cuando te lo encuentras a la puerta del restaurante, notas frialdad y un poco de tensión. Te da la mano formalmente mientras le agradeces haber aceptado la invitación. Está claramente a la defensiva, algo muy común cuando alguien cree que vas a venderle algo.

Pero aquí es donde entra la «venta japonesa», que ahora verás cómo se desarrolla.

Previamente, te has preparado a fondo para este encuentro. Recordemos que *la buena suerte se da cuando la preparación se encuentra con la oportunidad.*

Has averiguado que es un gran apasionado de la liga inglesa de fútbol, la *Premier,* y que años atrás, antes de ser nombrado editor jefe de un prestigioso sello, escribió una novela policíaca y la publicó en una pequeña editorial.

Os sentáis a la mesa y dejas claro que la cena corre de tu cuenta. Esto pone aún más a la defensiva al editor, que elige dos platos de precio modesto y una botella de agua.

Tú pides una copa de vino.

Al principio de la cena, el editor sigue envarado e incómodo. Ha venido por compromiso, y espera que en cualquier momento le presentarás la obra que has venido a venderle. Está acostumbrado a dar negativas, así que te dirá que ahora han reducido el plan editorial, pero que puedes mandar el manuscrito a su editora de mesa, que lo dará a un lector profesional de confianza, etcétera.

Con eso quedaría zanjada la cuestión y sólo habría que esperar a que terminara la cena para escabullirse.

Sin embargo, tú no vas a hacer nada de eso. Salir del camino trillado, de lo previsible, es tu baza en este juego.

Nada más empezar el primer plato, comentas con entusiasmo las últimas noticias de la *Premier.* Manifiestas tu sorpresa ante el bajo rendimiento de algunos equipos prometedores, para luego destacar un jugador revelación del que hay que esperar grandes cosas.

Sorprendido, el editor se mete de lleno en la conversación y aporta sus propias opiniones al respecto. Cuando el tema se centra en los métodos de Jürgen Klopp y su trabajo extraordinario con el Liverpool, el editor pide una cerveza y te cuenta, apasionadamente, por qué el entrenador alemán es el mejor del mundo.

Con el segundo plato, ya totalmente relajados, explicas tus paseos por la feria de Frankfurt, donde has acudido para captar tendencias. Concretamente, le cuentas que te gusta ir al pabellón norteamericano para ver los últimos lanzamientos de novela negra.

El editor se sorprende ante tu interés, porque te conoce como autor de autoayuda, igual que el sello donde él ahora trabaja. Le das dos o tres títulos poco conocidos que has leído los últimos años. Uno de ellos resulta ser muy de su agrado, así que comentáis con todo detalle los mejores momentos de la trama.

Tras pedir los postres, le preguntas por aquella novela policíaca que él escribió años atrás y por qué no ha vuelto a publicar. Le muestras tu intención de leerla, porque hasta ahora no has podido conseguirla, pero te atrajo la sinopsis.

El editor se emociona ante tu conocimiento y se ofrece inmediatamente a enviarte un ejemplar. Luego te explica, apenado, que desde que dirige el sello de autoayuda, sus nuevas responsabilidades no le dejan tiempo para escribir.

Le dices que eso no puede ser, que debería reservar un espacio para sí mismo, por muchas responsabilidades que tenga. Renunciar a su pasión de novelista no es justo para él ni para los lectores que esperan una segunda obra por su parte.

En este punto de la conversación, los papeles se han cambiado totalmente. Al darse cuenta el editor, cuando os sirven los cafés, de repente se preocupa y empieza a elucubrar:

«¿Es posible que este tipo me haya citado sólo para charlar? Es una persona agradable, pero me extraña que, dedicándose a escribir autoayuda, que es lo que yo edito, no haya soltado prenda de su última obra…».

El editor recuerda entonces que has estado paseando por el pabellón americano. Entonces le salta la alarma:

«Quizás su intención era ofrecerme su último libro, pero ya se lo ha comprado un editor de la competencia y ahora tira pelotas fuera».

Por si acaso, decide que antes de que se le escape la primicia, debe pasar al ataque, y le suelta:

—*Oye, ¿y tú en qué estás? ¿No tienes ningún libro para mí?*

Tú rebuscas en tu bolsa, como quien no quiere la cosa, y le entregas un ejemplar de tu libro, junto con un extracto en inglés.

Sin duda, va a ser leído con mucha atención por quien, al principio de la velada, no quería saber nada de tu obra.

Si analizamos las claves de la «venta japonesa», llegaremos a estas conclusiones:

1. Establecer una conexión personal cálida y relajada es requisito primordial de toda relación interpersonal, incluyendo la venta.
2. Interesarse por los temas predilectos de la otra persona logra milagros, en especial si incluye una pasión personal o un problema que debe resolver.
3. El misterio, lo que no se dice, es clave en la venta –también lo es en la seducción–, del mismo modo que lo que no sabemos de una historia es lo que nos empuja a continuar leyendo.

13

SI TIENES UN TALENTO, REGÁLALO (al principio)

Volviendo a «lo contrario es lo conveniente», tras invertir los ánimos —mi ira y la prevención de ella—, explicaré lo que sucedió en esa comida y las cosas asombrosas que ocurrieron después. Lo que vas a saber demuestra que un pequeño «click», un cambio de mentalidad, puede desatar la magia.

El restaurante se encontraba en la calle Ros de Olano, ofreciendo una fusión muy elaborada de cocina nipona y mediterránea.

Aunque yo no tenía intención de vender nada, sí apliqué sin saberlo los principios de la «venta japonesa» al desarrollo del encuentro. Cero hablar de mi libro. Cero hablar de editores. Cero protestar por la no respuesta a mis mensajes.

En lugar de eso, la comida deliciosa de más de dos horas se amenizó charlando sobre su hijo, el fútbol —ella es socia del Barça—, viajes soñados para el futuro y, como un ingrediente más del almuerzo, ella me explicó las dificultades de arrancar una agencia literaria con poco personal y una cantidad ingente de trabajo.

Más allá del día a día de la agencia, me contó que uno de los cuartitos del piso de Gran de Gràcia donde operaba B&B estaba inundado de manuscritos no solicitados. De esos mamotretos encuadernados en espiral como el que yo había pasado bajo la persiana metálica de la editorial tres años antes.

En los postres de un almuerzo que estaba siendo más que agradable, ahí vi mi oportunidad.

Antes de explicar qué le propuse a quien todavía hoy es mi agente, permíteme que haga un punto y aparte.

Después de la publicación del tercer libro de *ikigai* en 2021, que se dirige a los adolescentes —su título es *El pequeño ikigai*—, he visitado muchas escuelas e institutos para hablar con chavales preocupados por su futuro.

Especialmente, quienes han detectado dentro de sí mismos un talento, un don determinado que quieren convertir en su propósito de vida, te preguntan cosas como: «Pero… *¿podré vivir de esto?*». Mi respuesta siempre es algo así:

—*No te preocupes ahora por el dinero. Eso es algo que llegará después, según lo bueno que seas en lo tuyo y la suerte que tengas. En este punto, solamente deben preocuparte dos cosas: 1) desarrollar tu talento, 2) buscar la manera de que el mundo sepa que lo tienes, aunque sea trabajando gratis al principio.*

Volviendo al año 2004, en el que sucedió el prodigio que voy a contar, yo no sabía aún si era un buen escritor, pero intuía que tenía un don especial para detectar cuando un texto era comercial.

Lo experimenté durante mis años de editor, cuando quise comprar el primer libro de cuentos de Jorge Bucay, no siendo aún conocido. Sin embargo, la editorial latinoamericana ya lo había comprometido con otro sello. Acabaría vendiendo millones de ejemplares.

Ya en esa época, cuando me hallaba ante un manuscrito susceptible de tener éxito, sentía un calambre en mi columna vertical, independientemente de que me gustara el género o la misma escritura.

—*Yo te puedo hacer la criba de esos manuscritos que te llenan el cuarto* —ofrecí a Sandra Bruna—. *Tengo experiencia en esa tarea. Si te parece bien, pasaré cada viernes por la agencia y elegiré tres para llevármelos a casa y valorarlos el fin de semana. Te haré un pequeño informe conjunto de cómo los he visto. Ahora mismo estoy desocupado y no me tendrás que pagar nada.*

Ella aceptó mi ofrecimiento, pero me dijo que no permitiría que trabajara gratis. Me ofreció un pago simbólico por cada informe semanal de los tres títulos.

Dicho y hecho, me puse a la tarea con entusiasmo, feliz de poder ser útil. En el audiolibro *Click* explico así lo que sucedió:

A finales de mayo de 2004, entre la terna semanal había elegido un manuscrito en dos volúmenes llamado «El Bastaixo», que venía rechazado por ocho editoriales. Aunque estaba bastante mal escrito, nada más leer las primeras líneas sentí una descarga eléctrica en la columna. Con el tiempo reconocería esa señal como mi «click» personal, que me dice que estoy ante algo importante. Tras leer un par de páginas de aquella novela histórica en la que un niño y su padre, huyendo de la miseria y la muerte, se refugian en la Barcelona medieval buscando la libertad, mis dedos escribieron la nota informal que acompañaría el informe. En ella aseguraba que, cambiando el título y con un editing adecuado, aquello podía ser «Los pilares de la Tierra» de nuestra lengua.

Lo que sucedió después es ampliamente conocido. Sandra Bruna envió mi comentario a una gran editorial, donde rápidamente se pusieron alerta. Pidieron aquel manuscrito que nadie había querido hasta entonces –el autor se había autopublicado su anterior novela– y ofrecieron diez mil euros.

Ildefonso Falcones quedó tan alucinado con la noticia que nos invitó a Sandra y a mí al Botafumeiro, una cara marisquería de Gràcia. Pocos años después, con seis millones de ejemplares vendidos y más de quince traducciones, cuando este autor me encontraba en las fiestas literarias ya no recordaba quién era yo, pero eso es lo de menos.

Siguiendo mi sugerencia, la novela salió bajo el título de *La catedral del mar* y provocó un tsunami nunca antes visto en un escritor español del género.

Todo empezó por lo que en el mundo editorial se llama preventa. Para los profanos, explicaré que es el proceso que determina cuál va a ser el tiraje de una edición. Cuando el sello literario anuncia las novedades en su catálogo, los comerciales visitan las librerías para saber cuántos ejemplares querrán. Así, una gran cadena puede pedir 500, mientras que una librería pequeña puede encargar como mucho una decena. Todas esas «intenciones de venta» se suman, guardando una parte en el almacén para reponer, lo cual permite saber cuántos libros habrá que imprimir en la primera edición.

En el caso de *La catedral del mar,* la preventa fue descomunal. Todos los libreros se entusiasmaron con esta novedad, y el día que la novela se comercializó, en todas partes había enormes pilas de libros. Ése fue el inicio de un fenómeno que, entre otras cosas, permitió a la agencia mudarse a unas oficinas mucho más grandes en la Gal·la Placídia.

Yo no participé de aquellos beneficios –creo que llegué a ingresar 30 euros brutos menos impuestos por el informe–, pero me aportó muchas ventajas que serían clave para el resto de mi carrera:

1. Había visto confirmado que tenía un don que podría utilizar para descubrir a otros autores o para, una vez detectado el tema, escribir mis propios libros, cosa que al principio hice bajo seudónimo.
2. Las editoriales se enteraron de repente de que yo existía. Aunque no había conseguido aún un *best seller,* cuando Sandra Bruna mandaba algún proyecto mío, los editores decían: «Ojo, es del descubridor de *La Catedral del Mar*».
3. Sandra Bruna y un servidor nos pusimos a colaborar de distintas formas –por ejemplo, creando proyectos editoriales desde cero–, y empezamos a ser conocidos como el tándem de la muerte.

Aplicar la frase del yogui y ofrecerme a trabajar gratis desató un alud de acontecimientos para mí. Pero antes de ver cuáles fueron, contaré la manera ridícula en la que se cerró mi yo literario del pasado, tras una larga espera de mi segunda novela infantil.

LA MALA EDUCACIÓN

Entre las profesiones que conozco de cerca, puedo decir que donde he encontrado actitudes más groseras es entre algunos camareros y editores. Puedo hablar con autoridad, porque antes de hacerme *freelance* son los oficios que yo he desempeñado más tiempo.

Durante mis diez años como universitario, trabajé a menudo en bares los fines de semana, así como los veranos en un camping de la Costa Brava.

Por supuesto, hay muchos camareros amables, de esos que hacen que quieras ir a ese lugar en concreto porque te gusta su trato. Sin embargo, en ciudades como Barcelona, te encontrarás muchas veces detrás de la barra a personas que no quieren estar ahí.

Quizás son modelos o actores, que se han visto obligados a trabajar ahí, mientras esperan su oportunidad. El caso es que enseguida te harán notar que molestas. Sea por el trato despectivo o porque te hacen sentir invisible. Más de una vez me he encontrado como único cliente detrás de una barra, mientras dos camareros charlan entre ellos, fingiendo que no me ven.

Viví una situación así en un restaurante al que acudí con mi amigo Andreas, un diplomático al que le gusta la buena mesa. Tras una espera eterna en la que nadie nos hacía ni puñetero caso, se levantó y le dijo al encargado:

—*Me voy. Si a usted le sobran los clientes, a mí me sobran los restaurantes.*

Trabajando yo mismo de barman, recuerdo a algún compañero decir «ya llega el ganado, qué asco de peña» en el momento en que se abrían las puertas.

Por supuesto, hay decenas de miles de profesionales que no actúan así.

En el caso de los editores, los aspirantes a ser publicados se quejarán de que no contestan sus *e-mails* ni atienden sus llamadas, algo extensible a las agencias literarias, como vimos antes. Se puede disculpar aduciendo un problema de volumen, lo cual es absolutamente cierto, aunque para no herir de forma innecesaria es aconsejable cuidar las formas.

No hace mucho, presenté un escritor con un proyecto interesante a un editor amigo con quien hicimos un desayuno los tres. Le había preparado un capítulo de muestra y el editor se comprometió a comentarlo la semana siguiente. Eso no sucedió –lo mismo me ocurre a mí mil veces cuando debo leer–, así que le mandé una nota de voz una semana después con un recordatorio cariñoso. Me respondió que antes de que terminara la semana tendría *feedback*.

A eso siguió un silencio de varias semanas, durante las cuales me contaron que ese sello editorial pasaba por dificultades económicas. Como a ese editor me une una amistad de veinte años, le grabé un nuevo mensaje que decía algo así:

> *«He sabido que ahora no podéis contratar, lo entiendo perfectamente, pero si pudieras darme un comentario muy breve, seguro que el autor estará contento de saber tu opinión, ya que te preparó ese capítulo de muestra».*

Nunca he recibido respuesta y ya no voy a insistir.

El silencio puede ser mucho más ofensivo que decir algo como: *«Mira Francesc, las cosas por aquí están muy mal, así que dale mis disculpas a tu amigo escritor, porque ahora mismo no puedo mirar su proyecto. Si las cosas se arreglan, ya te lo haré saber»*.

El silencio de más de un año que siguió a mi segunda novela infantil, tras *Perdido en Bombay*, terminó gracias a la colaboración que habíamos establecido con Sandra Bruna.

Un editor puede ningunear a un autor, pero no puede hacerlo con un agente literario que lleva catálogos extranjeros y otros autores que le interesan. Así fue como, finalmente, nos citamos los tres para comentar la secuela de las aventuras de mi protagonista en Tailandia.

De entrada, la editora me dijo que no lo iba a publicar, a lo cual no hay nada que objetar. De hecho, lo vendimos a otra editorial poco después. El problema fueron las formas, pues la editora me devolvió el manuscrito encuadernado en espiral que yo le había enviado en su momento.

Había pasado tanto tiempo acumulando polvo, que seguramente ella olvidó que había dado aquel mismo manuscrito a su informador. Todo editor tiene una serie de lectores profesionales en los que confía, y este se había dedicado a escribir comentarios irónicos o directamente burlas en los márgenes de los folios impresos. Al ojear el manuscrito en casa, me encontré con perlas como:

¡Jajaja! Esta descripción parece sacada de una enciclopedia.

Nuevamente, no quisiera que se identificara esta falta de tacto con la profesión. Algunos de mis mejores amigos son editores, y una de ellas literalmente –y literariamente– creyó en mí y me convirtió en lo que soy ahora, como veremos enseguida.

15

SOLEDAD, GATOS Y AMOR

Todo artista sueña con esa llamada que lo puede cambiar todo. Los valientes que se dedican a la música, el cine, el teatro, a la pintura o a cualquier actividad que en teoría «no da dinero», según los prejuicios, necesita que en algún momento se abra una puerta importante. También los escritores.

Yo había entrado en una agencia literaria y trabajaba de sol a sol dentro de la industria editorial, pero no había logrado debutar verdaderamente en la novela de adultos.

Barcelona Blues, una recopilación de historias sobre un viejo editor, había salido al final en una editorial alternativa, y mi experimento con *Los soñadores* no era tampoco una novela, sino seis de cortas. Por lo tanto, tenía una asignatura pendiente.

Y entonces, una mañana de 2005, sonó el teléfono. Sandra Bruna me comunicó que la editora de Vergara, Marisa Tonezzer, quería hablar conmigo para un encargo.

Al parecer, pese a que no solía leer en catalán, había hecho el esfuerzo de sumergirse en *Un haiku para Alicia,* que aún no existía en castellano, y le había gustado.

Una semana después me citaba en la editorial. Fui recibido por una elegante mujer argentina de cabellos dorados que, nada más sentarme frente a ella, me dijo:

—*He leído tu novela juvenil y creo que serías un buen autor de narrativa para adultos. Me gustaría que escribieras una novela sobre la soledad.*

Me quedé patidifuso. Primeramente, porque era la editora de Joan Brady y James Redfield, entre otros descubrimientos.

Le respondí que me encantaría hacerlo, ya que para mí casi todas las novelas hablan de la soledad de su protagonista. Es difícil narrar la aventura de una familia feliz o de una pareja compenetrada, porque ahí no hay conflicto ni historia.

En aquella primera conversación salió el asunto de los gatos. Y no sólo porque en el patio de Ediciones B, donde se ubicaba el sello Vergara, hubiera unos cuantos deambulando.

Descubrimos que a los dos nos chiflaban los felinos y me comprometí a incluir uno de ellos en mi relato de soledad. Sin saberlo, estaba empezando a nacer la historia de Samuel y Mishima, el gato que araña la puerta de un profesor solitario el primer día del año, anunciando nuevos tiempos.

Justo antes de eso, la novela arranca con la triste celebración de fin de año por parte del protagonista, mientras ve por televisión cómo la gente se divierte.

En los talleres de escritura que doy de vez en cuando junto a Silvia Adela Kohan insistimos en la importancia de la primera página de un libro. No sólo es la que determina si el editor que revisa manuscritos seguirá leyendo. También es la que hace que un lector que curiosea en una librería quiera comprar la historia.

Aunque la novela *amor en minúscula*, que así se tituló, no fue un éxito al principio, considero que tiene un buen arranque. Es este:

650.000 HORAS

Faltaba un suspiro para que acabara un año y empezara otro. Inventos humanos para vender calendarios. A fin de cuentas, nosotros hemos decidido arbitrariamente cuándo empiezan los años, los meses, incluso las horas. Ordenamos el mundo a nuestra medida y eso nos tranquiliza. Quizá, bajo el aparente caos, el universo tenga un orden después de todo. Pero sin duda no será el nuestro.

Mientras ponía sobre la solitaria mesa del comedor un benjamín de champán y doce uvas, pensaba en las horas. Había leído en un libro que las baterías de una vida humana se agotan al cabo de unas 650.000 horas.

Por el historial médico de los varones de mi familia, calculé que mi esperanza de horas era algo menor a la media: unas

600.000 a lo sumo. A mis treinta y siete años podía hallarme perfectamente a mitad de recorrido. La cuestión era, ¿cuántos miles de horas había malgastado ya?

La novela gustó, pero no fue reeditada. Eso es lo que marca el éxito editorial. Sí puedo decir que recibí unos diez correos de lectoras argentinas que estaban enfadadas con Samuel por elegir a la esquiva (y borde, porque no decirlo) Gabriela, en lugar de amar a la veterinaria de quien se hace amiga a lo largo de la historia.

Yo estaba feliz de que me leyeran a ambos lados del charco, y además había firmado otro contrato con Vergara para la siguiente novela, que se llamaría *Ojalá estuvieras aquí*, inspirada en mi primera banda, Hotel Gurú. Pero de eso hablaremos luego.

Llegado a este punto, me sentía en paz con el universo. Había logrado cumplir mi sueño y no esperaba nada más. Eso sí, necesitaba seguir trabajando, porque no podía vivir de los pocos miles de ejemplares que había vendido mi novela.

Así fue como, después de una larga y secreta carrera bajo seudónimo, llegó mi debut oficial como autor de autoayuda, así como el encuentro con otra persona que cambiaría mi vida.

16

EL HOMBRE DE
LOS CIEN NOMBRES

Desde mi época de editor, simultaneaba esa tarea con la redacción de libritos bajo seudónimo, una actividad que se intensificó al volver a ser *freelance*. Digo libritos porque la mayoría eran de pequeño formato, con antologías de textos del zen, el tao o los indios americanos, entre otras cosas.

Para estas colecciones tenía un seudónimo que se llamaba Francis Amalfi. Consultando hace un rato una librería *online,* he comprobado que hay al menos 22 títulos de este autor que aún pueden conseguirse.

Francis Amalfi, alter ego compilador de mi persona, necesitaba trabajar de lo lindo, ya que no tenía *royalties* de aquellos libros. Cobraba «a precio hecho» una media de mil euros por cada una de esas obras, a no ser que se tratara de un proyecto más extenso.

No era mi único seudónimo; tenía otro para libros de psicología, uno femenino para ensayos sobre gatos o sobre la Luna… En total, quizás llegué a usar una decena de nombres antes de que llegara Allan Percy, que fue el que partió con la pana.

Las ventas con los anteriores eran bastante notables. Casi todos esos libros tenían tres o más ediciones, y el primero de ellos, del que hablaba en *Los lobos cambian el río,* fue durante diez años el libro más vendido de la editorial. De hecho, llegó a comercializarse en todos los quioscos de España en una edición de más de 10.000 ejemplares.

En muchas entrevistas me preguntan por qué diablos utilizaba tantos seudónimos, en lugar de capitalizar mi nombre con unas ventas de cientos de miles de ejemplares. Había bastantes motivos para ello:

1. Cuando empecé con esa carrera secreta, hacia el 1998, había un prejuicio contra los autores nacionales. Los de este género debían tener nombre anglosajón o alemán. En todo caso, no españoles.

2. Tener diferentes «marcas» me permitía practicar distintos estilos y personalidades. Eso me daba foco a la hora de redactar a la velocidad del rayo.

3. Dado que yo era tímido, como se había demostrado en la presentación de *Un haiku para Alicia,* el paraguas del seudónimo me permitía escribir con libertad y me ahorraba entrevistas y presentaciones.

Este cómodo anonimato se terminó cuando un sello de Planeta compró mi proyecto *El zen de la empresa.* El editor, que había sido mi profesor en el máster de edición y hoy es un buen amigo, me convenció de que diera la cara para poder promocionar el libro.

Acepté bajo una condición: Francesc Miralles firmaría juntamente con un seudónimo japonés: Yuki Ojiro. Debe de ser la única vez en la historia de la edición en la que un autor se ha desdoblado en su seudónimo, quedando los dos nombres en la portada.

Empecé a dar alguna entrevista y a acudir a las radios, algo que ha sido parte esencial de mi profesión en las últimas dos décadas. En una de ella, en Radio Barcelona, el programa de entrevistas estaba conducido por Álex Rovira.

Como dicen en *Casablanca,* sería el comienzo de una hermosa amistad.

17

SI NO LO INTENTAS, NUNCA LO SABRÁS

La entrevista fue muy agradable. Entre otras cosas, porque Álex Rovira es un ser capaz de hacer sentir bien al bicho más raro del universo.

Al terminar el programa, me propuso que fuéramos a tomar un café a una librería de Rambla Catalunya especializada en autoayuda. Se llamaba Excellence y, en la planta baja, se organizaban talleres y presentaciones de libros.

Estuvimos charlando amistosamente de temas de desarrollo personal y de las lecturas que nos gustaban, muchas de las cuales coincidían. En medio de esta cháchara hubo un momento en el que Álex Rovira se quedó paralizado y, con los ojos muy abiertos, me dijo:

—*Tú eres Francis Amalfi, ¿verdad?*

Tuve que reconocer que sí. Tras desenmascararme, Álex me confesó que coleccionaba todos aquellos libritos, que habían sido importantes para él en momentos difíciles de su vida.

Yo no daba crédito a lo que estaba oyendo.

De aquel primer encuentro salió una amistad que sigue hasta hoy, y que ha venido acompañada de muchos libros que hemos hecho juntos. El primero fue *El laberinto de la felicidad,* que se tradujo a todo el mundo y nos llevó de gira a Japón.

Ganamos un importante premio con *La última respuesta,* sobre la etapa de Einstein en Princeton, y, hasta la redacción de estas memorias, lo más reciente han sido los libros de relatos iniciados con *Cuentos para quererte mejor.*

Sobre esta serie tengo una anécdota bella y reciente que contar. Entre las muchas preguntas y propuestas que me llegan por Instagram, entre otras vías, el año pasado me contactó una cooperante de una ONG rumana que se dedica a promover la lectura en los niños pobres. Quería saber si había alguna posibilidad de que yo fuera a visitar a estos niños.

Yo le respondí que, si me procuraban los vuelos y un lugar donde dormir, podíamos buscar una fecha para hacerlo.

Eso ocurrió la segunda quincena de noviembre del año pasado, combinando dos ciudades rumanas.

Tras un primer día en Bucarest, donde de la mano de mi editorial visité una escuela, firmé libros e hice una presentación por la noche, al día siguiente me esperaban en Timişoara.

Allí me recibieron las entusiastas cooperantes de inEdu, una ONG dedicada a la educación en aquellos lugares donde los niños no tienen las mismas oportunidades.

Fue en este viaje que descubrí que *Cuentos para quererte mejor* es inmensamente popular en Rumanía, al igual que las dos antologías siguientes. Se ha reeditado una docena de veces y muchos niños han aprendido a leer con este libro.

En una cena con Andrada, una de las cooperantes, supe que uno de aquellos niños desfavorecidos era el responsable de que yo estuviera allí, en esa ciudad rumana que nunca antes había pisado.

La historia fue como sigue. Entre las actividades de inEdu está visitar zonas rurales donde muchos niños viven en situación de pobreza. Los voluntarios les acercan libros, leen con ellos y les enseñan también a escribir. Fue uno de estos pequeños que, entusiasmado con los *Cuentos para quererte mejor,* le preguntó a Andrada:

—*¿Por qué no traes al autor de estos cuentos para que podamos conocerle?*

—*Eso es imposible* –dijo Andrada–. *Este escritor vive lejos y está muy ocupado. No podría venir.*

—*¿Cómo estás tan segura de eso?* –insistió el niño–. *¡Pregúntale! Si no lo intentas, nunca lo sabrás.*

Dicho y hecho, Andrada me escribió por Instagram y, comprendiendo que aquel era un proyecto con mucho corazón, yo dije que sí enseguida.

Tras ser presentado en un auditorio de Timişoara por el cónsul honorario de España, di una charla a trescientos niños entusiasmados. Los habían traído en autobuses de todas partes y el ambiente era vibrante como en un concierto de rock.

Hubo un largo turno de preguntas, muchas de las cuales no tenían que ver con los libros —«*¿Tienes un gato? ¿Cómo se llama?*»—, lo cual me parece fantástico. Al terminar, llegó la hora de las firmas.

La mayoría de los pequeños no poseían ningún libro de los que habían leído, así que tuve que firmar muchas manos. Después de la rúbrica, me pedían un abrazo.

Participé en varios actos más con cientos de adolescentes, en la inauguración de una exposición de arte y otros eventos. No obstante, durante toda mi estancia en la bella Timişoara, que es conocida como «la pequeña Viena», fui consciente de que yo estaba allí porque un niño había expresado su deseo y un adulto le había escuchado.

Hay mucho que aprender de esta pequeña historia. ¿Cuántas cosas nos parecen imposibles sin haber comprobado que son así? Como dijo el pequeño lector: *si no lo intentas, nunca lo sabrás.*

18

SAMUEL Y EL AMOR
A LAS PEQUEÑAS COSAS

Volviendo al punto en el que dejamos la historia, en el 2007 tuve que recordar lo que me había dicho el enfermero nocturno, tras mi presentación en el auditorio vacío: hay cosas que no salen a la primera. Es más, a medida que vives, te das cuenta de que hay segundas oportunidades.

Aunque tenía sus fans, *amor en minúscula* pasó por las librerías españolas sin pena ni gloria. Y lo mismo sucedería con *Ojalá estuvieras aquí*. Pero entonces sucedió lo inesperado.

En la Feria de Frankfurt de aquel año, mientras Sandra Bruna se entregaba a la maratón de reuniones del Agents Center –una cada 20 minutos en la que se muestran de 10 a 20 obras–, una editora alemana apareció, feliz, con mi libro en la mano.

Al parecer, leía en español, al igual que una amiga que le había regalado el libro y que era una loca de los gatos como ella. Le había encantado la novela y quería comprarla para publicarla al año siguiente en un gran sello alemán.

Cuando Sandra me telefoneó para darme esa noticia, lo primero que pensé fue: «Esto es mucho más de lo que esperaba obtener de la vida». Y lo mejor estaba por llegar. Quizás porque es una historia intimista ambientada en Barcelona, con un solitario profesor de alemán como protagonista, la novela se reeditó decenas de veces, tanto en tapa dura como en bolsillo.

De hecho, *Samuel y el amor a las pequeñas cosas,* como la titularon en alemán, estuvo dos años entre los 50 libros más vendidos. Esto llamó la atención de otros países, con lo que la novela se tradujo a 27 idiomas. El 27.º fue el inglés. Yo no salía de mi asombro.

Love in Small Letters llegó a UK de la mano de un editor valiente, que mandó algunos ejemplares a Estados Unidos para que los distribuyera Penguin USA. Al leer la novela, sin embargo, el editor americano decidió que prefería lanzar la obra con el sello del pingüino, bajo el título *love in lowercase*.

Acabé viajando a Nueva York para presentar el libro y conceder algunas entrevistas, una de ellas a una periodista encantadora del *Publisher's Weekly*, la revista de referencia que yo leía como editor. Me hizo un reportaje para el siguiente número y, mientras tomaba notas durante hora y cuarto en un café, me dijo:

—*Has tenido suerte. En esta revista sólo entrevistamos a grandes nombres.*

Mientras tomaba un té verde, fui consciente de que tenía mucho de lo que estar agradecido, y a muchas personas. Para ser justo debía remontarme al principio de todo, a Marisa Tonezzer, esa editora visionaria y generosa que, siendo yo un completo desconocido, vio en mí la capacidad de salir al mundo a contar aquella historia íntima.

A diferencia de lo que sucedería pocos años después con *Ikigai*, en USA la historia de Samuel pasó desapercibida, tras unas ventas más que decentes en UK.

En todo caso, desde aquella primera traducción de *amor en minúscula*, yo me sentía en deuda con la vida y con el universo. Cumpliendo muy gustosamente con mi karma, decidí que utilizaría mi «don» para descubrir talentos. Desde entonces, medio centenar de autores han debutado de mi mano, cumpliendo un sueño que habían creído imposible.

Ya no me dedico a eso, salvo algún encargo que llega directamente de una editorial, pero puedo decir que algunos de ellos tocaron las estrellas.

19

EL SHERPA LITERARIO

Creo que la primera persona a la que ayudé a que escribiera y publicara una novela fue Esther Sanz, mi pasaporte a la agencia literaria. Ella estaba entonces en la editorial que yo había abandonado años atrás, pero seguíamos quedando para tomar cafés y proyectar sueños.

Esther era una gran lectora de novela romántica y tenía, además, mucha gracia escribiendo. Me di cuenta de eso al leer libros que ella había publicado bajo seudónimo, al igual que yo. En una de nuestras citas, la desafié a escribir su propia novela. Yo me comprometí a «pastorearla», como dice un amigo mío guionista, y a buscarle luego editorial a través de la agencia.

Dicho y hecho, Esther se puso a escribir y en el 2007 se publicaba su primera obra de narrativa en un sello de Planeta. Situó en el pueblo de sus padres la historia de amor, que se titularía *Vive rápido, siente despacio*.

Para un escritor que debuta, hay éxitos de distintos niveles. He identificado hasta seis:

1. El principal es llegar a completar el libro. La inmensa mayoría de óperas primas que se empiezan no se terminan.
2. Lo siguiente es que el libro se entienda, que aquello que has escrito lo pueda comprender cualquiera. No siempre sucede.
3. Si el manuscrito encuentra un editor que distribuye la obra en librerías es ya un enorme éxito para el autor. Todo lo que venga después va para matrícula de honor (>).
4. El libro se hace popular en el país y se reedita varias veces en la lengua de origen.
5. La obra tiene varias traducciones, aunque no llega a explotar fuera del territorio del autor.
6. Se convierte en un *best seller* mundial.

Como *sherpa* literario, he conseguido llevar a unos cuantos autores a los niveles 3, 4 y 5.

Volviendo a Esther Sanz, tras su debut la acompañé en la trilogía *El bosque de los corazones dormidos,* que tuvo varias reediciones (nivel 4), y en alguna obra más.

Otra editora y amiga a la que hice debutar fue Rocío Carmona, que alcanzó de entrada el nivel 5. *La gramática del amor* tuvo numerosos lectores y un buen número de traducciones. Luego la acompañé en otras obras notables como *Robinson Girl,* que yo no dudaría en llevar al cine si fuera productor.

Rocío fue, además, durante muchos años cantante de Nikosia, banda donde al principio cantaba una segunda editora, Joana Costa. De no haber existido ya esa formación, nos habríamos llamado *The Editors.*

De todos mis descubrimientos como *sherpa,* incluyendo el debut de una autora de 13 años, Hypatia Pétriz, quizás la que más ha tocado las estrellas es Sonia Fernández-Vidal.

Tras descubrirla en una presentación sobre ciencia, convencí a esta joven doctora en física de que podía escribir una novela acerca de la cuántica que entendieran incluso los niños. Así nació *La puerta de los tres cerrojos,* un «cisne negro» en toda regla. Es decir, un libro que nadie esperaba que se pudiera escribir, y mucho menos que tuviera éxito.

Publicada en el 2011 por una editorial con poca distribución fuera de Cataluña, Sonia Fernández-Vidal entró en listas con un tema aparentemente descabellado, física cuántica para niños, y se tradujo a una veintena de idiomas, al igual que sucedería con la juvenil *Quantic Love.*

En España no tardó en superar los 100.000 ejemplares vendidos, y sigue estando en el candelero.

Luego escribimos juntos el ensayo divulgativo *Desayuno con partículas,* que una década después se sigue reeditando. Lo paradójico es que Física era una de las asignaturas que yo suspendía siempre en el instituto.

Si, en aquel entonces, un viajero del futuro me hubiera dicho que, en el 2013, mi nombre saldría en la cubierta de un libro, junto a una doctora en física cuántica que ha investigado en el CERN y en el laboratorio de los Álamos, habría pensado que me gastaba una broma pesada. Y, sin embargo, el extraño guión de la vida ha querido que eso suceda.

Es un libro loco –y a la vez comprensible– en el que Sonia y yo viajamos a través de la historia de la ciencia como personajes en varios capítulos. Ella fue quien puso nombre al oficio al que llegué por los caprichos de un azar que sigue sus propias coordenadas.

Un día que estábamos repasando un capítulo de *Quantic Love,* me dijo:

—*Francesc, tú eres mi* sherpa *literario.*

Sonia es una de las pocas personas en el mundo con quien nos consideramos hermanos. Y no sólo porque nos hemos ayudado en momentos clave de nuestra existencia, sino porque hay algunas coincidencias asombrosas en nuestra vida.

Quizás la más insólita es que Sonia y yo habíamos tenido de niños la misma pesadilla. Me lo confesó tras leer los *Lobos.*

En el sueño, nos hallábamos frente a un laberinto inmenso, con miles de caminos y bifurcaciones que debíamos recorrer. Era una representación a vista de pájaro de lo que nos esperaba en la vida, cosa que hizo que cada uno –a una edad parecida pero en distinta década– se despertase gritando ante la inmensidad de opciones de la existencia.

20

EL COACH DESCONFIADO

Una de las experiencias que viví en mi época de *sherpa* tuvo como protagonista al entrañable y lúcido Mario Reyes. Al parecer, había fracasado antes con tres distintos *sherpas,* si es que podían llamarse así, en el intento de escribir y publicar un primer libro.

Ante su desesperación, una editora amiga de Madrid le remitió a mí con la frase lapidaria: *«Si Miralles no logra sacar adelante tu libro, nadie lo hará».*

Cuando Mario me llamó por teléfono, tras explicarme su idea, lamentó que una de las personas a las que había adelantado dinero para hacer el libro le entregó, dos años después, «un par de páginas con aforismos de Sócrates».

Yo le prometí que esta vez sería distinto y nos pusimos a trabajar enseguida. Mientras iba avanzando el libro, que se llamaría *Las tres cosas que te quedan por hacer,* yo iba descubriendo muchas curiosidades acerca de su vida.

Tras salir de Uruguay de muy joven, al instalarse en Madrid fue uno de los primeros *boys* en desnudarse para despedidas de soltera. Luego trabajaría de guardaespaldas.

El siguiente paso fue establecerse como promotor inmobiliario, tras idear un nuevo sistema para que los bancos prestaran el 100 % de la inversión a los clientes.

Vendió el negocio justo antes de que explotara la burbuja inmobiliaria, momento en el que Mario se decidió a vivir la vida. Participó, junto a un amigo también maduro, en el concurso Pequín Express, donde tenían que lograr llegar de Moscú a la capital china con un euro al día.

Los dos sesentones casi lograron completar el viaje, aunque no hablaban idioma alguno que les permitiera entenderse con rusos o chinos. Su secreto, en palabras de Mario, era «tener las expectativas bajo mínimos». Cualquier cosa que les ofrecieran, aunque fuera dormir bajo un porche, era celebrado como un triunfo.

Después de este viaje, se aventuró en el mundo del *coaching* y los talleres, motivo por el cual necesitaba publicar un libro para asentar su reputación.

Tengo que decir que muchos de los ejercicios que Reyes proponía eran útiles; yo los he utilizado en mis cursos e incluso en mi novela *Coworking*. Publicada hace un par de años, un alemán afincado en Gràcia propone el siguiente ejercicio en un taller:

—*Cada cual escribirá dos cosas que ha aprendido de su padre: una por imitación, porque le resultaba admirable, y otra por oposición, porque esa característica le provocaba tanto rechazo que desarrolló la cualidad contraria.*

Uno de los participantes del taller le dice que no lo entiende, así que el formador, que está resentido con su padre, hace el ejercicio para él:

—*Gracias, papá, porque con tu sinceridad me has enseñado a no decir mentiras. (…) Y cuando no he seguido esta virtud tuya, las cosas me han ido peor que mal (…) También te doy las gracias, papá, porque con tus silencios, que tanto me herían, aprendí a expresar lo que siento. O al menos a intentarlo.*

Sin duda, es un ejercicio poderoso que todo el mundo puede hacer con sus progenitores.

Durante el proceso de componer y lograr editor para aquel primer libro –luego vendrían dos más–, hubo amistad pero también momentos de tensión.

Como hombre que había sido empresario de éxito en su anterior vida, durante todo el desarrollo fue muy exigente conmigo. Cuando nos retrasábamos en las correcciones o surgía cualquier incidencia, se impacientaba y me apretaba las tuercas.

Pero finalmente coronamos la cima.

Con el libro ya listo, en cuestión de días era comprado por Obelisco, la editorial que descubrió a Coelho y a Robert Fisher, además de publicar mis dos libros de memorias.

El autor pudo así marcharse tranquilo a su retiro en Brasil, donde poseía una casa en un lugar llamado Pipa. Antes de tomar su avión, sin embargo, me llamó por teléfono y tuvimos esta breve conversación:

—*Francesc, ahora que hemos terminado, ¿puedo tutearte?*

—*Pues claro, Mario.*

—*Te quiero, hijo de puta.*

21

CÓMO SER SHERPA LITERARIO
(aunque sea de ti mismo)

Llegados a este punto, espero no aburrirte con tanta batallita literaria. A mí mismo me horroriza ver, que, desde los 30 años, el argumento de mi vida ha sido escribir, escribir y escribir sin parar. Bueno, también hacer escribir a los demás, como acabas de ver. Y viajar, aunque reconozco que cada vez más por obligación.

Si comparas *Escrito en la Tierra* con mis primeras memorias, *Los lobos cambian en río,* puede que te resulten más divertidas mis aventuras juveniles que las de un trabajópata convertido en máquina de hacer libros. No es mi culpa, pasa con todas las biografías.

Es más divertido ser joven que viejo.

Si estás perdiendo la paciencia, puedes pasar a la segunda parte, donde encontrarás una miscelánea de inspiraciones. O a la tercera, donde viajarás conmigo a un monasterio budista en el que viví aventuras de lo más absurdas.

En caso de seguir aquí, te pido un poco más de paciencia. En unas decenas de páginas viene un punto de giro, pues no es posible trabajar catorce horas al día, de lunes a domingo, sin acabar mal o muy mal. Pero ya llegaremos a eso.

Mientras tanto, por si alguien que lee estas memorias, además de escribir, le gustaría acompañar a otros en tan noble oficio, voy a compartir mis claves para ser un buen *sherpa* literario.

Antes, sin embargo, veamos el ABC (o el ABCDEF, puesto que son seis puntos) para escribir un libro, sea solo o acompañado.

HOJA DE RUTA

1. Así como un alpinista se prepara en función de una cima en concreto, resulta muy útil afrontar un libro pensando en la editorial y colección concreta donde desearíamos publicarlo. Como

decía un profesor que tuve en el máster de edición, «*antes de empezar a escribir un libro hay que imaginarlo terminado para saber lo que tenemos que hacer para llegar hasta allí*».

2. Para lograr esa imagen de conjunto, un buen ejercicio es redactar la llamada «proposal»: un dosier que incluye el título, subtítulo, sinopsis, ficha del autor y un capítulo de muestra.

3. Antes de iniciar la ascensión a la cima, hay que prepararlo todo para que el camino fluya sin accidentes. Si se trata de una novela, plasmaremos por escrito cómo es cada uno de los personajes, los escenarios, el tiempo de la acción, el punto de vista narrativo…

4. El último paso antes de empezar la escritura es preparar un guión lo más detallado posible. Si precisamos qué sucederá en cada uno de los capítulos, aunque un libro es algo orgánico que va cambiando a medida que avanza, como mínimo lograremos un equilibrio y no nos «quedaremos en blanco».

5. La escritura de una obra se podría extender indefinidamente, por lo que es bueno ponerse una fecha de finalización como meta y estímulo. Así podremos calcular cuántas páginas debemos terminar por semana. Esto es una carrera de resistencia, una maratón, por lo que hay que obligarse a escribir con ganas o sin ellas para cumplir el objetivo de cada etapa.

6. Una vez terminado el libro, merece la pena buscar dos o tres lectores que se correspondan con el público al que te diriges. Si es una novela juvenil, por ejemplo, nos resultará muy útil contar con la opinión de lectores adolescentes. Hay que hacer caso de sus indicaciones, ya que conocen el terreno mucho mejor que nosotros.

LA TAREA DEL *SHERPA*

Ya hemos descrito la mecánica para llevar a buen término una obra, y sin duda el *sherpa* puede y debe acompañar en este proceso. Sin embargo, más allá de la organización y la constancia, hay aspectos que debes trabajar cuando acompañas a un alpinista que se dispone a coronar su primera cima:

1. Detectar qué hay de único en el estilo y visión del mundo del artista y hacer de ello su seña de identidad.

2. Ayudarle a organizar su proyecto en objetivos pequeños (por ejemplo, un capítulo por semana) que le ayuden a superar el vértigo ante el conjunto de la obra.

3. Enseñarle a separar el grano de la paja a la hora de elegir qué contar.

4. Asimilar las claves del *editing,* que es lo que distingue un texto profesional de otro que las editoriales rechazan al ver que presenta deficiencias.

5. Encontrar el inicio y cierre ideal para cada capítulo y para la novela misma. El inicio de un libro es lo que nos enamora y hace que lo compremos. El final, cuando es mágico, lo que desata el boca oreja.

22

ROCK'N'ROLL

No se puede estar siempre tecleando delante de una pantalla. Éste es el motivo por el que bastantes escritores tienen bandas de rock u otros proyectos alternativos.

En mi caso, además de viajar, la música siempre ha sido mi válvula de escape. De hecho, hasta los treinta años jamás pensé que pudiera ser escritor. Mi sueño juvenil era componer bandas sonoras, aunque también he montado algunos grupos.

Cuando iba al instituto, tuve una banda que se llamaba The End que se parecía a la que aparece en *Sing Street,* una película encantadora sobre los sueños adolescentes.

Desde que empecé en primaria tocando la melódica –en la escuela lo llamaban *doremí*– he compuesto más de cien canciones, aunque no soy un buen instrumentista. Nunca lo seré porque me falta disciplina. Practico y ensayo sólo cuando faltan un par de días para el concierto.

Después de una década bicheando –por usar una palabra actual y más adecuada a lo que hago– el piano, escuchar un disco de Keren Ann, *I'm Not Going Anywhere,* encendió en mí el deseo de montar una banda.

Rescaté todas las cintas que había metido en una caja de zapatos con fragmentos de melodías. Como nadie me va a encargar la banda sonora de una película, las fui convirtiendo en canciones con letra. Para ensayarlas y poder tocar en directo, creé una banda llamada Hotel Guru. Así se llamaba un hotel del sur de la India por el que pasamos en aquel primer viaje con mi novia.

Antes de eso, había tenido un tándem musical con un compañero de la universidad, Manolo Cerdó. Nos llamábamos Saturday Song y nunca llegamos a actuar, pero los acordes de algunas canciones acabarían en el nuevo proyecto, como fue el caso de *Suburban Princess.*

La puedes escuchar en Spotify o en YouTube en un disco llamado *Songs for Gurus,* que grabé un tiempo después con músicos profesionales.

Volviendo a Hotel Guru, esta banda que arrancó en 2007 murió en el 2008 tras poco más de un año de existencia. La cantante principal, Noemí Conesa, es una excelente fotógrafa que hoy vive en Austria. Ella inspiró de algún modo a la protagonista femenina de *Ojalá estuvieras aquí,* donde en un concierto final aparecen con su nombre otros miembros de la banda.

Fue divertido mientras duró y llegamos a hacer algún concierto bastante nutrido de público y una pequeña gira por Madrid.

Tras el fin de los gurús, nació el proyecto de Nikosia, que editó cuatro discos –dos de ellos en Warner, al igual que el *Song for Gurus*– y se especializó en tocar en presentaciones literarias. De hecho, con esta banda compuse temas para muchos *booktrailers.*

Ocho años dan para mucho, con lo que llegamos a hacer algunas giras, incluida una en Chipre, donde fuimos invitados sólo por el nombre de la banda.

Tras su disolución, que coincidió con un cataclismo personal al que dedicaré algunos capítulos, compuse el álbum terapéutico *The 12 Autumns,* en colaboración con buenos músicos y amigos. El día 27 de cada mes publicaba una canción que me servía de guía sobre cómo andaba mi salida de la depresión.

En el aburrimiento de la pandemia, grabamos a distancia entre tres amigos el álbum *Kalendar,* que también se puede escuchar por las redes. Lo hicimos para animar a las personas que trabajan desde casa y anhelan tener música inspiradora.

En la página que sigue puedes ver, en plan fanzine, algunas fotos y *flyers* de estos proyectos. En la actualidad mi proyecto musical se llama FREVA –por Francesc y Eva, una maravillosa cantante– y, tras dar tres conciertos alternativos, nos proponemos tocar en una sala donde cualquiera que haya comprado una entrada pueda venir.

Mi otro proyecto musical es *The Human Fish.*

concert benèfic
per Càritas
Divendres 17 de juliol
19 h.

NIKOSIA

(alternative folk)
presenta el seu disc:
The Long Journey of Wolves

(power pop)

amb la participació de:
Montse Aguilera

Ateneu Barcelonès
Canuda, 6
Barcelona

Espero que, si venimos a tu ciudad, nos vengas a ver.

Después de esta pausa musical, retomemos el hilo. Cuando Hotel Guru había dejado de existir y Nikosia empezaba a tocar sus temas melancólicos, viví la experiencia más inesperada y extravagante de mi carrera literaria.

Dimecres 22 d'abril a les 22h
a LA COVA DE LES CULTURES
carrer de l'Àngel 12 (Gràcia)

HOTEL GURU en concert
amb motiu de la presentació de la novel·la
de Francesc Miralles TANT DE BO FOSSIS AQUÍ
(Amsterdam) / OJALÁ ESTUVIERAS AQUÍ (Vergara)

ENTRADA LLIURE presentant la novel·la a la porta

diumenge 6 d'abril

concert molt especial d'HOTEL GURU

per primera i última vegada a Barcelona
amb la banda completa que ha enregistrat el disc
us esperem!

a les 20:30 a LA JUGLARESCA
carrer Sant Lluís 58, Gràcia (M. Joanic)
entrada: 6 €

23

EL FENÓMENO ALLAN PERCY

En medio de conciertos, viajes y miles de horas frente al ordenador, después de un tiempo alejado de los seudónimos, tuve que crear uno para un proyecto que no encajaba en nada de lo que hubiera hecho antes.

Allan Percy, compuesto a partir de Edgar Allan Poe y Percy Shelley, llegaba al mundo con *Nietzsche para estresados*.

Se trataba de un libro con 99 capítulos prácticos, cada uno inspirado por un pensamiento del filósofo alemán. Cuando fui a ver a un editor con este proyecto, me dijo que el título era horrible y que nadie querría leer un libro así.

El primer libro de Allan Percy pasó tres o cuatro años en el limbo, mientras yo me dedicaba a otras cosas.

Lo rescató en el 2009 la editora de DeBolsillo, que decidió publicarlo bajo formato económico. Yo esperaba una portada con un Nietzsche pasado por Warhol, así que cuando me enseñaron una cubierta con calcetines de colores disparejos, me dije: «Dios mío, no vamos a vender ni uno».

Y esta vez fui yo quien se equivocó, porque el libro empezó a reeditarse con gran celeridad. En apenas un par de años se hicieron casi quince ediciones, lo cual fue detectado por editores extranjeros.

Sin tener redes ni dar una sola entrevista, Allan Percy empezó su andadura internacional con muchas traducciones, pero en dos países obtuvo un éxito muy superior a España. *Nietzsche para estresados* y el siguiente título del autor, *El coaching de Oscar Wilde*, estuvo en Grecia dos años entre los más vendidos de no-ficción, con más de 20 ediciones entre ambos títulos.

En Brasil el éxito fue aún más fuerte, por las dimensiones del país, y totalmente inesperado. Después de tres años copando las listas de no-ficción, Allan Percy había vendido un millón de ejemplares sólo del primer título. Era una celebridad nacional, aunque nadie sabía cuál era su rostro. Esto motivó a los organizadores de la Feria del Libro de Río de Janeiro a solicitar a la editorial que hiciera todo lo posible para traerlo al país.

Cuando recibí por *mail* la invitación formal para viajar a Río a dar la conferencia «La Felicidad en un Minuto» –ése es el tiempo de lectura de cada capítulo– ante miles de lectores, casi me caí de la silla.

En aquella época no daba charlas, a no ser que fuera estrictamente necesario. Sin embargo, no podía hacer un feo a los editores brasileños, así que decidí destaparme como Allan Percy y acudir al acto de apertura del certamen.

Tras volar en primera y ser alojado en un hotelazo al lado de la feria, advertí a la asistente que me esperaba con el cartel de «Allan Percy» que eso era sólo un seudónimo, que mi nombre era otro.

—*Usted diga que es Allan Percy* –me recomendó la asistente–, *así se evitarán confusiones.*

La ponencia salió bien dentro de lo posible, porque estuvo rodeada de acontecimientos caóticos, dignos de una película con Bill Murray como protagonista.

El mismo conferenciante, un servidor, estaba desinformado, puesto que en la sala descubrí que sería una tertulia con un autor literario especialista en Nietzsche y un célebre moderador.

Eso me facilitaba el trabajo, porque es más fácil conversar que soltar un rollo de una hora, pero he aquí la primera piedra en el camino: todo el mundo pensaba que Allan Percy era anglosajón, incluidos los organizadores de la feria, con lo que me habían procurado un intérprete en inglés.

El problemón estaba servido, porque hubo que hacer la tertulia sin intérprete.

Los otros dos hablaban en portugués, que entendí con gran dificultad, y yo hacía mis intervenciones en castellano, con lo que el público se perdía buena parte de lo que decía. Nada más terminar, nos urgieron a liberar la sala porque había otro ponente. «*¿Y las firmas?*», pregunto. «*No hay tiempo*», me dicen.

Para acabarlo de complicar, en el exterior se había formado un tumulto de miles de personas que esperaban a un joven humorista famoso en YouTube. Así, los pocos libros que pudo firmar Allan Percy fue de pie, con la editora aguantando una carpeta, y la gente empujando.

—*Vamos a intentar que firmes en el* stand *de la editorial* —me dijo mi sufrida acompañante.

Una vez allí, nos encontramos con que también eso era imposible, porque ese mismo sello publicaba al chico de YouTube y una multitud de gente bloqueaba el *stand*. Se calculaban dos horas de cola para llegar a la caja.

En la sección de Allan Percy había mucha gente hojeando los libros, pero aunque hubiera una mesa para firmar, jamás habrían logrado comprarlos.

Salí de la Feria totalmente aturdido e invité a las editoras a una botella de Protos en un restaurante italiano. Tenía el sentimiento amargo de haber venido de 7.000 kilómetros para participar en una charla que casi nadie había entendido.

Aunque Allan Percy estuviera desde hacía años en las listas de los más vendidos, sólo logré conocer a un bloguero y a un lector.

Este último se llamaba Felipe Chiesa, trabajaba haciendo pasteles en su casa y se chupó ocho horas de autobús para conocerme y otras ocho para regresar. Para mí, este chico representaba a todos los lectores brasileños que jamás conocería, así que le invité a comer en el restaurante del hotel y le interrogué largamente sobre su vida, como es mi costumbre.

En medio de nuestra comida, hubo un detalle que me llegó al alma. Felipe me mostró su ejemplar de *amor en minúscula,* publicado en Brasil en el 2010. Después de firmárselo, de dentro del libro extrajo un folio doblado que contenía una sorpresa. Era el *e-mail* que me había escrito tres años atrás, al terminar la novela, junto con mi respuesta.

Lo leí como quien hace arqueología de sí mismo, porque no recordaba para nada aquella correspondencia. En aquel entonces, eran ya miles los mensajes que me llegaban cada año de toda clase de lectores.

—*Tardaste dos días en responder, pero fue muy importante para mí recibir este correo* —me confesó emocionado.

A continuación, puso sobre la mesa la colección completa del exitoso autor en Brasil para que los firmara. Al dedicarle *Nietzsche para estresados,* le dije:

—¿*Sabes que éste es el primer libro que firmo en mi vida como Allan Percy?*

Mientras abandonaba Brasil, al día siguiente, me di cuenta de que la vida tiene a menudo una agenda oculta. Tal vez el verdadero motivo de aquel descabellado viaje a Río fuera conocer a Felipe Chiesa, después de no pegar ojo en una larga noche de autobús.

Así pues, mereció la pena al fin de todo.

24

HIMMLER EN MONTSERRAT

Desde la publicación de *Ikigai*, a la que ya llegaremos, debo de haber hecho más de mil entrevistas sobre este tema. Algo que me irrita es que quienes sólo conocen ese libro lo presenten como mi primer éxito, un golpe de suerte del que me sigo sorprendiendo.

Lo cierto es que tuve varios éxitos sonados con anterioridad, cada uno en un género distinto, cosa aún más singular y difícil.

Además de la multitraducida *amor en minúscula* y del éxito insólito de Allan Percy, en el 2007 estaría más de seis meses en las listas de los más vendidos con mi primer *thriller El cuarto reino,* que empezaba por la frase «La muerte es sólo el principio».

Fue el inicio de una serie, pero la primera novela sería un gran éxito, con numerosas reediciones y varias traducciones. Recibía a diario *e-mails* de lectores entusiasmados y fue la primera vez que vi —sucedió en más de una ocasión— a lectores enfrascados con mi libro en el transporte público.

Escribí este *thriller* tras haber leído un artículo en una revista de historia sobre la visita de Himmler, el jefe de las SS, al monasterio de Montserrat. Se cuenta que desapareció varias horas por estas montañas sagradas que habían inspirado a Wagner. Uno de los puntos de mi loca novela, escrita a la manera de Ian Fleming, era qué había hecho Himmler en esas horas.

La acción, sin embargo, se propagaba hasta la actualidad, y el protagonista —Leo Vidal— corría mil peligros en ciudades de Japón o en una isla caribeña con un volcán en erupción.

Otro éxito sonado, en el 2008, fue la novela *El mejor lugar del mundo es aquí mismo,* coescrita con mi querida Care Santos. Tuvo traducciones en todo el mundo, y en Francia estuvo tiempo en las listas de *best sellers* en bolsillo.

En cualquiera de los casos, dar en el clavo en el mundo editorial es una ecuación de cinco factores al menos. Necesitas:

1. *Una idea nueva* y atractiva que sorprenda a los lectores.
2. La capacidad de *escribir para un público amplio* (lo que se llama ser comercial).
3. *Algo de suerte,* ya que el libro ha de llegar en el momento justo, cuando la gente lo está esperando (aunque tú lo has escrito dos años antes).
4. *Insistencia.* Sólo ganarás a la ruleta alguna vez si juegas muchas fichas. En mi caso, he calculado que uno de cada siete libros que escribo es un gran éxito. Por lo tanto, si te conviertes en mi editor, espero que no seas el de los otros seis.
5. *Alguien que lo venda.* Esto último no es moco de pavo. Recuerdo que, tras una de sus ventas, regalé a Sandra Bruna una frase en reconocimiento por su trabajo. No recuerdo el autor de esta perla, pero venía a decir: «*Cualquier tonto puede escribir un libro, pero para venderlo hay que ser un auténtico genio*».

Sin duda, Sandra Bruna y un servidor hemos crecido juntos. Una vez me impresionó saber que la agencia tenía más de 10.000 contratos vivos, pero aún me sorprendió más saber, de boca de su hermana Berta, que más de 1000 son míos, entre originales y traducciones vendidas.

25
ULTIMÁTUM A MÍ MISMO

Llegar hasta aquí no fue nada fácil y, de hecho, el precio a pagar a medio plazo fue terrible, como se verá en unos pocos capítulos. Para escribir más de cien libros –con y sin seudónimo, en coautoría o como *ghostwriter*– hay que quemar la vida delante de una pantalla, desatendiendo tu vida familiar y tu propia salud.

Tal vez porque yo venía de muy abajo y tenía el espíritu de sacrificio de mi madre, no era capaz de parar. A la que terminaba un proyecto, tenía otros tres que quería llevar adelante.

El gran despegue lo había realizado de los 35 a los 40 años gracias a un ultimátum que me había puesto yo mismo. Recuerdo que anuncié lo siguiente ante un grupo de amigos como testigos: «*Escuchadme bien, porque lo voy a cumplir: me doy cinco años para vivir de la escritura. Si a los 40 no lo he conseguido, dejaré el mundo editorial y volveré a la enseñanza*».

El ultimátum me puso las pilas y empecé a preparar proyectos editoriales para un público más amplio. Sabía que necesitaba tener un éxito comercial cada cierto tiempo para poder luego escribir lo que yo quisiera y como yo quisiera. Unos libros costeaban los otros.

Este plan monopolizaba mi vida diaria de forma metódica e incansable. Trabajaba 16 horas al día y estaba muy atento «al pulso del mundo», como diría un viajero de la tele. Al llegar a los 40 había conseguido cumplir el desafío que me había marcado.

Había aprendido que todo lo extraordinario se consigue a costa de renunciar a otras cosas de las que disfruta la inmensa mayoría de la gente, como tener tiempo libre y relajarse un fin de semana viendo la tele y descansado.

Tal como la profesora de baile de *Fame* advertía a sus alumnos: «*Queréis la fama, pero la fama cuesta y aquí es donde vais a empezar a pagar. Con sudor*».

Vaya que sí, y pronto sabría que se paga con algo más que sudor.

26

LAS FIESTAS TRISTES

Uno de los efectos colaterales de ir encadenando *best sellers* es que buena parte de la profesión te va a maldecir. Eso llegó a ser muy doloroso para alguien que, más allá de su hoja de servicios, seguía siendo un niño que necesita el cariño de su entorno.

El desprecio se hacía manifiesto en las fiestas de escritores a las que al principio acudía, por la humana necesidad de formar parte de una tribu. Está en nuestro ADN de cazadores recolectores. Como en todas las profesiones, en el sector editorial hay envidias y rencores, y algunos consideran imperdonable que tus libros se vendan.

Con todo, hasta cierta edad me esforcé en acudir a esos encuentros y celebraciones, en los que era tratado con indiferencia. Yo procuraba ser amable con todo el mundo, fuera un escritor superventas o un debutante que se autopublica su primer libro, pero no me sentía acogido.

Hasta que mi amiga Carmen Domingo, que no tiene pelos en la lengua, me dijo una vez:

—*Miralles, deja de ir a esas fiestas. ¿No te das cuenta de que te odian?*

Ahí desperté de golpe y renuncié a estos eventos.

No me siento especial por lo que estoy contando. Sé que todo el mundo se ha sentido incomprendido, maltratado o ignorado en alguna parte. Y, tal como afirma Stutz en su último libro, sufrimos por nuestra búsqueda de validación.

Queremos que los demás nos quieran y reconozcan, ansiamos que nos acepten en la tribu, porque nuestro cerebro reptil aún recuerda que los humanos excluidos del clan estaban condenados a morir.

Sin embargo, ya no vivimos en la selva, ni necesitas de las palmaditas de nadie para hacer bien tu trabajo. Por lo tanto, si te cargas la validación, gran parte de tus problemas mueren con ella.

Me reconozco a mí mismo, me acepto y me valido, con eso es suficiente. No importa lo que digan o piensen los demás.

Eso sí, como recomendaba mi amiga, no tiene sentido frecuentar compañías que no quieren lo mejor para ti. Necesitas cerca de ti a gente que se alegre de que existas. Como decía Nina Simone: «*Tienes que aprender a levantarte de la mesa cuando ya no se sirve amor*».

Lo más absurdo de todo era que, pese a trabajar 70 u 80 horas a la semana, cada vez tenía más deudas. Quizás porque siempre estaba «comprando amor», como diría mi terapeuta, invitaba siempre a todo el mundo, incluyendo viajes.

Veía el dinero pasar, pero no lograba retenerlo. Es más, en el momento álgido de mi locura, pagaba 6500 € al mes en créditos, además del alquiler y el resto de gastos corrientes.

Un ejemplo de esa mala administración fue mi fiesta de 40 cumpleaños, para la que alquilé una discoteca cerca a los estudios de Catalunya Ràdio. En aquella época todo lo hacía a lo grande. Pedí a varios artistas de mi entorno que participaran en la celebración.

En aquella fiesta triste –al menos para mí– hubo más gente en el escenario que entre los invitados, ya que ni siquiera acudió mi mejor amigo.

Creo que pagué 60 € a cada músico por las molestias de desplazarse hasta allí, aunque muchos eran amigos. Mi propia banda cobró. El único que no aceptó el dinero fue Miguel Aranda, un cantautor que iba por el mundo con una mano delante y otra detrás.

—*¿Cómo voy a cobrar para tocar en tu cumpleaños?* —me dijo, sorprendido, antes de entregarme un caro perfume de hombre.

Fue también el único músico que me trajo un regalo, aunque apenas nos conocíamos. Hoy en día mantenemos buena amistad –de hecho, es el guitarrista de FREVA– y, cada vez que le veo, no puedo evitar trasladarme a aquel momento en el que, con su generosidad, me hizo abrir los ojos.

27

NOS HEMOS QUEDADO SIN PAPÁ

Un amigo mío tiene una relación muy difícil con su padre. A veces pasan meses, incluso un año entero sin hablarse. Curioseando el otro día sus redes sociales, vi que había colgado una foto de ellos dos cenando en un restaurante. Sobre la foto, el *post* de mi amigo decía simplemente: «*Tomando espagueti con papá*».

Al ver esa foto de padre e hijo compartiendo mesa, me sentí extrañamente feliz. Lo cual me lleva a preguntarme nuevamente por qué me importa tanto este tema.

Considero un privilegio tener a tus padres en tu vida, por muy imperfectos que sean. Pero creo que ya sé por qué me preocupa tanto que la gente mantenga lazos con sus progenitores.

He llegado a la conclusión de que hay una misión sagrada para los padres y otra para los hijos. Es obvio que la de los padres es traer a los hijos a la vida, criarlos y ayudarlos a crecer hasta que vuelen del nido. Sin embargo, los hijos tienen también su propio cometido sagrado: acompañar a los padres a la muerte.

El duelo tras fallecer mi padre, en el 2009, fue mucho más difícil para mí que el que viviría, tres años después, a la muerte de mi madre, a quien estaba profundamente unido.

Al tener una relación muy distante, cuando se puso gravemente enfermo yo acudía para saludarlo, pero no llegamos a hablar de nada importante. Se fue de este mundo sin que nos hubiéramos perdonado y mucho menos expresado nuestro amor, más allá de todas las dificultades.

Una vez fallecido, soñé muchas noches con él. No me sentía tranquilo y mucho menos en paz. En uno de aquellos sueños, yo entraba de noche en el cementerio –como un protagonista de *Retrum,* de la que hablaremos pronto– para sacarlo del nicho, porque me parecía que estaba muy solo allí.

Ahora sé que me sentía culpable.

En su último mes, mi padre no tenía las herramientas para hablarme como a un hijo y podernos despedir en condiciones. Era un hombre de una timidez enfermiza. Pero yo sí las tenía. Llevaba diez años trabajando como editor y periodista de psicología y espiritualidad; debería haberme acercado a su cama para tomarle la mano y propiciar esa conversación cariñosa.

No lo hice y me arrepiento de ello. Fallé en la misión sagrada de acompañarle en la muerte.

Todo lo que puedo hacer ahora es recomendar a quien tenga padres que haga lo posible para mantener el vínculo. Aunque no sepan expresarlo, ellos lo necesitan y nosotros también. Mejor o peor, los padres hicieron su parte, y los hijos deben hacer la suya para tener paz en el corazón, especialmente cuando ya no estén.

Siempre me ha interesado la autoficción, y en lo relativo a este tema recuerdo dos libros con visiones contrapuestas, por lo que a compasión se refiere. En *La muerte del padre,* Karl Ove Knausgård cuenta con desprecio como, tras limpiar la casa de su padre, se hace una paja antes de ir al funeral.

Por su parte, en *La invención de la soledad,* Paul Auster pasa revista a sus idas y venidas con su padre, una vez fallecido, pero termina con palabras muy bellas sobre la ayuda que ofrecía a sus amigos y a todo aquel que lo necesitaba. Es un libro lleno de belleza que me conmovió y que recomiendo a cualquier persona que esté pasando por un duelo.

Recuerdo que, aquella tarde de 2009, fui al hospital a visitar a mi padre y, al encontrar su cama vacía, mi madre me anunció:

—*Nos hemos quedado sin papá.*

Tras ocuparnos de toda la logística que implica un entierro, pasé por una etapa de mucha confusión y abatimiento. Aquella despedida repentina me resultaba muy difícil, porque habían quedado en el aire todas las conversaciones que jamás pudimos tener.

Por aquella época yo había descubierto a Viktor Frankl, y me fascinaba el cuadernito de logoterapia al final de su libro más conocido. Su enfoque terapéutico –buscar un motivo por el que levantarse cada mañana, en vez de hurgar en el pasado– era exactamente lo que yo necesitaba.

Estaba perdido y lo urgente no era comprender la relación con mi padre. Eso es un trabajo personal que puede llevar toda una vida. Necesitaba algo más inmediato, encontrar nuevas motivaciones mientras el duelo seguía su curso. Por este motivo pregunté a una amiga psicóloga muy experimentada si conocía un logoterapeuta en Barcelona.

En aquel momento no pudimos encontrar a ningún profesional con ese enfoque, pero finalmente me recomendaron una terapeuta que, entre otras influencias, era afín al método de Viktor Frankl.

Al acudir a la consulta, que estaba en el centro de Barcelona, me sorprendió lo lúgubre que era. Y no sólo por la falta de luz (estábamos casi en penumbra). El amplio salón donde tenían lugar las sesiones emanaba una tristeza y solemnidad difícil de describir.

La terapeuta se sentó entonces delante de mí y me preguntó qué me pasaba. Le expliqué lo de la muerte de mi padre y la escasa comunicación que habíamos tenido, así como mi sentimiento de culpa y desconcierto desde entonces.

Mi explicación tuvo como respuesta un largo silencio por parte de ella, que me miraba con una gravedad inquietante. Al ver que no me hacía una sola pregunta sobre lo que le había contado, le pregunté cómo veía mi caso desde el punto de vista de la logoterapia, porque ciertamente yo necesitaba encontrar un nuevo rumbo existencial.

Su respuesta estuvo cargada de negatividad. Vino a decir: el proceso que haremos en terapia será largo, difícil y doloroso. Dicho esto, se produjo un nuevo silencio.

Yo me sentía muy incómodo en aquella consulta. Inocente de mí, había pensado que todo logoterapeuta desplegaría los mismos diálogos que Viktor Frankl con sus pacientes. Pero en aquella casa sólo había (al menos ésa fue mi percepción) tinieblas, silencio y gravedad.

Fui honesto con la terapeuta y al final de la visita le dije que no creía que ella me pudiera ayudar.

EL ÚLTIMO VIAJE JUNTOS

Tras la silenciosa marcha de mi padre, tomé conciencia de que el tiempo que nos une no es eterno. Hay que aprovechar cada ocasión. Por este motivo, dejé de organizar tantas fiestas de amigos y giras con la banda para ocuparme de algo mucho más urgente.

De origen muy humilde, mi madre había trabajado de modista toda su vida (desde los diez años) y al llegar a los sesenta tenía la columna vertebral totalmente curvada. Literalmente, se había deslomado para que no nos faltara nada, ya que mi padre tenía un sueldo muy modesto.

Tras toda una vida cosiendo de sol a sol, apenas había visitado ningún sitio de los que había visto en las películas y había soñado conocer.

Yo sabía que Londres le hacía especial ilusión, así que la invité a ir allí los dos, madre e hijo, a descubrir todos los rincones de la capital británica.

El viaje tuvo sus dificultades, porque mi madre tenía entonces ya muy poca movilidad. Le costaba mucho caminar y teníamos que ir a golpe de taxi, pero, con paciencia y lentitud, acabamos visitando todo lo que ella había querido ver, además de comer y cenar juntos en restaurantes que por aquel entonces sólo existían allí.

Al regresar a casa, mi madre no paraba de contar a sus amigas todo lo que había visto y vivido. Antes de enfermar gravemente, me dijo que aquellos días en Londres habían sido los más felices de su vida, el premio (muy pequeño, a mi entender) a una existencia llena de sacrificios.

Aún hoy considero que aquel viaje ha sido el mayor éxito de mi vida, lo más importante que he hecho.

LOS PÁLIDOS

Antes de llegar a mi abismo, retomo las batallitas editoriales para hablar ahora de *Retrum*. Me faltaba un éxito internacional con una novela juvenil, y esta historia de amor y muerte con cuatro adolescentes góticos fue la elegida.

Disfruté muchísimo escribiendo este libro, que acabaría teniendo dos tomos, porque transcribía directamente los sentimientos, conversaciones y pequeñas aventuras de mi juventud *afterpunk*.

Cuando se publicó, yo pensaba que sólo atraparía a algunos nostálgicos maduros, como yo, pero a las pocas semanas ya estaba recibiendo decenas de correos y mensajes a diario. Gran parte de los lectores entusiasmados eran muy jóvenes, cosa que me sorprendió y me hizo muy feliz.

Tras ser entrevistado en un programa de radio en *prime time,* la oleada de *Retrum* se hizo aún mayor. Firmaba cientos de libros en todas partes y con Nikosia hacíamos giras para tocar las canciones que aparecen en la novela.

La fiebre de los Pálidos, como se hacían llamar la tribu protagonista, me trajo tres muy buenos amigos, uno de los cuales ha muerto. Otro de ellos es Jorge, que nos ayudó a editar dos discos con Warner, y el tercero es Jordi Medianoche, compañero de bandas y hermano espiritual.

Con este último nos fuimos a Londres a meter las narices en el cementerio de Highgate y a conocer la onda alternativa de la ciudad. Fue él quien descubrió la tumba de Mandy Moon y me sugirió que le dedicara una canción. En el posterior proceso de mi depresión, este doctor en biología fue uno de mis dos ángeles de la guarda.

La novela llegó a ser tan popular que el programa *Cuarto Milenio* se trasladó al cementerio de Teià, escenario principal de *Retrum,* para pasar una noche con nosotros. Teníamos que estar ahí hasta el amanecer, grabando entrevistas y psicofonías, pero uno de los cámaras se desmayó por una lipotimia.

En esta población del Maresme se sentían muy orgullosos de que la novela estuviera publicada en ocho idiomas, así como de que los derechos para la película se hubieran vendido tres veces, aunque nunca se ha llegado a rodar.

Para celebrarlo, el ayuntamiento promovió un concierto nocturno de Nikosia junto a la tapia del camposanto, la misma que saltan Christian, Alexia y sus amigos para hermanarse con los muertos.

Con el frío que pegaba y siendo el *show* a las 22 h de la noche, imaginamos que tocaríamos sólo para los muertos del otro lado de la tapia, pero finalmente 25 valientes de Teià subieron al cementerio con sus jerséis y mantas para asistir al evento.

Terminado el concierto, fue la primera vez que se abrieron las puertas del camposanto en plena noche para que los espectadores pudieran pasear entre las tumbas. Fue emocionante ver a tantas sombras deambular entre nichos, cipreses y lápidas bajo la Luna.

Al salir, la amable bibliotecaria que había organizado todos los actos me dijo:

—*Espera, no te vayas aún. Te falta algo importante por ver...*

Entonces, un empleado del ayuntamiento iluminó con su potente linterna la sorpresa final. Delante del cementerio municipal habían erigido un pequeño monumento en honor a *Retrum*. En una elevación con un banco para contemplar el mar, como hacían los protagonistas de la novela, una columna cuadrada de metal seccionada en diagonal, como un atril, mostraba la placa grabada con lo que sigue:

Teià es un pueblo colgado en una montaña frente al mar. Sin embargo, al estar ligeramente hundido, el «gran azul» no se ve a no ser que busques un promontorio, como el del cementerio.

FRANCESC MIRALLES, «*RETRUM*»

No tengo palabras para describir lo que sentí ante este homenaje. Mi primer pensamiento fue: «puedo morir esta noche, pero eso se queda ahí».

Sin embargo, la novela sigue teniendo tantos fans que la placa ha sido robada una y otra vez, por lo que ya no se puede leer este fragmento del principio.

30

EL SÍNDROME DEL
VICEPRESIDENTE

El fenómeno *Retrum* me llevó a conocer a un jovencísimo Javier Ruescas, que era fan de la novela. En un viaje a Barcelona me pidió que nos encontráramos en la estación de Sants.

En aquel entonces, acababa de publicar su primer libro tras haberse hecho famoso haciendo vídeos de *Crepúsculo,* antes de que existiera una película.

Pese a que por edad yo podría ser su padre, nos hicimos amigos y acabamos escribiendo juntos *Pulsaciones,* la primera novela escrita exclusivamente con mensajes de teléfono.

La cosa supuso un gran desafío, pues además de la historia de amor tenía un misterio, y sólo contábamos con diálogos para desarrollar el suspense.

Tal como decíamos en las entrevistas, era como ver una obra de teatro a ciegas.

La novela nos llevó a la feria del libro de Skopje, donde se había traducido nuestro libro, pero también a la Feria Internacional del Libro de Guadalajara. Allí atravesamos el gentío escoltados por seis guardias de seguridad y estuvimos interminables horas firmando cientos de libros.

Mi pareja literaria era más célebre que yo entonces, algo que me ha sucedido muchas veces en mi vida. Según mi terapeuta, Xavier Guix, yo buscaba esa desigualdad, para así poder ocultarme entre bambalinas. Lo llamaba *el síndrome del vicepresidente.*

Además de pedir la firma, muchas chicas traían regalos para Javier, a quien conocían por los libros, pero también por su canal de YouTube. Además de firmar, yo iba recogiendo esos obsequios y los colocaba con cuidado en una gran bolsa.

Los únicos tres regalos que trajeron para mí me los puse con mucho cariño en el bolsillo: una galleta, una piruleta de sandía y un minibotellín de tequila. El kit perfecto para celebrar el fin de la fiesta bajo el Sol de Jalisco.

Un mes antes, esta dinámica de nuestro tándem dio lugar a una anécdota entrañable durante una presentación en Valencia. Una adolescente que había estado haciendo cola para obtener nuestras firmas, al llegar su turno se quedó parada con los mofletes encendidos, como si acabara de darse cuenta de un detalle con el que no contaba.

Tenía en las manos una manualidad para entregar junto con una carta. Antes de acercarse a la mesa, vi que abría el sobre y escribía algo dentro. Hecho esto, dejó el regalo y el sobre entre los dos. Luego se marchó discretamente.

Una vez terminadas las firmas, al abrir el sobre me encontré con una declaración que muy pocas veces debe haberse formulado así: «OS QUIERO».

31

NOCHES DE RADIO

Hace un par de décadas, cuando la edición y el periodismo me llevaron al campo de la psicología y la espiritualidad, cumplí el sueño adolescente de empezar a trabajar en la radio.

En las épocas más oscuras de mi vida, durante la niñez y la adolescencia, escuchar la radio por la noche (a veces toda la noche) había sido mi tabla de salvación. Me sumergía en programas de misterio y esoterismo, de cine, tertulias de fútbol, consultas íntimas de madrugada... Locutores y oyentes eran mi familia y mis amigos durante esas crisis existenciales a las que no ves el final.

Cuando llegué milagrosamente a la universidad, aunque era de los peores alumnos de la clase, a veces soñaba con trabajar en la radio para devolver el regalo que había recibido durante todas esas noches y años. Quería ser un faro para aquella alma solitaria que, en la oscuridad de su habitación, se aferra a Radio Madrugada, como en la canción de Miguel Ríos.

De mi época universitaria, que se alargó once años, recuerdo escuchar con mucho cariño *Si amanece nos vamos,* en la que un jovencísimo Roberto Sánchez acompañaba mis madrugadas.

La vida tiene extraños giros y, al especializarme en periodismo de psicología, acabé aterrizando en el primer programa inspirador de Gaspar Hernández, *Una nit a la Terra* (Una noche en la Tierra), en Catalunya Ràdio. Al realizar su segundo programa, *L'Ofici de Viure* (El oficio de vivir), Gaspar me pidió que fuera su guionista además de tertuliano.

Durante un par de años escribí infinidad de guiones, junto a Elisabet Pedrosa, y vivimos muchos programas memorables, como el de Alejandro Jodorowsky, que atendía las consultas de los oyentes con sus recetas escandalosas. *L'Ofici de Viure* cosechó una audiencia enorme (fue el programa más descargado de todo el país) y también fui contratado como guionista para su versión televisiva, *Bricolatge Emocional.*

Gaspar Hernández obtuvo además un gran éxito con su novela *El silencio,* que fui el primero en leer y pude darle algunas recomendaciones.

Sumado a su actividad en la radio y la televisión, llegó un momento en el que necesitaba parar y liberarse del estrés de hacer un programa diario. Tomó una decisión radical: irse a vivir al campo a una casa llena de gatos para escribir su segunda novela. *L'Ofici de Viure* se emitiría sólo el fin de semana para poder concentrar las grabaciones, ahora en diferido, en un solo día.

Este nuevo formato suponía prescindir del guionista externo, o sea, yo, porque al ser dos programas en vez de cinco se haría desde dentro. Eso implicaba que yo y algún otro colaborador perderíamos el trabajo, pero Gaspar tuvo un detalle que jamás olvidaré y que aún hoy cuento cada vez que hablo de esa etapa.

Me pidió que fuéramos a tomar un café, me contó sus planes de vida y lo que eso supondría para mí.

—*Antes de tomar una decisión definitiva* –me dijo–, *quiero saber de qué manera te afecta no cobrar el sueldo de guionista. ¿Dependes ahora mismo de ese dinero?*

Tuve la impresión de que, si le decía que sí, iba a retrasar su cambio vital, y la verdad es que en aquel tiempo ya ganaba bastante dinero con los libros, así que respondí:

—*Ahora mismo puedo apañarme sin este trabajo. Haz lo que tengas que hacer, Gaspar.*

Así fue como terminaron las emisiones diarias del programa, pero poco después entré en la filial de Barcelona de RNE. Fue de la mano de Sílvia Tarragona, amiga del alma de quien incluso fui vecino durante un año, ya que ella vivía con Zuri, su golden retriever, bajo nuestro apartamento. Desde entonces, he estado siempre en todos sus programas.

En un nuevo e inesperado giro del destino, hará unos tres años que, a través del buen amigo Rafa Santandreu, me llegó una petición de Roberto Sánchez para acompañarle una noche a la semana en «Si Amanece Nos Vamos».

Tras un larguísimo tiempo sin emitirse, la SER recuperó el programa con su conductor original, y este decidió que yo hiciera allí una sección de psicología. Ahora que estoy al otro lado, me pregunto qué almas solitarias nos estarán escuchando.

Para todas ellas preparo cada madrugada del martes al miércoles, hacia las 4:30, mi mejor descubrimiento de la semana. Me siento feliz de poder devolver a la radio, y a sus maravillosos oyentes, todo lo que me ha dado.

32

LA ENTRADA EN EL TÚNEL

En el 2012, tras la muerte de mi madre, mi vida entró en una espiral de caos. En mi libro *20 preguntas existenciales* expliqué lo que supuso tener que vaciar su piso, ya que vivía de alquiler y había que devolverlo a su propietario. En un capítulo bastante extenso de la misma obra también explico cómo atravesé una depresión.

No voy a repetir aquí lo que ya he contado en otros libros, pero, por si acaso, haré un poco de síntesis de lo que ocurrió en esa época.

Marta, mi madre, era una mujer de apariencia fría. Podía ser incluso dura, pero lo cierto es que jamás vivió para ella. Toda su existencia estuvo dedicada a salvar a los demás o a intentar, al menos, que estuvieran un poco mejor.

Aunque no pasé con ella las últimas horas de su vida, como explico en mis primeras memorias, durante sus semanas de agonía yo permanecí todas las tardes a su lado en la unidad de cuidados intensivos.

De bebé, mi madre me daba la papilla con una cucharita, como todos los niños, y en sus últimos días ella estaba tan débil que era yo quien la alimentaba con una cucharita. De esta forma se cerraba un círculo.

Cuando se fue definitivamente, no me di cuenta de hasta qué punto había perdido pie en la realidad. Lo descubriría demasiado tarde.

Según la edad y situación de quien ahora me esté leyendo, me entenderá bien. Muertos los padres, que son la barrera entre tú y la muerte, pasas a la primera posición —no sé quién dijo eso. Si las cosas van mal, ya no hay nadie a quien llamar. Si pierdes el sentido común, no habrá un padre o una madre para regresarte al redil.

Eres un huérfano.

Y, así como la tristeza por la muerte de mi padre fue muy manifiesta, al faltar mi madre la procesión iba por dentro.

Yo creía haber hecho el duelo durante las largas tardes en el hospital, pero en los meses y años que siguieron, una tristeza me fue arrastrando fuera de la vida que había conocido hasta entonces.

Hacía poco que había nacido mi hijo, y seguíamos viviendo en la calle Tagamanent. El piso estaba bien para una pareja bohemia, pero necesitábamos otro mejor equipado para una familia.

Así fue como, un año después, alquilamos un bello apartamento en Rambla del Prat, delante de los Cines Bosque.

El primero tenía un alquiler muy bajo, así que decidí mantenerlo como oficina para no tener que inundar la nueva casa con miles de libros y papeles. En la práctica, estuve muy poco en aquella preciosa vivienda modernista, que tenía una galería acristalada.

Por una parte, trataba de mitigar la ansiedad trabajando desde las seis de la mañana hasta la una de la madrugada, exactamente como mi madre a mi edad, con lo que me quedaba a dormir en el viejo piso.

Por otra parte, empecé a salir una noche tras otra como en mi época punk. Cuando no estaba trabajando, gastaba lo que no tenía y vivía al límite, como una estrella desquiciada que quiere arder como una antorcha. Vivía para cubrir mi enorme vacío con una huida constante.

Pido perdón desde aquí a los amigos y otras personas queridas que sufrieron por mí, de cualquier manera, en esa época.

Cuando salí de órbita definitivamente, lo razonable fue separarnos. Resultó ser una decisión positiva para los dos, porque pronto Katinka volvió a ser mi mejor amiga, como lo había sido en la universidad. Por mi parte, aterricé de nuevo como padre de Niko.

Con todo, durante casi tres años viví tan al límite, que todavía hoy me cuesta comprenderlo.

Tal vez por lo ajeno que me sentía a mi propia vida, no dije a nadie que me había separado. Ni siquiera mis mejores amigos lo sabían. Como estaban acostumbrados a que consumiera las horas en la «oficina» de Gràcia, nadie sabía que vivía allí solo, aunque meses después se añadiría un oscuro compañero de cuatro patas.

Finalmente, di la noticia a los más íntimos por correo electrónico, así como Javier Ruescas había creado un grupo de WhatsApp que se llamaba «*Contaros que…*» para explicar que ya no estaba con su novia.

Fuera como fuera, al mirar atrás veo una época de enorme caos y confusión. A eso se sumaría una ruina económica que acabaría de hundir el poco suelo que tenía bajo mis pies.

Antes de llegar a eso, se marchó alguien más.

33

EL TÍO MARÍA

A quienes se acercan al ecuador de la existencia suelo advertirles de que la vida es complicada a partir de los cuarenta. Y lo es porque, más allá de la crisis que golpea a mucha gente en la madurez, empiezas a despedir a las personas que más quieres.

Después de mi madre, a finales de 2012 se marchó mi tío favorito. Sucedió de una forma que aumentó mi vergüenza por cómo yo estaba viviendo. Sólo al enterarme de su fallecimiento supe que había pasado sus últimos años en una residencia en la que se había ido apagando.

Jamás lo fui a ver porque, desde la muerte de mi madre, con quien él convivió un tiempo, ni siquiera sabía adónde había ido a parar. Atrapado en mi propio agujero negro, tampoco me esforcé por averiguarlo.

En una de mis Monday News, que me están sirviendo para componer partes de este relato, le hacía este homenaje:

El «tío María», como lo llamábamos en casa, me hizo de padre cuando yo era un bebé. Nada más nacer, mi madre tuvo una grave enfermedad en un año que mi padre no paraba de viajar. Él me velaba al lado de la cuna, un día tras otro, mientras su hermana se iba recuperando. Siempre fue un hombre lleno de ternura y bondad, aunque su vida estuviera marcada por el alcohol y el juego.

Siendo yo un niño, me llevaba cada domingo a las carreras de galgos en el ya desaparecido Canódromo Meridiana. Allí, entre una copa de brandy y la siguiente, iba perdiendo todo el dinero que ganaba como camarero, dejando que yo eligiera al perro. Nunca acertaba. Los domingos acababan siempre igual: él con los bolsillos vacíos y yo acompañando a mi tío –dando tumbos– a pie hasta casa, en la otra punta de la ciudad.

El propietario gallego de uno de los bares donde trabajó lo había adoptado casi como a un hijo, y trató de darle un susto para quitarle el juego de la cabeza. Sabiendo que la noche que cobraba se iba directo al bingo, se escondió junto a un empleado en la escalera de su casa. Los dos se cubrieron el rostro con pasamontañas y fingieron atracarle al regresar, nuevamente bebido, tras perder buena parte del sueldo. Sin embargo, el susto no duró y el tío María volvió a las andadas.

Con sus defectos, era un hombre profundamente amable. En una ocasión, se detuvo junto a un semáforo y abrió la palma de la mano para comprobar si llovía. Un peatón pensó que era ciego y le tomó del brazo para ayudarle a cruzar. Él no quiso ofenderle y se dejó llevar hasta al otro lado sin rechistar.

Otra vez subió en Barcelona a un tren Talgo para despedir a unos novios que viajaban de luna de miel a Madrid. Finalmente se le cerraron las puertas del tren, que arrancó sin piedad. No pudo bajar hasta 300 km después, en Zaragoza, donde el tío María acabó pasando la noche en un banco público.

Estas pinceladas dan una idea de la clase de personaje que era.

Con toda su bondad a cuestas, el tío María jamás pudo transformar su vida. ¿Por qué es tan difícil cambiar cuando salta a la vista que algo no funciona?

Una psicoanalista me comentó en una ocasión: «*Con raras excepciones, lo común es que las personas repitan los mismos errores una y otra vez hasta que se mueren*».

Mi tío favorito, que de niño fue un padre para mí, vivió siempre esclavo del tabaco, el alcohol y el juego, tal vez para paliar la soledad que le acompañó toda su vida.

Tras una relación fallida en su primera juventud, jamás volvió a tener pareja. Todo el mundo le tenía mucho cariño, y pasó su vida trabajando de camarero en todos los bares —media docena— de la calle Copèrnic. Se me encoge el corazón al pensar en su final, solo en una residencia donde ni siquiera yo fui a visitarle.

34

LA TRAVESÍA DEL DESIERTO

Lo único que aún hacía bien en todo ese tiempo rodando pendiente abajo era escribir. Sin haber tocado fondo aún, una creciente ansiedad y vacío existencial crecían dentro de mí.

En esa época, la editorial Comanegra, que había tenido mucho éxito con *La ley del espejo,* me pidió un relato para su colección de novelas cortas. Al contárselo a mi buen amigo Albert Calls, éste me dijo: *«Escribe algo breve y esencial donde cuentes todo lo que llevas aprendido hasta ahora».*

Así pues, a través de un protagonista en horas bajas, empecé a narrar mi propia historia, que empezaba así: *«Es imposible determinar en qué momento exacto uno deja de ser feliz (…) Pero llega el día que te levantas con la sensación de que todo ha cambiado y no sabes por qué».*

El periodista afirma esto cuando, una mañana, al mirar por la ventana, deja de encontrarle significado a la vida. Esto le lleva a un inesperado viaje que empieza por la consulta de una terapeuta y prosigue en Londres, donde encuentra a un maestro que le da algunas claves para reconstruirse.

Después de este librito escribiría otro más extenso, *Un rayo de esperanza,* en el que repartí entre varios personajes los problemas que yo estaba viviendo. Todos ellos coinciden en la taberna de un hotel junto al mar en invierno y, a través de sus conversaciones, se ayudan a sanar los unos a los otros.

Entre todos componían el puzle de lo que estaba viviendo, que trataré de resumir de forma esquemática:

— Entre mis deudas crecientes estaba el préstamo de un amigo al que avalé y no pagó, así como una multa de Hacienda que me obligaba a devolver los gastos de trabajo de cinco años con intereses. Tenía un enorme agujero que no sabía cómo cubrir.

- Varios amigos que se habían beneficiado de mis locuras desaparecieron instantáneamente, fuera porque temían que les pidiera dinero, o porque no es agradable estar con alguien que se está hundiendo.
- El sentimiento de traición, injusticia y soledad, sumado a las dificultades del día a día, hacían que cada vez durmiera menos. De hecho, me desvelaba dos horas después de haber cerrado los ojos. Me resultaba imposible dormir.
- Se me había ido el hambre, con lo cual en un par de semanas perdí tantos kilos como en mi primer viaje en la India.

En aquellos días puse como foto de cabecera en mi blog semanal un cuadro vacío. Ésa era la nada en la que trataba de mantenerme a flote.

Éstas fueron algunas de las reflexiones que escribía «Bajo el cuadro blanco»:

Ahora mismo, siento que vuelvo a empezar de cero a muchos niveles. No sólo económicamente, sino también en el ámbito de las relaciones.

Por fin entiendo que el tiempo de los grandes proyectos ha pasado y que, como Robinson Crusoe, debo ocuparme de mi propia vida con lo que queda después del naufragio.

Hay mucho que hacer y mucho que entender.

Como tabla de salvación espiritual, quiero volver a tocar el piano cada día y componer, como hacía años atrás. Como todo proyecto creativo necesita compromisos, mi plan es el siguiente: a partir de junio, subiré el 27 de cada mes un tema. Para cada uno contaré con una colaboración distinta de algún amigo, aunque la base será el piano. El proyecto concluirá el 27 de mayo de 2016. Quizás entonces, si ha bajado el temporal, los reuniré en un disco. Pero me espera un largo y revelador camino hasta allí.

El disco se llamaría *The 12 Autumns* (lo puedes escuchar en Spotify y en YouTube), y cumplí durante los 12 meses publicando una canción cada 27, el día de mi cumpleaños. En el proceso, conocí a grandes artistas que hoy son amigos muy queridos.

En medio de una travesía del desierto suceden cosas bellas.

Así como desaparecieron personas cercanas, otras a las que apenas veía ofrecieron su ayuda de inmediato. Tres amistades me prestaron dinero y una de ellas me dio, incluso, las gracias por la oportunidad de hacer algo por mí. «Creí que nunca llegaría este momento», dijo.

Además de la ayudas humanas, apareció un gato.

35

LLEGA UN CABALLERO NEGRO

Desde la muerte de los dos gatos con los que había compartido 15 años de mi vida, Mika y Tilopa —este otro era de Katinka—, no me había animado a buscar ningún otro compañero felino, pero apareció de forma imprevista.

No llegó a casa rascando la puerta, como el de *amor en minúscula,* sino a través del correo de una amiga. Me explicaba allí la historia de este gato negro de pelo largo.

El veterinario que lo había atendido calculaba que tenía menos de un año.

Este joven aventurero, que llevaba collar y estaba acostumbrado al trato humano, se perdió tras una excursión fuera de su hogar y no supo encontrar el camino de vuelta.

Por el estado de agotamiento en el que llegó a una casa de Altafulla, donde lo acogieron unos jubilados daneses, debía de llevar muchos días caminando. Probablemente una semana entera, lo mismo que necesitó para recuperar fuerzas.

Este matrimonio estuvo indagando sin éxito sobre los amos del gato y finalmente su hija, que también vive en Cataluña, mandó un correo con fotografías por si alguien lo quería adoptar, ya que sus protectores daneses regresarían a su país en breve.

Al ir a conocerle en Altafulla, pensé que podía ser un buen compañero para las largas horas de soledad en mi estudio.

Decidí que llevara un nombre en danés en honor a sus rescatadores, y el más obvio me pareció «negro» en ese idioma. Me dijeron que es *sort,* que en catalán además significa «suerte», y así quedó bautizado.

Los primeros días de convivencia no fueron fáciles, pese a ser un animal extremadamente bueno.

Se notaba que Sort estaba habituado a vivir en el campo, porque cuando se abría una puerta o una ventana trataba de escapar. Por la noche maullaba sin parar, como si estuviera llamando a sus antiguos amos.

Sólo se relajaba cuando había mucha gente alrededor, por lo que también deduje que había crecido en una familia numerosa.

Al menos en su juventud, a Sort le encantaba el follón y aborrecía la soledad. En nuestros primeros días de convivencia, yo me preguntaba si quería permanecer allí conmigo. Como decía Saki: *«El gato es doméstico sólo cuando le conviene»*.

Casi una década después, sigue allí.

36

REGALOS DE AMIGOS

Además de la ayuda económica y moral de los amigos y de la llegada de Sort, que por la mañana se acercaba discretamente a despertarme, durante la travesía del desierto hubo aliados heroicos.

En *20 preguntas existenciales* hablo de Jordi Medianoche, que me llamaba diariamente desde Chile, así como de las visitas semanales de la «chica del té» con la que veía películas y charlábamos largamente, además de mandarme wasaps de forma regular para asegurarse de que «seguía allí».

Hoy es una mujer felizmente casada con quien mantengo buena amistad.

Otro amigo que dio el do de pecho en aquellos días fue Álex Rovira.

Estando convaleciente en la cama, para animarme tuvo la paciencia de leerme por teléfono durante media hora el segundo de *Los cuatro acuerdos* de Miguel Ruiz, de principio a fin.

También entró en escena Ángeles Doñate, a quien había hecho de *sherpa* en su primera novela de éxito, *El invierno que tomamos cartas en el asunto*.

Ella me conocía en esa faceta de acompañamiento literario, pero no sabía nada de mis miserias, así que, tras pedirle permiso para contárselas, una tarde quedamos en un café y le hice un resumen de mi vida el último año y medio. Ángeles se puso las manos a la cabeza y dijo:

—*Vives en un caos muy grande y hay que poner remedio a eso.*

Diez días después aparecía por mi estudio con dos bolsas negras con el lema ORGANISED CHAOS IN A BLACK BOX. A saber dónde encontraría aquellas bolsas, pero debo decir que en su interior había 12 regalos (ver en paréntesis) con una lista adjunta de 12 ideas para sobrevivir al caos:

1. *Lee a los sabios* (carpetita con separadores llena de aforismos sobre el arte de vivir).
2. *Juega* (mini kit para jugar a los bolos en mi escritorio).
3. *Para el tiempo* (reloj de arena).
4. *No olvides quién eres* (cuadro con varias F enmarcadas).
5. *Reescribe la historia* (juego de cubos de letras para formar palabras).
6. *Ama* (corazón de papel de seda para colgar).
7. *Pon color al gris* (pequeño estuche de colores).
8. *Llama a un amigo* (paquete de té Orient Express).
9. *Busca la paz* (lupa con la palabra Paz incorporada).
10. *Viaja / Monta una fiesta* (collar hawaiano).
11. *Escribe* (libreta estampada con gatitos).
12. *Camina* (chanclas de hierba).

Sobrecogido con estos regalos tan bellos y simbólicos, que requirieron a Ángeles preparar un guion y varios días de búsqueda, me di cuenta de lo grande que es el amor de algunas personas que pasan de puntillas por nuestra vida.

Esta amiga hizo honor a su nombre y jamás he podido olvidar su gesto.

Creo que yo también poseo un alma de misionero, y a lo largo de la vida he ayudado a cientos de personas, pero debo decir que, en eso, he tenido a los mejores maestros.

HÉCTOR GARCÍA

Por mucho que con nuestros actos vayamos hilando nuestro destino, el azar siempre juega un papel. Ciertamente, como vimos antes, cuantos más billetes tienes de la lotería –si acumulas cientos o miles de ellos–, más fácil es que te toque.

Con todo, hay decisiones arbitrarias que tienen un impacto enorme en nuestra vida. Y lo que produce vértigo es saber, a toro pasado, que al optar entre un «sí» o un «no» aparentemente banal se decide algo crucial para nuestro futuro.

Para que el fenómeno de *Ikigai* pudiera nacer, hubo dos de estas decisiones *random*.

Todo empezó cuando un amigo emprendedor me pidió si podíamos reunirnos con un diseñador de aplicaciones para móvil. Quería lanzar una que proporcionaría diariamente inspiraciones y claves para ser feliz, y me necesitaba como jefe de contenidos.

Estuve a punto de decirle que «no» por dos motivos:

Uno era que me iba a Japón un par de días después. Necesitaba documentarme en Kioto para mi novela *Wabi-Sabi,* la continuación de *amor en minúscula.* Tenía tareas que terminar antes del viaje, y no me venía bien charlar una hora sobre una aplicación que, con toda seguridad, no llegaría a ver la luz, como en efecto sucedió. Ése era el segundo motivo para decir que «no».

A pesar de eso, opté por el «sí». En el transcurso de aquella conversación para un proyecto que no iba a ningún sitio, mencioné que estaba a punto de viajar a Japón por segunda vez en mi vida. La primera había sido con quien ya era mi expareja, en una primera ruta para conocer el país.

El diseñador, que era un joven realmente muy amable, me dijo entonces:

—*Si vas a pasar por Tokio, deberías quedar con mi amigo Héctor. Ha escrito un libro, como tú.*

Soy poco amigo de quedar con desconocidos, y además en aquella época tenía un ánimo muy sombrío. Con todo, anoté el *e-mail* de Héctor por cortesía.

Una vez en casa vi que había escrito *Un Geek en Japón,* una guía cultural del país que justamente llevaba en mi maleta. Pensé que podía ser interesante tomar algo juntos, pero por otra parte no quería molestarle. Sabía que era un ingeniero afincado en Tokio que se había casado allí. ¿Qué podía aportarle encontrarse conmigo?

Nuevamente dudé entre el «sí» y el «no», pero le acabé escribiendo un *e-mail,* mencionando que su amigo opinaba que sería bueno conocernos.

Al día siguiente recibí su respuesta. Nos encontraríamos en el barrio de Shinyuku, en uno de esos microbares donde sólo caben tres o cuatro clientes.

Yo iba acompañado de mi excuñado, otro viajero de pro, y la velada fue muy agradable. A Héctor le interesó mucho mi pasado de editor y la variedad de proyectos en los que había trabajado, así como el hecho de que me trasladara a Kioto para narrar una melancólica historia de amor.

En algún momento me preguntó cuántos años hacía que nos conocíamos con su amigo diseñador de apps.

—*¿Años?* –repetí–. *Sólo lo he visto media hora en mi vida.*

Héctor me miró sorprendido y me soltó un lapidario:

—*Si lo llego a saber, no te habría contestado al* mail.

VIAJE A ŌGIMI

A pesar de ese malentendido, la velada en el microbar fue el preludio de una amistad que nunca ha perdido fuelle. Yo le animé a que escribiera su primera novela, y a mi regreso de aquel viaje empezamos a quedar una hora por semana por Skype. Es siempre a las 8:15 de la mañana en Barcelona –15:15 en Japón–, y hemos mantenido siempre este ritual los últimos diez años.

Además de nuestros encuentros telemáticos, que han dado nacimiento a decenas de obras –por ejemplo, *La era de la eternidad,* la primera novela de Héctor–, me acostumbré a viajar a Japón una vez al año para pasar tiempo juntos.

En mi tercer viaje fui con la idea de pasar una semana en Tokio callejeando, a veces con Héctor. Aún no me había librado de la depresión, ya que justo antes de partir escribía en mi blog:

«Este jueves vuelo en solitario hacia Tokio con una doble misión. La primera es encontrarme con un buen amigo al que conocí en esta misma ciudad (…) La segunda es encontrarme a mí mismo, ya que un alud de acontecimientos los últimos meses han borrado todos los caminos conocidos. (…) Hace tiempo que no hago un viaje a solas, y menos a un lugar tan lejano, pero sé que me hará bien».

Fue en aquella semana de tintes existenciales cuando se produjo el famoso paseo por el parque que conté con Héctor en el prólogo de *Ikigai.* Me habló de la aldea de los centenarios, donde tampoco él había estado, así como de la misteriosa palabra *ikigai.*

—*Tenemos que escribir juntos un libro sobre eso* –le dije.

Unos cuantos meses después, antes de preparar un nuevo viaje a Japón –el cuarto– escribía lo que sigue en mi blog:

Tenemos allí una misión muy especial. Hace ya un tiempo que mi amigo Héctor García (Kirai) me interesó por lo que sucede en Oki-

nawa, una isla de clima subtropical a casi cuatro horas en avión de Tokio. Allí se encuentra la llamada «aldea de los centenarios», que es el pueblo con mayor longevidad del mundo.

¿A qué se debe que en este lugar remoto (para nosotros) la gente viva más que en cualquier otro del planeta? Se trata de una población rural de tres mil habitantes, lo cual en Japón equivale a una aldea perdida. Antes de hacer planes, estudiamos lo que dicen los médicos sobre este fenómeno, así como la influencia del clima, de la alimentación y la estructura social de esta isla.

Descubrimos también que hay un ingrediente secreto que alarga la vida de estas personas, pero no lo desvelaré aún. Después de estudiar todo lo que nos cayó en las manos sobre este territorio, Héctor ha contactado con el ayuntamiento de Ōgimi, que así se llama el pueblo. Aprovechando unas vacaciones familiares –su esposa es de Okinawa–, se desplazó hasta allí para preparar el terreno antes de iniciar nuestra aventura este miércoles.

No conoció aún a los centenarios, pero sí a un par de jovencitos del pueblo: una mujer de 93 años que se iba al karaoke en su coche y un hombre de 97 que no se bajaba nunca de la moto.

Hoy por la tarde, volaré hacia allí para un proyecto que implica entrevistar a los verdaderos maestros en el arte de vivir: aquellos que, habiendo nacido durante la 1.ª Guerra Mundial o incluso antes, siguen teniendo energía e ilusión por la vida.

Creo que era el 2015 cuando escribía esta declaración de intenciones. Había la idea de escribir un libro, sí, pero imaginábamos que sería para un público muy minoritario, japonistas que tenían ya libros sobre cualquier tema relacionado con esta cultura.

Era imposible imaginar todo lo que sucedería después, mientras íbamos componiendo el libro, una mañana por semana, editando mutuamente fragmentos como este:

Según los japoneses, todo el mundo tiene un ikigai, lo que un filósofo francés traduciría como raison d'être. Algunos lo han encontrado y son conscientes de su ikigai, otros lo llevan dentro, pero todavía lo están buscando.

39

EN COMPAÑÍA DE ÁNGELES

Mientras íbamos escribiendo el libro de *Ikigai,* incluso cuando ya se había entregado a la editorial, yo seguía sumido en la melancolía. Por si no leíste el *20 preguntas existenciales,* compartiré aquí otra versión de la crónica de ese tiempo.

Por aquella época, admití a muchos alumnos de novela que llenaban mis tardes.

Me servía para sentirme útil –aún tenía mi vocación de *sherpa*–, pero cuando se iba el último, un silencio terrible se apoderaba de la casa. Yo entonces no salía a ninguna parte, sólo esperaba el momento de acostarme para no dormir.

Fueron un centenar de noches o más antes de rencontrar la luz, y en todas ellas me llamaba por teléfono una misma persona desde el otro lado del charco. Indefectiblemente, a la hora de cenar sonaba el fijo y, a más de 10.000 km de distancia, mi amigo Jordi me hacía toda clase de preguntas y me escuchaba atentamente durante una hora. Todos los días.

Siempre encontraba la manera de hacerme reír, y me proponía planes disparatados para que saliera de mi madriguera.

La segunda alma protectora, de la que ya hablé, era la chica que venía los lunes a tomar el té e incluso a ver películas.

Estos terapeutas caídos del cielo me acompañaron hasta el verano de 2015.

Antes de que todo el mundo desapareciera en vacaciones, decidí montar una de mis «hueveras», un concierto alternativo en casa para combatir el *Sunday Blues.* Habían arrancado dos décadas atrás, y originalmente se hacían en un piso donde sólo cabían una docena de espectadores, de ahí el nombre, como conté en el libro de los *Lobos.*

Aquel último *show,* ya iniciado el verano, tuvo como artista a Supermón. Era un proyecto en solitario de mi amigo Ramon Vives, aunque le acompañaría a la guitarra y coros Hypatia Pétriz, la autora de *Diario de H* a quien yo había hecho de *sherpa* teniendo ella sólo trece años.

Quizás debido a mi largo aislamiento, en el público había muchas personas a las que no conocía. El editor Eduardo Hojman trajo de su grupo de fotografía a una joven filósofa húngara, hija de un director de cine, que tenía una consulta profesional que hacerme.

Al terminar el concierto, Anna Sólyom me contó en inglés que había publicado en su país un ensayo llamado *Pillowsophia,* la filosofía de la almohada. Instalada en Barcelona hacía unos años –de hecho, éramos vecinos–, me preguntaba si podía ayudarla a encontrar un editor en España.

Por lo que entendí, aquel tratado filosófico combinaba grandes pensadores con inspiraciones de *Kung Fu Panda 2,* entre otras.

—*¿En qué idioma está publicado este ensayo?* –le pregunté, adoptando mi papel de *sherpa*.

—*En húngaro.*

—*Tendrás que traducir un par de capítulos al inglés, si hay que mostrarlo a algún editor. No encontraremos a nadie que pueda leerlo en húngaro.*

Anna asintió y prometió mandarme esa muestra a la dirección de correo electrónico que acababa de darle.

No volví a tener noticias de ella hasta el final del verano.

40

LA EXTRAÑA FIESTA

Recuerdo aquel verano que marcaría el fin de mi depresión como una nebulosa. Llevaba un par de meses tomando antidepresivos, tras insistirme el Dr. Estivill, con quien había trabajado más de una vez. A causa de la medicación, me dormía en cualquier sitio.

La salida más extraña de todas fue auspiciada por Eduardo Hojman, el mismo amigo que había llevado a Anna Sólyom a la huevera de Supermón.

Percibiendo que me encontraba en horas bajas, insistió en que le acompañara a la fiesta de cumpleaños de un amigo suyo. Era un experto en vinos que tenía un chalet en el Maresme, donde tendría lugar la celebración.

Accedí a regañadientes, porque no tengo carnet de conducir y nunca me ha gustado ir a fiestas de las que no puedo volver. Dependes de que alguien se canse y quiera regresar a la ciudad. Y eso fue lo que sucedió muy al final de la madrugada, precedido de un par de situaciones rocambolescas.

La casa y la fiesta eran magníficas, y el anfitrión había dispuesto un *tour* por distintos rincones del jardín para darnos a probar una serie de vinos elegidos con gran mimo.

Aunque los antidepresivos y el alcohol casan muy mal, no quise hacerle un feo y di algunos sorbos de cada variedad que nos daba a probar. Al terminar, todo me daba vueltas.

Me senté junto a una piscina que Eduardo me había asegurado que, en una fiesta anterior, estaba llena de chicas desnudas.

Si eso llegó a suceder, más avanzada la noche, yo no llegué a saberlo, porque hacia la una me entró un sueño tan demoledor que no podía tener los ojos abiertos.

Me había fijado en que la cocina de la que sacaban las bebidas daba a un saloncito a oscuras que debía de pertenecer a los padres del anfitrión.

Yo no podía más, así que me deslicé en la penumbra y me eché en aquel sofá. Caí dormido al instante.

Cuando abrí los ojos, eran las cuatro de la madrugada. Aturdido, salí del saloncito casi tambaleándome para regresar al jardín. El grueso de los invitados aún estaba allí, alrededor de una larga mesa donde seguían bebiendo y conversando.

Ocupé una silla vacía frente a dos psicólogas especializadas en acompañar a moribundos. En un extremo de la mesa, observé que había una mujer muy guapa de cabellos rizados rubios. Acompañaba a un escritor argentino al que yo conocía.

Después de haber dormido más de tres horas, yo volvía a tener energía para charlar, hasta que las psicólogas decidieron que era hora de volver a casa y me aceptaron en su coche. Eran muy amables y, camino de Barcelona, una me dijo algo así:

—*Al final, a no ser que te pille un autobús, sólo tienes tres opciones: morirás de cáncer, de un ataque al corazón o demenciado.*

Yo iba asintiendo, agradecido por la calidez humana de aquellas dos mujeres que parecían entusiasmadas con el ocaso humano. Sin embargo, lo más insólito de aquella fiesta me llegaría semanas después de manera totalmente inesperada.

41

EL RETO ROMÁNTICO

Mi hermano espiritual en Chile seguía supervisando mis avances ya llegado septiembre. En parte gracias a la química de los fármacos, yo estaba mejor. Me encontraba en un estado de apatía muy funcional que me permitía dormir, comer y trabajar con normalidad.

Eso sí, seguía siendo un hombre solo que vive con un gato que no le hacía apenas caso. El doctor en biología al otro lado del teléfono opinaba que debía intentar salir con chicas.

Yo no tenía la energía para ponerme a buscar, así que enredó a una exnovia suya para que viniera a mi casa, con la excusa de recoger un libro, y la invitara a cenar. La conversación fue muy agradable, pero enseguida capté que ella no sabía qué pintaba allí.

Era una fotógrafa bastante más joven que yo, aficionada al *poledancing*, y tras despedirla aquella noche en la parada del autobús nocturno, no volvimos a vernos.

Mi *coach* sentimental me recomendó entonces que tratara de hacer «match» con una amiga de ambos que, en el pasado, había expresado a su manera que yo le gustaba. «Estoy seguro de que vais a encajar de maravilla», me dijo. «Haréis muy buena pareja».

Ella estaba soltera y yo también, y siempre nos habíamos entendido muy bien, así que la invité a mi casa y la puse al corriente de mis miserias. Quise convertir eso en el inicio de un romance, pero ella me escribió al día siguiente un mensaje amable en el que descartaba esa posibilidad.

La lección a extraer de todo eso es que, por mucho que te quiera un amigo, no hay que seguir las recomendaciones amorosas de nadie. Es mejor obedecer al propio instinto, que lo que me decía era que continuara en mi cueva.

Con todo, accedí a un tercer desafío que me lanzó mi amigo en América a mediados de septiembre. Me preguntaba si me veía capaz de salir con cuatro chicas diferentes una misma semana, una al día de lunes a jueves, tomando yo la iniciativa esta vez.

Le dije que lo intentaría, aunque no sabía de dónde iba a sacar yo tantas citas. Nunca he estado en Tinder o similares, así que solamente contaba con las personas que conocía de manera natural o accidental.

Ya hemos visto que el azar juega un papel clave para que los puntos de giro de una vida puedan darse, y fue a través del ordenador donde seguía tecleando todas las horas del día que me llegaron dos mensajes inesperados.

El primero era un privado de Facebook. Una mujer a quien no sabía identificar me dijo algo así: *Nos conocimos en la fiesta, ya de madrugada. Nuestras miradas se cruzaron y, sin decirnos nada, los dos supimos al instante que no formábamos parte de ese mundo.* Luego me preguntaba si me gustaría que quedáramos una noche.

Tras los fracasos anteriores, yo estaba alucinado. No sabía quién era esa persona que me escribía, aunque entendía que estaba en la fiesta de la piscina de la que había regresado al amanecer. En todo caso, no era ninguna de las dos psicólogas, porque recordaba sus nombres.

Llamé a Eduardo para preguntarle y, al decirle el nombre de quien mandaba el mensaje, me dijo que era la chica que había venido con el escritor argentino.

Viendo la oportunidad de cumplir con el primer cuarto del reto, le dije que por supuesto que podíamos quedar. El lunes siguiente, si le venía bien, yo estaría a las nueve en La Fourmi, un bar cercano a mi casa. Ella accedió.

Al día siguiente, tras casi tres meses sin saber nada, me llegó un *e-mail* de Anna Sólyom, la autora de *Pillowsophia,* con los dos capítulos traducidos al inglés que le había pedido.

Siguiendo la inercia que acababa de empezar, le dije que se lo comentaría con gusto. ¿Qué tal quedar el martes a las nueve en La Bagnoire? Era otro de los muchos bares de Gràcia que en aquel entonces tenían nombre francés. Anna dijo que sí.

No hubo más golpes de fortuna y yo quería completar el desafío, así que llené el miércoles y el jueves por la noche con dos viejas amigas con las que sabía que no sucedería nada. Una aceptó quedar el miércoles y la otra el jueves.

El reto estaba cumplido. Ahora faltaba ver cómo se desarrollaría, en el caso de las chicas del lunes y el martes, a las que no conocía de nada.

42

INSOMNIO DEL BUENO

Siempre he sido tímido con los desconocidos, cualquiera que sea su género, así que en la cita del lunes me sentía incómodo.

Mi cita llegó en patinete y, mientras cenábamos una pizza en La Fourmi, corroboré que era tan guapa como la recordaba, pero yo no sabía qué decir ni qué hacer.

En estos casos, la experiencia me dice que lo mejor es escuchar, algo que se me da muy bien. Por lo tanto, empecé a disparar preguntas para interesarme por su vida laboral y sentimental. Ella se explayó a gusto y parecía cómoda en la situación, lo cual a su vez me hacía sentir bien a mí.

Siempre me ha gustado ser útil, aunque sea en una cita *random*.

Tras saber detalles de un antiguo amor de la chica, supe que trabajaba en la producción audiovisual. Eso le obligaba a menudo a levantarse a las cuatro de la madrugada.

Le pregunté si el siguiente martes era uno de esos días y me dijo que sí.

—*Entonces te acompaño al patinete* –le dije.

La despedí allí mismo y se marchó rodando tras una noche muy *polite,* pero que había sido agradable. Prueba superada, me dije mientras informaba por wasap a mi ángel casamentero.

El martes me presenté a las nueve en el lugar acordado, pero había dejado de funcionar como bar de tapas. Como queríamos cenar algo, nos buscamos un garito donde pudimos sentarnos a la barra.

Quizás porque era bastante excéntrica, enseguida sintonicé con Anna Sólyom. Nunca he conectado con la gente normal, y la chica del martes era cualquier cosa menos convencional.

Mientras comíamos algo ligero, le comenté los capítulos que me había mandado y ella me puso al corriente de su vida. Supe, así, que su padre había dirigido películas importantes en Hungría, y que su madre era terapeuta. Ella misma se había formado en reiki y terapia craneosacral, pero no había logrado iniciar una carrera como terapeuta.

Sus últimos trabajos habían sido en la industria electoral, como observadora de comicios en otros países y luego vendedora de sistemas de voto electrónico.

Todo esto a mí me sonaba a chino, pero yo estaba fascinado con aquella mujer nacida en Budapest que había corrido por medio mundo.

La cosa de las terapias me era muy familiar, ya que muchos de mis mejores amigos pertenecen a ese entorno, así que le di el siguiente consejo:

—*Si quieres hacerte un nombre como terapeuta, deberías publicar un libro en español. Ésa es la mejor carta de presentación, al igual que un músico necesita un disco para que las salas le conozcan y lo programen.*

Ella volvió a mencionarme el *Pillowsophia,* pero yo le dije que sería mejor escribir antes un libro mucho más sencillo, algo que pudiera llegar a todo el mundo.

La conversación siguió por estos derroteros y, como ninguno de los dos tenía sueño, le propuse que viniera a casa a escribir las primeras páginas de un cuento que acababa de surgir en la conversación.

Ella aceptó y estuvo garabateando un borrador en inglés mientras yo tocaba el piano con sordina.

Cuando ya era muy tarde, pusimos fin a la sesión de escritura con banda sonora y la acompañé a su casa. Estaba a tres manzanas de la mía. En el camino cayó un chaparrón que dejaba atrás el verano, pues técnicamente ya estábamos en el 24 de septiembre.

Aquella noche no pegué ojo, pero era de felicidad. No podía dejar de reproducir dentro de mi cabeza algunas de las conversaciones que habíamos tenido. Estaba en una nube.

Por la mañana, ella me mandó una fotografía donde se la veía escribiendo. Se estaba tomando en serio el encargo literario y, por ende, su carrera como terapeuta.

Volvimos a vernos aquella noche. De hecho, de los 30 días que siguieron a aquella primera cita, quedamos 29.

Entre medio, iban sucediendo cosas. Le entregué un poema que ella encontró regular, y tras proferir alguna clase de declaración amorosa, ella se puso los dedos dentro de la boca, dándome a entender que tenía ganas de vomitar.

Cuando le dije que empezaba a quererla, ella respondió:

—*No digas eso hasta que no me veas romper cosas por la casa.*

En uno de nuestros primeros lances, quiso en efecto romper su propio ordenador portátil, pero yo le convencí de que lo iba a necesitar.

Como dos polos opuestos pero complementarios, creo que Anna se fue contagiando de mi serenidad, además de aprender las claves para tener éxito como escritora. También se ha convertido en una muy buena terapeuta.

Por mí parte, son muchas las cosas que he aprendido de ella, pero nos iríamos del propósito de este libro. Baste saber que, nueve años después de aquella primera noche, seguimos juntos.

43

LA LOCURA DE IKIGAI

Nada más publicarse, en marzo de 2016, *Ikigai* fue un bombazo de dimensiones nunca vistas.

No me extenderé, porque he contado esto muchas veces en las entrevistas. En síntesis, el libro fue n.º 1 el día de su salida, y a los pocos meses había cosechado veinte traducciones, que hoy son ya setenta.

Según Héctor García, que es un *freak* de los datos, de los libros en español que hayan llegado a las librerías, sólo *Don Quijote de la Mancha* se ha publicado en más lenguas.

Lo curioso del fenómeno, además, era que iba saltando de un país a otro en distintos momentos. Primero arrasó en Holanda –hace tiempo que celebramos la 50.ª edición– y Turquía, donde di una charla en un congreso de *marketing* abarrotado de gente.

Gracias a que Oprah Winfrey lo puso en su blog como libro de la semana –más adelante nos entrevistaría para su revista *O*–, llegó a ser n.º 1 como audiolibro, además de entrar en varias listas. En Gran Bretaña, el popular radiofonista de la BBC Chris Evans dijo que *Ikigai* era su libro de cabecera y que lo tenía siempre en la mesita de noche.

Esa semana fuimos n.º 1 en UK.

La fiebre de *Ikigai* pasó luego a India, donde durante tres años seguidos fue n.º 1 de todos los libros. Al ir al país, vi que en los semáforos había chicos que vendían copias pirata a los conductores. Yo mismo tengo tres «ediciones» distintas, una de ellas con nuestros nombres mal escritos.

Héctor y yo somos tímidos y nunca hemos buscado la fama, así que esta marea nos dio mucho más trabajo del que pudiéramos imaginar:

1. En adelante, el 99 % de las entrevistas serían sobre el *ikigai*. Nadie quería hablar de *Un geek en Japón* o de mis numerosos libros anteriores. Muchos entrevistadores, para nuestro cansancio, empezaban con la pregunta: *¿Qué es el ikigai?*
2. Especialmente durante la pandemia, tuvimos que dar hasta medio millar de charlas, muchas de ellas a foros de la India: estudiantes, asociaciones de empresarias, clubs de lectura, etc.
3. Al volverse a abrir las puertas del mundo, empecé a dar conferencias en todas partes —Héctor raramente abandona su búnker en Tokio—, llegando a hacer dos el mismo día, una por la mañana y otra por la tarde.

Justamente esta parte de mi trabajo supuso al principio un reto mayúsculo para mí. Además de escribir en *El País* y en la revista *CuerpoMente* desde hace dos décadas, llevo el mismo tiempo trabajando en la radio y dando cursos, pero la petición que me hicieron de la India superaba, de lejos, mi zona de confort.

Querían que hiciera una gira por cinco ciudades indias, dando charlas —en inglés— en teatros que estarían a rebosar de gente. Estuve a punto de negarme, pero al hablar con Xavier Guix, maestro y terapeuta, me respondió con una lógica aplastante:

—*Si te lo piden es porque puedes hacerlo. De otro modo, no te lo pedirían.*

Dicho y hecho, hice la gira y desde entonces he dado charlas en mil otros sitios.

He aprendido que la única manera de doblegar el miedo es haciendo justo lo opuesto —lo contrario es lo conveniente— de lo que te dicta. Tal vez por eso, el pasado mes de diciembre me fijé un desafío de lo más incómodo.

Pregunté a mi amigo Gaspar Hernández si le gustaría que hiciéramos una charla pública sobre el éxito vital en un teatro donde los espectadores pagaran entrada.

Esto último no es un detalle banal. Una cosa es dar una conferencia a un público que no se ha rascado el bolsillo —aunque la haya sufragado su empresa o una institución–, y otra es responder a las expectativas de un auditorio que ha comprado su entrada y espera algo muy bueno a cambio.

Gaspar aceptó el reto y a mí me empezaron a temblar las piernas, como cuando, a mis 19 años, era un actor de teatro *amateur*. De hecho, había abandonado los escenarios por este motivo.

Razón de más para volver a ellos 35 años después, pensé.

En un par de capítulos –ya estamos llegando al final de la primera parte, gracias por tu paciencia–, veremos cómo salió la cosa.

44
¿CUÁL ES TU DESEO?

Antes de llegar al capítulo que cierra este relato biográfico, quiero contar una pequeña anécdota que me parece significativa.

Sucedió en Budapest minutos antes de que terminara el pasado año. Me había desplazado a la capital húngara con mi pareja, mi hijo de trece años y una de mis mejores amigas y su familia.

Joana fue editora de un par de novelas juveniles mías y, previamente, había sido una de las cantantes de Nikosia, la banda de «dream folk» con la que llegamos a hacer un par de giras.

Hoy vive en Nueva York y dirige la no ficción de una gran editorial de libros infantiles y juveniles. De hecho, ella nos encargó *Ikigai for Teens* para Estados Unidos, que aquí se ha titulado *El pequeño ikigai*.

Volviendo a aquella celebración, nos reunimos en Budapest con Joana y otra familia amiga. Como su apartamento era mucho mayor que el que nosotros habíamos alquilado, se decidió que allí haríamos la fiesta de fin de año.

Yo me encargué de freír medio centenar de salchichas –al parecer es una tradición húngara en estas fechas– para una mesa donde nos juntaríamos seis adultos, un adolescente y cuatro niñas.

Mientras esperábamos la hora de las campanadas, alguien propuso que cada cual formulara en voz alta un deseo para el Año Nuevo.

Todos dijimos lo que se nos ocurrió en aquel momento, pero la hija mayor de mi amiga parecía tenerlo muy claro. Con su habitual expresión seria, Olivia declaró:

—*Mi deseo para el año nuevo es pasarlo bien.*

Se hizo un silencio ante la sencillez de este deseo, cosa que la niña aprovechó para clavar sus ojos en los míos y preguntarme, preocupada:

—*¿Tú crees que se cumplirá?*

—*Estoy seguro que sí* –le dije.

Lo que puede sonar como una tontería, para mí sintetiza el fundamento del arte de vivir y del éxito literario, un tema que he tratado en esta parte biográfica, y que veremos de múltiples maneras en la sección inspiradora que sigue.

Por raro que pueda parecer, mucha gente demuestra con sus palabras y con sus actos que no ha venido a esta vida a pasarlo bien. Y me refiero a personas que tienen las necesidades básicas cubiertas y que no están afrontando situaciones dramáticas manifiestas.

Tal vez por el sesgo negativo que nos ha permitido sobrevivir como especie, lo común es escuchar discursos infelices de cualquier tipo: sobre el estado del mundo, sobre la maldad de los políticos, sobre las decepciones de la existencia, sobre los propios problemas y miserias.

Ningún adulto te dirá que ha venido aquí a pasarlo bien, y a fe de Dios que muchos hacen lo posible para que esto sea un mal trago. Por eso, el deseo de la pequeña Olivia me pareció lo más importante del mundo, un recordatorio de lo que debería ser la vida y nuestras relaciones en la Tierra.

La inmensa mayoría de productos culturales –novelas, ensayos, películas– ponen el foco en lo triste, en lo violento, en el vacío y el absurdo. Y me parece muy bien, yo también era un gran consumidor de esta clase de contenidos durante mi primera juventud.

Me pregunto si no habrá una correlación entre las depresiones que sufrí en aquella época, cuando no había un cataclismo que las justificara, y la lectura de Strindberg, Kafka y otros autores que no eran precisamente alegres.

Quizás por eso, cuando de manera inesperada empecé a escribir libros, me propuse ocuparme del lado soleado de la realidad, que también existe. Para narrar las sombras y dolores ya hay muchos autores mucho mejores que yo.

Dicen que uno de mis dones es organizar fiestas memorables, y no me da vergüenza admitir que, como esta niña sabia, mi misión es también pasarlo bien y contagiar a otros de este sentimiento.

Por supuesto, estas memorias han incluido momentos no tan felices, pero eran necesarios para apreciar después el contraste.

Es mi deseo que lo estés pasando bien leyendo este libro, cuya primera parte termina en el capítulo que sigue. Mientras estemos vivos, el libro nunca se cierra. Siempre hay un capítulo más.

45

¿QUÉ ES EL ÉXITO?

La función con Gaspar Hernández fue un éxito. El teatro estaba lleno y nadie pidió posteriormente la devolución de la entrada.

En un espectáculo muy emotivo, en la primera parte proyectamos fotos de los dos como niños. Hablamos de nuestros sueños, de los obstáculos que tuvimos que superar, de los rodeos que nos llevaron a lugares inesperados.

Hacia la mitad del *show,* invitamos al público a contar cuál consideraba que había sido su mayor éxito en la vida. Subieron al escenario Ferran Cases, que ha convertido sus ataques de ansiedad en una industria, y Mireia Chaos, que entre sus múltiples talentos tiene una voz prodigiosa.

Yo me senté al piano y ella cantó *Only Fools Fall In Love.*

Luego seguí conversando para el público con mi compañero de escenario, que tiene muchas más tablas que yo. En mi caso, la principal motivación para hacer aquel espectáculo era demostrarme a mí mismo que podía hacerlo.

Como el reto de las cuatro chicas, pero con mucha más gente.

Y mi deseo más profundo era entregarles algo de valor, que salieran del teatro con una sonrisa, o al menos con una idea o proyecto personal a realizar.

Para terminar el *show,* volví al piano mientras Gaspar leía un texto que yo le había preparado como cierre. Y era éste:

¿QUÉ ES EL ÉXITO?

*Decía Bert Hellinger que nacer fue el primer gran éxito
de nuestra vida, un triunfo decisivo,
ya que ganamos la partida
contra billones de probabilidades
de no haber existido nunca.*

De niños, el éxito es jugar, aprender, caer y levantarnos,
crecer hacia el horizonte misterioso del futuro,
lleno de sueños por cumplir.
Hacer amigos.

En la juventud, es todo un éxito hacerte amigo de ti mismo,
huyendo del perfeccionismo,
la autocrítica excesiva, la comparación y el vacío.
En el difícil tránsito de la infancia a la edad adulta,
seguir adelante es ganar.

En la madurez, el éxito es mantener vivos la curiosidad,
la ternura y los sueños.
No haber caído en la resignación y el desencanto,
creer todavía en la bondad humana
y en la posibilidad de un nuevo mundo.

Y, cuando nos encontremos al final del camino,
el éxito será poder mirar atrás
y poder decir:
he aprendido, he amado, he vivido.

II

APUNTES SOBRE LA VIDA

ÁMALO, CÁMBIALO O DÉJALO

Muchos amigos saben de mi pasión por recopilar frases inspiradoras. Como *gourmet* de estas píldoras de sabiduría, siempre he descartado las citas que no tenían fuente. Aquí haré, sin embargo, una excepción porque el lema me parece lo bastante potente como para reflexionar sobre él.

Apareció en la tienda de la Kunsthalle (museo de arte) de Hamburgo. Siempre me han atraído las librerías de los museos por la gran cantidad de cosas inútiles y encantadoras que encuentras allí. Esta vez me dejé hipnotizar por una libreta roja de fascinante flexibilidad y por un portaminas estiloso que ya he perdido… hasta llegar al protagonista de este *post*.

Era una plaquita de madera delgada que rezaba: *Love it, change it or leave it.* Tras buscar sin éxito quién era el autor, decidí llevármela porque me parece una síntesis brillante de lo que podemos hacer con todo lo que nos sucede, especialmente lo que no nos gusta, incluyendo a las personas que pasan por nuestra vida. Vayamos por partes:

1. ÁMALO. Sin duda, ésta es la mejor opción. Alguien dijo que si amas tu trabajo ya has ganado cinco días por semana. Cuando el científico, el emprendedor o el artista decide amar un problema, éste deja de ser una piedra en el zapato para convertirse en un reto y un estímulo. Si eres capaz de amar algo o alguien tal como es, sentirás que te encuentras en el lugar correcto.

2. CÁMBIALO. Pero si sientes que una situación no es como debería ser, porque te perjudica o está dañando a otros, el desafío es transformarla en algo mejor. No siempre es fácil, ya que a veces no depende de nosotros. Uno mismo puede cambiar su modo de trabajar o de vivir, cómo se relaciona con los demás, pero… ¿quién cambia a los demás? Eso es algo que sólo ellos pueden

hacer. Si hemos intentado empujarles hacia el cambio sin lograrlo, sólo nos queda una opción.

3. DÉJALO. Hay personas, trabajos y situaciones que nunca van a cambiar y no tenemos suficiente influencia sobre ellos. Si hace tiempo que nos hacen sentir mal, si nos impiden vivir como desearíamos, entonces hay que tomar la tercera vía. No podemos amar lo que nos daña, pero si tampoco podemos cambiarlo, entonces hay que abandonar esa lucha, cualquiera que sea, y empezar a construir en otra parte.

2

LO QUE NECESITAMOS HACER

Brian Eno, quien fuera productor de David Bowie y U2, entre muchas otras estrellas, recomendaba el siguiente ejercicio:

1. Escribe una lista con las cosas que tengas que hacer.
2. Haz la última cosa escrita en la lista.

La propuesta del cofundador de la Long Now Foundation, cuya finalidad es enseñar a la gente a pensar en el futuro a largo término, obedece a lo siguiente: dado que en la vida tendemos a relegar lo importante al final, priorizando siempre lo urgente, si invertimos el orden tal vez hagamos por una vez lo que necesitamos hacer.

3

DOS LEYES A TENER EN CUENTA

El periodista Francesc Orteu, además de darme una cita muy buena de Paul Newman (venía a decir: *Si tienes un plan, es que estás jodido*) me explicó su filosofía de vida.

Me dijo que es muy limitador guiarse por un plan, ya que entonces miras sólo en esa dirección y dejas de ver todo lo que sucede a tu alrededor, cuando las oportunidades no están necesariamente donde las buscamos. A menudo encontramos lo mejor de la vida en circunstancias del todo accidentales, y no cuando los estamos buscando. Por lo tanto:

Lección n.º 1: Evita mirar sólo en una dirección.

Y también:

Lección n.º 2: A la hora de tomar decisiones, ve allí donde te quieran.

Si eres ambicioso y quieres escalar a cualquier precio, tienes muchos números para estrellarte. Es mejor seguir tu camino, aunque sea modesto, junto a compañeros que te demuestran su cariño. Ellos te harán crecer y te ayudarán a llegar adonde tengas que llegar.

4

«TODAVÍA NO»

ES DISTINTO DE «NO»

Tras llegar a nuestro país para promocionar su tetralogía *The Raven Boys*, en aquella ocasión tuve el placer de entrevistar a fondo a Maggie Stiefvater.

Me contó que vivía en una granja de Virgina con su marido, que había dejado el trabajo de policía para apoyar a su esposa y criar vacas. Dejo fuera lo que hablamos sobre la trilogía *Temblor* y sobre su nueva saga. Baste con saber cómo empieza el primer volumen, *La profecía del cuervo*:

Blue Sargent había olvidado las veces que le habían dicho que mataría al amor de su vida.

Quiero compartir la conversación que tuve con ella sobre sus inicios y cómo logró ser una autora publicada.

—Maggie, he leído en tu biografía que desde pequeña ya practicabas la escritura, la música y la pintura. ¿Creciste en un entorno muy artístico?

—*Mis padres eran grandes lectores que compraban un montón de libros. Mi madre había estudiado bellas artes, con lo que nos enseñó a dibujar desde muy pequeños. En cuanto a la música, con mis hermanos siempre hemos tocado diferentes instrumentos.*

—Tengo entendido que tú tocas la gaita. Es un instrumento inusual y ruidoso… puede ser molesto para los vecinos.

—*Sí, está pensado para ser tocado desde lo alto de un monte, a cien pies al menos (RÍE).*

—Antes de dedicarte a escribir, creo que vivías de pintar caballos…

—*Cierto, para ganarme la vida estaba todo el día pintando caballos, que es una especialidad difícil, sobre todo las patas en movimiento.*

—Hablemos ahora de libros. ¿Qué lecturas te formaron como autora?

—*Crecí leyendo muchas novelas británicas de fantasía. Con diez años me aficioné a Diana Wynne Jones, la autora de* El castillo ambulante. *De esta misma autora me encantaba* Dogsbody *y creo que ya entonces me impulsó a ser escritora.*

—¿Por qué decidiste estudiar historia entonces?

—*Porque en la universidad me dijeron que no era lo bastante buena para escribir y tuve que elegir otros estudios. Pero me gustó la carrera porque tiene mucho que ver con la* Fantasy, *ya que las historias suceden en diferentes mundos con aventuras y personajes muy singulares…*

—Vamos ahora con tus inicios en el mundo de la literatura. Cuando escribiste *Lament* creo que recibiste muchas notas de rechazo…

—*Sé que estas notas hacen sufrir a los autores que empiezan, pero para mí eran un estímulo porque demostraban que lo estaba intentando con todas mis fuerzas. No recibirás ninguna nota de rechazo si no terminas tu novela, o si escribes y te quedas de brazos cruzados sin hacer nada por mover tu libro. Había respuestas terribles, del tipo: QUERIDA AUTORA, DEJA DE MANDARNOS TUS LIBROS. Luego fueron mejorando y me decían cosas como: QUERIDA MAGGIE, ESTE LIBRO NO ES PARA NOSOTROS, PERO SIGUE TRABAJANDO.*

—¿Y cuándo llegó el primer SÍ?

—*Fue un sello pequeño, y el editor me pidió que reescribiera la novela de arriba abajo. Quería que la recortara mucho, que cambiara de tercera persona a primera, que buscara otro escenario… Fue escribir todo el libro de cero y cuando terminé la nueva versión y la entregué, no les gustó y dijeron: «Lo siento, no te vamos a publicar».*

—Debió de ser un golpe muy duro.

—*Sí, pero no me desanimé. Guardé* Lament *en el cajón y dediqué todo un año a escribir otra novela. Cuando la llevé al mismo editor, me dijo: «Esto está mucho mejor, Maggie. ¿Por qué no utilizas todo lo que has aprendido con esta segunda para reescribir de nuevo la anterior novela?» En vez de arrojar la toalla, volví a aceptar el reto y estuve tres meses dedicada febrilmente a esa tarea. Cuando la editorial recibió la tercera versión de mi primera novela, por fin la aceptó y firmé mi primer contrato.*

—Wow… Eso fue una prueba de resistencia.

—*Tenía que ser así. En total transcurrieron seis años desde que empecé a mandar* Lament *a las editoriales, cuando tenía dieciséis, hasta que logré ser publicada. Aún guardo la nota de rechazo de Scholastic, que es mi editorial ahora en Estados Unidos, y la de mi actual agente, que en su momento no me aceptó. He tenido que trabajar mucho para llegar hasta aquí, pero ha valido la pena.*

—Seguro que muchos jóvenes autores te piden ayuda. ¿Qué consejo les das?

—*Les digo dos cosas. La primera es que cualquiera puede aprender a escribir una novela. Tal vez no sea la mejor novela del mundo, pero eres capaz de contar una historia. Es una técnica que todo el mundo puede aprender. Lo segundo que les digo es que deben tomar un NO por lo que significa en realidad: TODAVÍA NO. Todavía no sabes lo suficiente para escribir un libro que un público masivo quiera leer. La cuestión es muy sencilla. Da igual que tengas nombre o que seas un desconocido: si escribes una novela capaz de fascinar a un montón de gente, alguien la publicará. Los editores no son idiotas. ¡Quieren vender libros! Pero no es nada fácil hacer una novela así. Es un trabajo que requiere muchos años.*

5

AGOBIO EN LAS REDES

En mi relación con los lectores, debo destacar la gran amabilidad y discreción de la inmensa mayoría. Es algo de lo que te das cuenta el día de tu cumpleaños. Te encuentras el mensaje de alguien con quien no has tenido contacto en todo el año, y ves que el mensaje anterior fue justamente, un año atrás, el día de tu cumple.

Es un detalle a valorar, porque si todo el mundo escribiera mensajes privados en el día a día, sería imposible atenderlos. Los privados suelen ser de amigos que conozco personalmente o de algún lector que tiene una consulta concreta sobre algún libro, y estoy encantado de responder.

Pero hay también otra clase de privados que uno recibe y que no son un placer. Además de los que son puro spam, hay el típico *«Hola»* a secas de alguien que no se presenta ni te indica lo que quiere, lo cual sería lo cortés. Supongo que pretende saber si hay alguien real al otro lado.

Al principio también respondía a esta clase de mensajes pero dejé de hacerlo tras algunas experiencias irritantes. Un par de ejemplos vividos como muestra:

1. Tras contestar un *«Hola»* a un señor que no tengo el gusto de conocer, me dice: *«Soy profesor de instituto, ¿y tú?»*. La pregunta me sorprende porque se supone que alguien que te pide amistad o te contacta es porque sabe quién eres. Aún sí le contesto: *«Soy escritor»*. Él: *«¿Qué has escrito?»*. Yo: *«Muchos libros»*. Él: *«¿De qué van?»*. En este punto, le paso el *link* de la bibliografía de mi web y me despido argumentando que tengo mucho trabajo, cosa bien cierta.

2. Tras contestar mi último *«Hola»* a secas, una estudiante peruana me dice *«Por favor, necesito tu ayuda»*. Yo: *«Si no lleva mucho tiempo, te ayudaré. ¿Qué necesitas?»*. Ella: *«¿Cómo se escribe un*

ensayo?». Yo: «*Eso no es breve. Mira en Google y encontrarás muchas pautas y muestras*». Ella: «*Vale*». Al cabo de un minuto, la misma persona me escribe: «*Necesito que me digas qué pongo sobre la novela XXX de la autora XXX*». En mi vida he oído hablar de ese libro ni de esa autora, así que le digo: «*No la he leído, así que no puedo ayudarte. Pregunta a un compañero de clase*». Ella: «*Por favor, ayúdame*». Yo: «*Me estoy empezando a enfadar*». Ella: «*La novela va sobre un viaje y sobre la muerte. ¿Qué sinónimos de la muerte puedo poner?*». Yo: «*El mejor sinónimo de la muerte es FIN, y aquí termina nuestra conversación*».

Dicho esto, la bloqueo, algo que no me gusta hacer pero a veces no hay más remedio. La estudiante, no obstante, logra dar con mi correo electrónico y una hora después me manda un *mail* con el trabajo de las narices, que tiene dos faltas de ortografía en el título del archivo. El asunto del mensaje es: «*¿ESTÁ BIEN ASÍ?*». La bloqueo también en el correo electrónico y pulso la tecla DELETE.

6

ESCRITOR PROLÍFICO

Siempre se ha dicho, con muy buen criterio, que los escritores son personas que caen mal. Tienen fama bien ganada de egocéntricos, rolleros y aburridos. Quizás por ese motivo, Hemingway solía afirmar siempre que era periodista. Una vez que le preguntaron por qué decía eso, cuando ya no redactaba artículos, respondió: «*Porque no quiero que alguien me pare por la calle y me grite: "You, writer!"*».

Guardando las distancias, también yo muchas veces me presento como periodista, ya que muchos de mis trabajos tienen más que ver con ese oficio que con la literatura. Pero eso no te libra de que, cada dos por tres, te pare algún conocido por la calle y te diga:

—*He visto otra obra tuya en la librería. ¡No paras, tío! ¿De dónde sacas el tiempo? Eres una máquina.*

Éste es un tipo de comentario que toca mucho las narices a los escritores prolíficos.

Quien considere algo romántico la carrera literaria que se olvide de ser escritor profesional, donde todo se guía por contratos, editores, fechas de entrega, promociones y demás. Ni más ni menos que cualquier otra profesión autónoma en la que hay que mantenerse siempre operativo.

Por eso me molesta el ¡No paras tío! Sería como si yo me encontrara de madrugada a un tipo que va a la fábrica y le dijera: ¿Adónde vas? ¿No trabajaste ya el mes pasado? ¡Quédate en casa, hombre!

Pues eso. Por suerte, existe también una rara especie de conocido que se va al extremo opuesto. Aún recuerdo mi sorpresa un día que me encontré por la calle a un amigo que no veía hace años y me dijo:

—*¡Ya me compré tu libro!*

Tras oír esto, pensé: «Dios mío… ¿cuál será?».

4 INGREDIENTES PARA ÉXITO LITERARIO

Aunque ni yo ni nadie puede garantizar que un escritor llegue a la cima, sí puedo mencionar algunos ingredientes que ayudan a conseguirlo:

1. Gozar con la escritura más que con cualquier otra cosa. Si eres feliz escribiendo, cabe la posibilidad de que hagas felices a los lectores. Ha de ser una necesidad vital como comer o respirar.
2. Tener una voluntad a prueba de bomba para hacer todas las versiones que hagan falta durante el tiempo que haga falta, seis años si es necesario, como Maggie Stiefvater.
3. Ser capaz de dejar un manuscrito en el cajón para empezar el siguiente, o un tercero o un cuarto… hasta lograr el mejor libro que seas capaz de escribir. Cuando David Monteagudo consiguió publicar *Fin,* antes había redactado seis o siete libros que le sirvieron para aprender.
4. Entender que, como dice la Biblia, muchos son los llamados, pocos los elegidos. Si después de muchos esfuerzos no obtienes el resultado deseado, quizás tu misión esté en otra cosa y debes descubrirla. El maestro César Mallorquí concluye:

«La actividad más importante a la que puede dedicarse una persona no es el arte, es la vida. Porque el arte no es más que una imitación de la vida; una imitación maravillosa, pero lo importante es vivir».

8

LA MAGIA DEL WU WEI

Si te desespera ver cómo, con cada paso para resolver un determinado problema, éste no hace más que aumentar, considera aplicar el *Wu Wei*.

La magia de no hacer, no hablar, incluso no pensar, si eres capaz de ello, es una llave maestra que acaba cerrando el conflicto y abriendo nuevas puertas. Y está hecha de tiempo y silencio.

¿Aplicar el *Wu Wei* significa, entonces, que debemos aceptar ser injustamente tratados? Nada más lejos de eso.

Como la planta que emerge sin ser notada, cuando dejamos de reaccionar y de sumar ruido al ruido, podemos lograr cosas mucho más efectivas y valiosas.

Si no nos gusta algo o alguien, en lugar de litigar, de intentar convencer y lograr rectificaciones, es mejor alejarse discretamente, prescindir de lo que nos causa el dolor. Y si eso implica dejar de acudir a ciertos lugares y de frecuentar ciertas compañías, estará bien hecho.

Cada espacio liberado –también a nivel mental– puede ser llenado con energía de signo contrario. El tiempo que dedicamos a estar ofendidos por cualquier cosa que haya sucedido lo podemos usar para escribir un cuento, escuchar a alguien sabio, descubrir un disco genial, un nuevo paraje, o lanzar una idea que puede cambiar nuestra vida.

A los que creen que esa disposición plácida y creativa es imposible cuando el entorno de conflicto nos ahoga, les brindo un texto anónimo que recibí por correo hace poco:

Para proteger tu energía…
Está bien cancelar un compromiso.
Está bien no contestar a esa llamada.
Está bien cambiar de opinión.

Está bien querer estar solo.
Está bien tomarse el día libre.
Está bien no hacer nada.
Está bien cortar por lo sano.
Está bien dejar ir.

No sé quién lo dijo, pero Amén.

9

ALMAS GEMELAS

Después de la bilogía *Retrum,* de la que hablamos en la primera parte de este libro, escribí una trilogía más extraña aún llamada *Øbliviøn.* En su tercera y última entrega, *La vida secreta de la Luna,* Valdemar, un hombre excéntrico con fijación por nuestro satélite, responde a una pregunta del protagonista.

¿Por qué hay personas con las que no coincidimos nunca, aunque vivan muy cerca, mientras otras se cruzan misteriosamente una y otra vez en nuestro camino?

Ésta es la explicación que recibe el joven protagonista:

—Las almas gemelas se encontrarán siempre en cualquier lugar del mundo que estén, porque realizan elecciones similares (…) Imagina que tienes un amigo con el que coincides en muchas cosas. Le pierdes de vista durante años y, de repente, un mes de septiembre decides viajar a Shanghái, donde viven más de veinte millones de personas. Entras en un pequeño café de una calle secundaria y lo encuentras allí. ¿Qué probabilidad hay de que eso suceda, entre tantísima gente y entre miles de otras ciudades?

—Una probabilidad infinitamente pequeña.

—Tan pequeña que hay que descartarla… porque hay una razón. Cuando dos almas resuenan de forma similar, toman decisiones muy parecidas en momentos parecidos. Eso explicará que tu amigo haya decidido viajar en septiembre, como tú, y no en agosto. Que haya elegido Shanghái y no otros lugares, porque lo que ofrece esa ciudad le interesa especialmente, igual que a ti. (…) Al comprar la misma guía que tú, por ejemplo una Lonely Planet, *se fijará en el mismo hotel barato y, una vez alojado, cuando no pueda dormir por el* jet lag, *saldrá a dar una vuelta del mismo modo que haría contigo. Entre los*

locales y cafés por lo que pasará le llamará la atención precisamente ese, porque encaja con su gusto estético... con vuestro criterio. Se sentará a tomar un té y a leer un poco la guía hasta que, al levantar la cabeza, te verá entrar y los dos exclamaréis «¡Qué casualidad!» o algo así. Y yo digo: ¡y un cuerno!

10

AUTORES PALIZAS

Un problema común cuando llevas tiempo en el mundo editorial es la falsa creencia, por parte de los aspirantes, de que un escritor tiene el poder para que se publique el proyecto de cualquier persona.

Error: un escritor no es editor, ni agente literario, ni conseguidor de nada. Es sólo alguien que escribe y punto. De hecho, muchos autores ni siquiera son buenos lectores para valorar el texto de un género que desconocen o no les gusta.

Y, sin embargo, sucede constantemente. Cada día me contacta alguien (a veces hasta tres o cuatro desconocidos) que dice ser fan de mis libros, para en el siguiente mensaje mandarme el suyo. En algunos casos, el espontáneo ni siquiera se ha dignado a pasarle al Word el corrector ortográfico.

Si no contestas o tardas en hacerlo, a veces incluso se enfadan.

Hasta ahora yo había sido bastante sacrificado y trataba de dar alguna respuesta, más tarde que pronto, como mínimo a las personas jóvenes. Dejé de hacerlo desde lo que me ocurrió en mi propia casa. Atención a lo que sigue, porque sucedió exactamente así.

Hacía cinco minutos que me estaban dando clase de piano cuando suena el timbre del interfono. Voy a abrir pensando que es el cartero cuando oigo la voz de una niña: «¿Eres Francesc Miralles?». Yo: «Sí, ¿quién eres?». «No me conoces, pero tengo un libro tuyo».

Me quedo unos segundos pasmado, con el interfono en la mano. Pienso en quién diablos es esa chica y cómo puede tener mi dirección. Jamás la doy a nadie, ni siquiera para los envíos. Mi inquietud crece aún más cuando la niña me dice por el interfono: «Vengo con mi padre. Queremos hablar contigo».

Asustado, les abro temerariamente esperando lo peor. Mientras suben me pregunto si el padre estará furioso conmigo porque la hija ha leído *Retrum* y le parece demasiado explícito sexualmente o violento. A saber. Llegan arriba y no me queda otro remedio ya que hacerles pasar. Se sientan en el sofá y entonces observo que entre los dos hay una muleta.

«¿Esta muleta de quién es?» es lo primero que pregunto. He visto al padre, que es muy alto, entrar bien ligero, por lo que si es de él igual sirve para partirme la cabeza por algún motivo. «Es mía», dice la chica, «me he lesionado haciendo deporte».

Me tranquilizo y le pregunto quién le ha dado mi dirección, puesto que no les conozco de nada. Tras insistir averiguo que la tiene por una compañera de clase que estuvo en un seminario que se hizo en mi casa. Obtenida la dirección, han decidido presentarse sin cita previa ni aviso alguno. Tampoco parece importar que esté en medio de una clase de piano que ya he pagado aunque me voy a perder la mitad.

El profesor, de hecho, sigue asombrado lo que sucede a continuación. La chica no me da ningún libro para que se lo firme ni nada parecido, sino que es el padre quien saca unos papeles para explicarme la corrupción que hay en centros de formación profesional de la que ha sido testigo, cosa que le ha costado duras represalias laborales, puesto que era inspector y le han apartado del cargo.

Yo entiendo lo que me cuenta y lamento la situación, pero no veo por qué me dan vela a mí en este entierro. Me dice que quiere contar su caso en un libro que escribirá su hija. Supongo que esperan de mí que yo apadrine el proyecto –no se puede llamar novela: es simplemente la denuncia de un caso de corrupción, como hay miles en este país–, pero para milagros a Lourdes, como decía mi primer jefe. Lo único que se me ocurre es algo muy obvio:

—*Escribid el libro, lo colgáis en Amazon y hacéis publicidad en las redes.*

Tras veinte minutos de charla, noto que se van decepcionados. Esperaban otra cosa. Por mi parte me enfado conmigo mismo y me digo que hay que dejar de atender a todo el mundo.

Como decía muy sabiamente Napoleón: «Hay ladrones a los que no se castiga pero que nos roban lo más valioso que tenemos: el tiempo».

II

EL CUELLO DE BOTELLA

En 1984 se publicó una fábula empresarial titulada *La meta,* donde Eliyahu M. Goldratt reflexionaba sobre el principio del «cuello de botella». Para ello nos lleva a una fábrica en crisis, siempre en medio de retrasos y urgencias, que amenaza el cierre a no ser que el directivo protagonista logre darle la vuelta en tres meses.

Esta situación tan prosaica y común se combina en el relato con la historia de una excursión infantil, que se ve retrasada constantemente porque un niño gordito, Herbie, no logra avanzar al paso de sus compañeros, que siempre tienen que esperarle.

Da igual donde lo coloquen, dado que el niño lento frena el avance de todo el grupo. Es el cuello de botella que entorpece una y otra vez la marcha de la expedición.

De nada sirve que cada excursionista trate de mejorar su paso. Mientras no se encuentre una solución para el cuello de botella, el conjunto seguirá sin funcionar. En el caso de la fábrica, tampoco sirve de nada optimizar los distintos departamentos hasta que no se solucione el «cuello de botella» que impide que la producción fluya.

En la excursión infantil, los niños acaban descubriendo cómo desatascar el cuello de botella. Dado que Herbie es el más lento, deciden quitarle la mochila y repartirse el peso entre todos. Hecho esto, lo ponen delante de la fila, sin equipaje alguno, con lo que anda más ligero y además el grupo no debe pararse constantemente para saber dónde anda el rezagado. Siguen el ritmo del más lento –que ahora lo es menos– y avanzan todos mucho mejor.

Recordar esta sencilla pero iluminadora fábula me ha hecho pensar que cada persona tiene un «cuello de botella» en su vida, y que de poco sirve querer mejorar en otras cosas hasta que no nos deshagamos del agujero negro que se traga todos nuestros esfuerzos.

Veamos un par de cuellos de botella psicológicos comunes que obstaculizan todo el sistema en la empresa de la felicidad:

- El hábito de decir sí cuando se quiere decir que no, asociado a la adicción a gustar a todo el mundo para al final acabar odiándose a uno mismo.
- Ser incapaz de priorizar el tiempo, con lo que jamás llega el momento de hacer lo que verdaderamente se tiene ganas de hacer.

Hay muchos más y cada cual es capaz de detectar su cuello de botella –siempre hay uno principal– con un poco de autorreflexión. Y una vez encontrado, tenemos suficientes recursos para quitarle la mochila al gordito y ponerlo delante para que marque el paso con más alegría, volviendo a la fábula.

Toda persona capaz de reconocer el agujero negro que se traga lo mejor de su vida, si tiene el coraje de liberarse de él, experimentará el cambio más espectacular de su historia.

¿Cuál es el tuyo?

12

UN RAYO DE ESPERANZA

Esta novela «feel good», que escribí cuando estaba saliendo de mi proceso depresivo, tiene como protagonistas a cuatro almas solitarias que se encuentran en un pueblo costero desierto en invierno.

En esta escena, la joven Celia, que acaba de ser abandonada por su pareja, encuentra en el faro a Ambrós, un bombero solitario que lleva meses de baja desde la muerte de un compañero al que no pudo salvar. Ambos se han conocido brevemente en el Café Turner, el único local abierto en kilómetros a la redonda, y ésta es su conversación al atardecer…

«Tras sentarse al borde del acantilado, Celia y Ambrós permanecieron en silencio mientras el Sol se iba zambullendo en el mar espeso hasta desaparecer.

Ella suspiró. Pese a estar en aquel lugar solitario, junto a alguien que poco antes no conocía, se sentía extrañamente tranquila. Un radar interior le decía que aquel hombre que ahora exploraba el horizonte con unos binoculares sería incapaz de hacerle daño.

Tal vez por eso, dejando de lado su carácter reservado, se atrevió a preguntarle:

—El Sol ya se ha ido. ¿Qué intentas ver con eso? ¿Alguna barca de pesca?

—Hace años que aquí se acabó la pesca.

—¿Qué buscas entonces?

Ambrós bajó los prismáticos y sonrió bajo el mostacho bien recortado.

—Un rayo verde.

—¿Cómo?

—Se habla de él en una novela de Julio Verne. Cuando el cielo está muy despejado, a veces puede verse tras la puesta el Sol o poco antes del amanecer. Al parecer, es una franja de un tono único.

Verne decía que ningún artista podrá pintarlo jamás. Ni siquiera se encuentra en la vegetación, porque es el auténtico verde de la Esperanza. Algo así como... –Ambrós la observaba de reojo– Un poema de una línea que se apoya en el mar.

—Wow. Lo que acabas de decir es muy bonito.

Ambrós retomó los binoculares mientras el cielo iba oscureciendo sin que apareciera aquel prodigio. En lugar de eso, la primera estrella se hizo visible como un lejano faro (...).

—Ahora voy a ser yo la indiscreta –dijo, de repente, con ganas de chincharle–. ¿Puedo hacerte una pregunta muy personal?

—La que quieras –repuso dejando los prismáticos sobre su regazo (...).

—Si no tienes amor, ni familia a la que recurrir, ni puedes trabajar en lo que te gusta... ¿Por qué sigues viviendo?

Ambrós meditó un instante antes de responder:

—Por la misma razón que vengo aquí cada atardecer. Aún espero un rayo verde en mi vida».

13

DECÁLOGO PARA NO SER UN AUTOR PESADO

Las tres décadas que llevo en el mundo editorial me han demostrado que no hay obstáculos que cierren el paso a una obra que el gran público esté esperando, aunque el autor sea un perfecto desconocido. De hecho, cada año hay *best sellers* de escritores que debutan.

El presente decálogo no tiene nada que ver con el contenido de los libros, esta vez, sino que es una guía de etiqueta para que las nuevas promesas del mundo editorial no sean odiadas y aborrecidas por el sector, evitando que les cierren las puertas.

De hecho, el primer editor para el que trabajé me comentaba lo agotador que resulta escuchar las quejas de los escritores, y de qué manera eso desmotiva a los que tienen que apoyar y promocionar sus libros.

Lo resumía con esta curiosa frase: *«Los elefantes son buenas personas, pero son pesados».*

Como es bien sabido que el peor enemigo de todo artista es el mismo artista, si te propones ser escritor —o artista— aplícate estos diez mandamientos:

1. *Olvídate de si tienes o no padrinos.* La mayoría de los grandes autores empezaron de la nada y han ido construyendo su carrera sin ser famosos antes ni hijos de famosos. Para llegar donde quieres llegar sólo necesitas gustar a un número suficiente de lectores.

2. *No reivindiques constantemente tu obra.* Actitudes en la línea de: «Yo he venido a hablar de mi libro» crean una antipatía inmediata. Escribe en silencio, dando lo mejor de tu alma. Pon límites a la promoción en las redes o acabarás ahuyentando a

los lectores. Cuando llevan dos meses bombardeados con un determinado título, se dicen: «ya sé el libro que no me voy a comprar».

3. *Nunca critiques públicamente a un autor de éxito.* Eso te hace parecer inmediatamente pequeño, ya que la mayoría de la gente lo interpreta como envidia. Recuerdo que en una ocasión me presentaron a una jovencísima autora argentina autora de un *thriller* juvenil. Al leer un fragmento del libro le comenté que me recordaba a Dan Brown. «¡Por favor, no me ofendas, yo escribo mucho mejor!», gritó.

4. *Lee a los mejores mientras escribes.* Cada vez que escucho a un autor novato decir: «No quiero abrir ningún libro hasta que no acabe mi novela para no influirme», me llevo las manos a la cabeza. Justamente aprendemos imitando a otros, así que cuantas más buenas lecturas hagas, mayor será la probabilidad de parir una buena obra.

5. *No sobrevalores el* marketing *de las editoriales.* Ésta es una industria misteriosa en la que nadie, ni siquiera los editores, sabe lo que va a funcionar. Ha habido grandes fracasos habiendo invertido cientos de miles de euros en un título, mientras que obras que nadie ha promocionado han acabado vendiendo millones por el efecto del boca oreja.

6. *No eches la culpa a agentes, editores o distribuidores* si tu segunda obra se ha vendido menos que la primera. Probablemente se debe a que es menos inspirada, o a que no ha logrado emocionar tanto a los lectores.

7. *No agobies a la gente.* Si quieres que te odien, escribe o llama a tu editor diciendo: «Mi libro no está en la librería delante de casa de mi madre. Y si no está, ¿cómo lo van a comprar?». Piensa que cada año se publican en castellano unas 50.000 referencias. Lo raro es encontrar tu libro en la tienda, sobre todo pasados unos meses del lanzamiento. De hecho, para el lector casi es más emocionante que no esté y que deba pedirlo. Quien busca, encuentra.

8. *Acepta que muchas cosas suceden por casualidad, también el éxito de los libros.* Eso sí, al azar hay que ayudarle con movimiento e insistencia. Las mejores cosas del mundo suceden por prueba y error, como la ciencia.

9. *Escribe por el placer de hacerlo.* Hazlo como arma de reconocimiento y exploración, por tu alma, por la de aquel lector solitario que encontrará cobijo en tus palabras. Como dice mi amigo Andrés Pascual, «yo escribiría un novelón de 500 páginas aunque tuviera que hacer feliz a un único lector».

10. *Asume que el éxito tal vez no te llegue en esta vida.* Muchos clásicos modernos, como Franz Kafka, apenas tuvieron lectores mientras estaban en este mundo. Hoy leen sus libros millones de personas. Oscar Wilde afirmaba: «Para ser escritor sólo son necesarias dos cosas: tener algo que decir y decirlo». El resto es sólo ruido.

14

SER, HACER Y TENER

En un viaje en el AVE, me encontré con un empresario y autor de libros de *business* con el que trabajé años atrás. Estuvimos hablando de libros y de conferenciantes y salió el nombre de John Demartini, a quien yo conocía de mi época de editor de autoayuda.

Como amante de las curiosidades, hay dos cosas de este motivador norteamericano que me llaman la atención: una es que asegura haber leído casi 30.000 libros a lo largo de su vida. Los escépticos dicen que eso implicaría leer 2 libros diarios, sin excepción, eso en alguien que imparte 300 charlas o jornadas de taller al año. ¿Cómo es posible? Según el mismo conferenciante, con técnicas de lectura rápida.

Sobre esa cuestión, habría que ver qué se considera leer un libro. Si preguntamos a Demartini por el contenido de su lectura 14.327, por poner un ejemplo, y es capaz de exponer las ideas principales, sin duda se trata de un don prodigioso. Pero también puede suceder lo que cuenta de forma irónica Woody Allen: «*Tomé un curso de lectura rápida y fui capaz de leerme Guerra y paz en 20 minutos. Creo que decía algo de Rusia*».

La segunda particularidad sobre John Demartini es que vive en The World, un crucero habitado por una comunidad de millonarios que no se detiene más de dos días en ningún puerto. Cada uno de los 165 lujosos camarotes de los que se compone cuesta entre 1,2 y 7,5 millones de dólares, gastos de tripulación, servicio y comidas a parte. Cuesta de imaginar lo que esos hombres y mujeres de éxito departirán en cada cena.

Volviendo a la conversación en el AVE, este empresario y autor me explicó que había asistido a un par de cursos de Demartini en Londres para desarrollar el método BE / DO / HAVE (ser / hacer / tener) que ahora quiero compartir. Es un proceso de desarrollo personal basado en estos pasos:

1. ¿QUÉ QUIERES SER? En lugar de preguntarte qué quieres conseguir, o qué vas a hacer con tu vida, al poner el SER en primer lugar, te defines como ser humano en crecimiento. Da igual que tengas 14 años o 94. Toda persona tiene derecho a evolucionar hacia algo diferente de lo que ahora es, si así lo quiere.
2. Para llegar a ser lo que deseas, ¿QUÉ DEBES HACER? Los cambios no se producen de manera milagrosa. Normalmente hay que hacer algo para ser aquello que te has propuesto. En el HACER entrarían muchas posibilidades: estudios, conexiones, nuevos hábitos, etc.
3. Como todo movimiento hacia adelante tiene unas consecuencias, una retribución, la tercera pregunta sería: ¿QUÉ ESPERAS OBTENER? Tras hacer aquello que te permite ser algo diferente, podemos visualizar el cambio de situación que esperamos.

Para poner como ejemplo al mismo Demartini, de forma muy simple podría seguir este itinerario:

1. Demartini quería ser un líder inspirador, seguido y respetado internacionalmente, hasta el punto de dar 300 charlas al año.
2. Lo que debía hacer para eso era formarse, leyendo una cantidad inaudita de libros, hasta lograr ofrecer al mundo sus propios libros, charlas y cursos para transformar la vida de la gente.
3. Todo eso supone un montón de trabajo y un no parar nunca en casa, así que a cambio esperó obtener dinero suficiente para tener su propio camarote en el crucero de lujo The World.

Es probable que no aspires a vivir en un palacio flotante (yo tampoco), ni a dar 300 conferencias al año, pero sin duda tienes planes de futuro. Para ponerlos en movimiento ya, hazte las tres preguntas: ¿Qué quiero ser (aparte de lo que ya soy)? ¿Qué debo hacer para ello (aparte de lo que ya hago)? ¿Qué espero obtener a cambio?

Si contestas a estas tres preguntas ahora y obras en consecuencia, todo empezará a cambiar.

15

DOS HISTORIAS RUMANAS

En mi primer viaje a Rumanía, en 2017, fui a presentar un libro y a un festival de literatura.

La primera noche fui invitado a cenar por mi editora, que me contó las dificultades de publicar a autores extranjeros en los tiempos de Ceaucescu. Cualquier libro foráneo, aunque fuera un clásico, despertaba la sospecha de los censores que ocupaban un edificio entero cercano a la editorial.

Tras serle denegado el permiso para traducir una novela de John Fowles, un autor inglés que entonces estaba de moda en todo el mundo, la editora encargó un prólogo trufado de citas de Marx que nada tenía que ver con el tema de la novela. Sin embargo, sirvió para que, en una nueva presentación a los censores, el mismo libro obtuviera vía libre para ser publicado.

La editora usó el mismo ardid con un libro de Jonathan Swift que el aparato consideró peligroso por defender valores burgueses. El redactor de turno se encargó esta vez de montar un prólogo hilando citas de Lenin, también ajenas al tema del libro pero que le abrieron las puertas a la publicación.

Estas aventuras de la época comunista, sin embargo, no fueron las más llamativas que me contaron.

En una cena en la que participaban varios traductores me sentaron junto a un noruego que había sido en único traductor de su idioma al rumano durante varias décadas. La historia que me contó no tiene desperdicio y me recuerda a la excelente película *La vida de los otros*.

Movido por su curiosidad por la lengua rumana, que tiene influencias muy distintas al resto de lenguas románicas, solicitó en plena época de Ceaucescu ser aceptado en la universidad de Bucarest. Por aquel tiempo muy pocos estudiantes del Oeste solicitaban vivir en la república comunista, así que fue aceptado junto con un estudiante holandés con quien trabaría gran amistad.

Al preguntarle si se sintió vigilado durante sus años de estudiante en Rumanía, el noruego me dijo que sí pero que ello nunca le causó problemas. Había ciertas personas con las que se topaba constantemente cerca de su residencia o de la facultad, gente que leía el periódico distraídamente pero que él sabía que observaban sus movimientos.

Me explicó que su amigo holandés tenía mucha más vigilancia porque, de buen inicio, tuvo contactos con algunos artistas e intelectuales considerados rebeldes. Aun así, por ser de los poquísimos occidentales en el país, jamás fue interrogado directamente por los servicios secretos. Simplemente le vigilaban.

Al caer el régimen, en diciembre de 1989, a diferencia de otros países comunistas, Rumanía abrió los archivos de la Securitate, tras jubilar a todos sus funcionarios, para que cualquier persona pudiera leer lo que habían escrito sobre ella.

Por aquel entonces, los dos estudiantes eran ya hombres maduros que hacía tiempo que habían regresado a sus países. El holandés, sin embargo, no tardó en viajar a Bucarest para satisfacer su curiosidad sobre lo que los agentes secretos habían escrito sobre él.

Para su asombro, le entregaron un volumen de 800 páginas que recogían escenas de su vida en Rumanía, con curiosas interpretaciones de los informantes.

Por ejemplo, consideraban sospechoso que se entretuviera más segundos de los necesarios para comprar tabaco, debido a la amistad que había trabado con el estanquero, pero en cambio no habían detectado varios viajes que el holandés había hecho por la Rumanía profunda para contactar con disidentes.

Sobre todo este asunto, el traductor escribiría más adelante una novela que fue un gran éxito tanto en Holanda como en Rumanía.

Al saber por una llamada de su amigo que le habían dado un libro de 800 páginas sobre su vida, el traductor noruego voló rápidamente a Bucarest para pedir su propio libro escrito por los servicios secretos. Al recibir de manos del funcionario 20 tristes páginas, se sintió profundamente decepcionado.

Fue como descubrir que su vida de estudiante en uno de los regímenes más cerrados del mundo había sido totalmente irrelevante.

16

MORIR EN EL ESCENARIO

En abril de 2018, viví una velada única que me dio mucho que pensar, por lo que quiero compartirla aquí.

La *chanson* francesa siempre me ha gustado, así que cuando viene uno de sus dinosaurios a Barcelona procuro acudir al concierto.

Así fue en 1991, cuando con mi amigo JR acudimos al teatro Tivoli a ver a Charles Trenet, y nos causó asombro que a sus 78 años fuera capaz de cantar en el escenario y de agitar su característico sombrero mientras entonaba temas como *La mer* o *Je chante*.

Si la vitalidad de este septuagenario nos sorprendió… ¿qué pensar de un hombre que, a un mes de cumplir los 94, daba un enérgico recital de hora y media en el Liceo de Barcelona?

Ese hombre era Charles Aznavour y el evento estuvo a punto de no celebrarse.

Con el teatro abarrotado de espectadores, cuando faltaban cinco minutos empezar el *show* saltó la alarma a través de megafonía, que transmitió el siguiente mensaje:

Lamentamos informar de que el señor Aznavour ha sufrido esta tarde un pinzamiento agudo en la pierna que le causa un dolor muy intenso. Por el gran aprecio que tiene al público de Barcelona, se resiste a suspender el recital, pero, en caso de poder hacerlo, advierte de que estará más sentado de lo normal.

A este aviso siguieron unos minutos de expectante preocupación. No es lo mismo que sufra esta incidencia una persona joven, que un hombre que en la década de los 40 ya compartía escenario con Édith Piaf.

Cuando las luces se apagaron y el cantautor de origen armenio caminó lentamente hacia el centro del escenario, fue recibido con una gran ovación. Ésta fue acallada con un gesto del propio Aznavour, que explicó en francés:

—Ante una situación como la que me encuentro, sólo tienes dos opciones: suspender el espectáculo o morir en el escenario. Y yo he decidido morir en el escenario.

Me cuesta imaginar una forma más poderosa de iniciar un concierto, donde el autor de *La Bohême* se entregó a fondo a dar lo que tenía. Había temas que le salían desafinados, por no poder llegar ya a las notas, y otros que sonaban deliciosos como un licor añejo.

Y no se limitaba a cantar. Explicaba anécdotas y ponía en contexto cada canción, una de las cuales —su primera composición, a los nueve años— había escrito 85 años atrás. De vez en cuando, interpelaba al público preguntando cosas como:

—¿Hay alguien más viejo que yo en esta sala?

Cada vez que cogía algo de fuerzas se levantaba de la silla, y llegó a bailar incluso a lo largo del escenario.

En una entrevista que le leí hace poco, Aznavour declaraba: *«La jubilación es la antesala de la muerte»*, pero más allá de su formidable energía y resiliencia, para mí el concierto fue una muestra del amor al público que siempre ha caracterizado a los grandes.

Existen dos extremos en los artistas que han alcanzado la categoría de mito.

Hay figuras caprichosas como Bob Dylan, capaz de dar un concierto entero de espaldas a la audiencia, y que se esfuerza en elegir un repertorio sin canciones conocidas para el gran público. Si se digna a cantar *Blowin' in the Wind*, por ejemplo, lo hace cambiando los acordes y la melodía vocal, no vaya a ser que los espectadores disfruten enganchándose a la canción.

En el extremo opuesto están estos caballeros de la canción francesa, nuestro añorado Leonard Cohen —al final de su vida, sus conciertos no bajaban de las dos horas—, o Frank Sinatra, a quien también tuvimos la gran suerte de ver un año después de Charles Trenet.

Fue en 1992 y «la voz» contaba 76 años en su primer —y último— concierto en Barcelona, que tuvo lugar en el Palau Sant Jordi.

Aunque de forma diferente a Aznavour, nada más empezar Sinatra sufrió un contratiempo que estuvo a punto de dar al traste con la gala. Un cortocircuito fundió el sistema de amplificación, que quedó al 30 por ciento de su volumen.

Aun así, el artista decidió hilar sus canciones, que sonaron con suficiente fuerza en el corazón de los espectadores. Y no dejó de visitar un solo *hit*. Lo que el público deseaba escuchar –había quien llevaba 40 años esperando aquel concierto– Sinatra se lo daba. Y lo hacía sin prisas, con la sabiduría del viejo amante.

En un momento del *show,* Frank encendió un cigarrillo y se llenó el vaso de Jack Daniel's. Entre calada y sorbo, miró al público complacido y dijo:

—*¿Sabéis lo único que me da pena de esta noche? No ser un poco más joven para poder volver a Barcelona.*

Caballero hasta el fin, como Aznavour, «la voz» se fue de este mundo con la tranquilidad de quien lo da todo. No parecía importarle cantar *My Way* por milésima vez, aunque seguro que fueron muchas más. Si a la gente le hacía feliz escucharla, no sería él quien les negara aquel placer.

Hablamos de artistas legendarios que han amado a su público y se han dejado amar por ellos. Y ésa es una cualidad del espíritu que está al alcance de cualquier persona, también de las que actúan en el teatro de la vida, como decía Calderón de la Barca, porque se trata de una elección.

Puedes negar al mundo el pan y la sal, o elegir amar y ser amado. De nuestra decisión dependerá la felicidad de los demás y, por añadidura, nuestra propia felicidad.

17

CARTAS DE LOS LECTORES

Cuando mi hijo tenía ocho años, un día echó un vistazo a la bandeja de entrada de mi *mail* y me preguntó:

—*Papá… ¿cómo puedes tener 5000 correos por contestar?*

—*Bueno, algunos no necesitan respuesta* –intenté explicarle–. *Son notificaciones que llegan de editoriales y cosas así. También hay e-mails de personas que no conozco. Me los guardo para responderlos cuando pueda, pero se han ido acumulando.*

Me miró con asombro y eso me hizo pensar en el tremendo lío que supone mi día a día. A medida que han aumentado las traducciones de mis libros, se multiplican los mensajes con los motivos más impensables.

Algunos piden consejos para triunfar en la literatura. Otros piden contactos de agentes, editoriales o que leas su libro para ver qué te parece. Hay mensajes más íntimos, en los que alguien que no conoces te explica su drama personal. Éstos intento contestarlos siempre, porque sé lo que se siente al estar solo ante el vacío de la existencia.

Luego están los wasaps que te llegan a través de amigos, conocidos, grupos y colaboradores. A veces no puedo atenderlos hasta el final de la jornada y necesito un par de horas para ponerme al día. Luego voy al correo y los *e-mails* parece que hayan criado. Me pongo a contestar, uno tras otro, hasta que tengo que salir a dar una clase, una charla o me esperan en alguna reunión. Nunca llego al final de la lista, que va aumentando. De ahí los 5000.

No tengo a nadie que responda por mí, así que supongo que tendré que lidiar con este caos todavía. He llegado a la conclusión de que me paso media vida contestando mensajes.

Salvando muchísimo las distancias, he tenido que pensar en Hermann Hesse. Siendo ya premio Nobel, se sabe que contestó más de treinta mil cartas. Jamás dejó ninguna por responder, la mayoría de jóvenes atormentados que no sabían qué hacer con su vida.

Eso hizo que en los últimos 20 años de su existencia apenas publicara nada. No le daba la vida para escribir nada más. Pasaba las horas abriendo sobres, leyendo misivas y contestando en un par de cuartillas que metía en el sobre que luego iría a correos.

Algunas de esas cartas se han publicado en recopilaciones, y el autor de *El lobo estepario* parecía estar de un humor de perros con la responsabilidad que había adquirido. A modo de ejemplo, ésta era su respuesta a un joven de Solingen que quería iniciarse como novelista:

> *No estoy en condiciones de asegurarle si será usted escritor. No hay escritores de diecisiete años, hoy menos que nunca. Si posee el don, lo tendrá por naturaleza y habrá estado en usted desde niño (…) Es dudoso que el mundo le retribuya y le agradezca por todo esto. Si no está poseído por la idea, si no prefiere sucumbir enseguida antes que renunciar a la literatura, póngale fin (…) Si dentro de algunos años no ha podido superarlo, puede convertirse en periodista, pues habrá pasado la oportunidad de ser escritor. Ser inteligente y hablar con sensatez nada tiene que ver con la literatura.*
>
> *Mis mejores deseos y un favor: no vuelva a escribirme hasta dentro de unos años.*

Puedo imaginar cómo debió de quedarse el joven literato ante el tono de esta carta. ¿Habría sido mejor no contestarla, como se hace hoy en día? Especialmente en el mundo editorial, los que tienen el poder de conseguir algo contestan casi siempre con silencio a los espontáneos.

Yo mismo, que siempre he sentido el deber de prestar ayuda, pierdo de vista muchos correos que van quedando sepultados, con la vana esperanza de ser respondidos algún día, bajo las decenas de mensajes nuevos que entran hora tras hora.

Puedo entender perfectamente a los *exconectados,* la tribu descrita por Enric Puig Punyet en el ensayo *La gran adicción,* que han decidido salir para siempre de Internet.

A menudo sueño con huir a un lugar sin cobertura ni conexión a nada que no sea el viento, las nubes pasajeras y la coreografía de los pájaros. Un lugar donde leer un libro en paz sin que el bolsillo vibre cada dos por tres y el ordenador lance campanillas de aviso, reclamando mi atención.

Y creo que no soy el único que añora el ritmo esencialmente humano del mundo analógico. Tal vez ésa sea la próxima revolución: renunciar a la cantidad para disfrutar de la calidad. Mandar a paseo todos los dispositivos para mirar a la cara a alguien y saber que, ahora sí, estás con él.

18

REPETICIÓN ES FELICIDAD: EL HOMBRE DE LOS CHAMPIS

Un martes por la noche que estaba en Logroño, pasé por la calle Laurel, famosa por sus chiringuitos donde sirven una única tapa como especialidad.

Yo me había propuesto entrevistar al rey del champiñón. Para ser más concretos: a un hombre que llevaba 40 años friendo cada día setas en la plancha del bar Soriano.

Mientras daba la vuelta con gran pericia a una nueva remesa, le hice la siguiente entrevista:

—*¿Cuánto tiempo lleva usted friendo champis?*

—*Desde el 8 de noviembre de 1972 que no me he movido de esta plancha. Tenía entonces 16 años y abrí el negocio con mi padre. Hoy tengo a mi hijo en la barra.*

—*¿Se le ocurrió a su padre servir sólo champiñones?*

—*No, a mí, porque había estado dos años trabajando en otro bar de champiñones de esta misma calle. En otoño hará 41 años que estoy aquí. Siempre en la plancha, desde la mañana hasta la noche, seis días por semana.*

—*¿Y no se aburre?*

El hombre se encoge de hombros y sonríe. Desde su caluroso puesto saluda a todo el mundo sin perder ni un segundo la atención, propia de un monje zen que se entrega en cuerpo y alma a su meditación. Y el objeto de las misma son los champiñones que se devoran a cientos en la barra.

Mientras hago lo propio, realizo un cálculo, con mi amigo Andrés, de las setas que este hombre ha freído amorosamente en su plancha de sol a sol: a una media de 1000 diarios x 300 días laborables x 40 años = 12 millones de champiñones ha cocido este

señor, uno por uno, por un lado y por el otro, hasta quedar per-
fectos.

Mientras otros se amargan por un mal día de trabajo, tras toda
una vida haciendo lo mismo doce horas por jornada, este maestro
cotidiano sigue friendo, sonriendo y amando a sus clientes.

19

SI ALGO NO EXISTE, CRÉALO

Esta mañana he estado releyendo una historia curiosa de la revista *Squire*. Un joven londinense quería regalarle un globo terráqueo a su padre y descubrió que no había ninguno en el mercado lo suficientemente bonito. Sólo encontraba modelos en serie de vulgar plástico o piezas de anticuario que estaban muy dañadas.

Terco con el objetivo que se había fijado, se dijo: «Si no hay ningún globo que le haga honor al planeta, habrá que crearlo». Los meses siguientes estuvo probando materiales, coberturas, pies, ejes rotatorios hasta conseguir el regalo soñado para su padre. El resultado fue tan sumamente bello que empezaron a llegarle voces de coleccionistas que deseaban uno así para su despacho.

Un par de años después, este joven fabricante de mundos tiene una factoría artesanal (www.bellerbyandco.com) con más encargos de los que puede atender. Sus globos han aparecido en películas de Hollywood (los de producción se encontraban con el mismo problema que él) y le llueven los encargos de los cinco continentes. Todo eso sin haber pretendido jamás montar una empresa.

¿Dónde ha estado la clave de su éxito? En crear belleza allí donde no la había.

Lo que parece una anécdota de revista de negocios es muy relevante y aplicable a la vida de cualquier persona. Nuestro día a día está lleno de carencias y, por qué no reconocerlo, de fealdad en lo privado y en lo público. Basta con escuchar discursos políticos o ver ciertos anuncios para rebelarnos y asumir que el ser humano ha nacido para cosas más elevadas.

Pero, como decía la canción de los Sírex, no hay una escoba lo suficientemente grande para barrer todas las cosas que nos disgustan profundamente de este mundo, ya que muchas de ellas no está en nuestra mano (al menos a corto plazo) solucionarlas. ¿Qué hacer entonces?

Cuando las cosas se ponen feas, podemos elegir entre dos actitudes. La fácil es maldecir, quejarnos y señalar a terceros. Frases del tipo: «Qué asco de mundo», «Paren que yo me bajo» o «Esto no hay quien lo arregle» estarían en esa línea de pensamiento, y de hecho son de lo más común. Basta con prestar oídos a lo que se dice en los bares, en las oficinas, en el metro, en todas partes.

Ahora, hacernos eco de la fealdad no ayuda para nada a erradicarla. Al contrario, sólo sirve para amplificarla. Así como el frío no se combate con más frío, sino con una manta caliente, un escenario desangelado sólo se arregla aportando acciones concretas que lo embellezcan. Crear arte o disfrutar del arte de otros en todas sus expresiones es la terapia más efectiva contra la negación de la belleza.

El protagonista londinense de esta noticia seguramente también pensó «qué asco de mundo» cuando levantó un globo de plástico de una tienda cualquiera, pero eligió una segunda opción, la alternativa que lo cambió todo: decidió hacer justicia a la belleza del planeta.

Me parece una buena lección y un gran propósito. Basta de quejas, lamentos y rendiciones. La fealdad seguirá existiendo por doquier, pero nuestro cometido es hacerle frente, compensar la balanza con toda la belleza que podamos crear, compartir o disfrutar. Somos jardineros en el desierto.

20

CONTRA LO ESOTÉRICO

Recuerdo una anécdota curiosa que me hace pensar en el poder que los objetos pueden llegar a tener sobre nosotros cuando se lo concedemos.

Hace unos años, alojé en mi estudio a una buena amiga de Madrid que se dedica al mundo del espectáculo. Al regresar a su ciudad, me escribió un wasap que denotaba una gran angustia:

«Francesc, he perdido en tu estudio una cartita de Tarot. ¿La has encontrado?».

«¿Una cartita? No sé de que me hablas», respondí.

«Es de una baraja en miniatura que tengo y el arcano que se ha quedado en algún lugar de tu casa es el Carro. Para mí es un gran contratiempo que esté en Barcelona, porque esa carta representa mi acción en el mundo y ahora está parada».

Sin saber muy bien si iba en serio o me estaba tomando el pelo, exploré a fondo un estudio que tiene tendencia a tragarse los objetos (el mando del aire acondicionado desapareció para siempre jamás). Cuando ya me había dado por vencido, encontré el pequeño arcano hábilmente camuflado sobre la cubierta de un libro.

Escribí enseguida un wasap a mi amiga y le adjunté la foto del hallazgo:

«Mira qué he encontrado».

Y ella:

«¡El Carro! Buf, menos mal, porque tengo un proyecto a punto de arrancar en Madrid y me temía que se quedara parado».

Los días siguientes organizamos un complicado operativo en el que un par de amigos que viajaban de Barcelona a Madrid intentaron hacer de mensajero del pequeño arcano. El primer correo humano fracasó porque yo había dejado el Carro (dentro de un sobre) en un bar chino y no nos entendimos para que lo recogiera antes de tomar el AVE.

Finalmente, sin embargo, la carta pudo regresar con su dueña y con ella volvió su acción en el mundo.

Esta anécdota me ha hecho pensar hasta qué punto entregamos nuestro poder a objetos que para nosotros son significativos. Con todo el respeto hacia estos símbolos de nuestra cultura, mi observación de lo que ocurre con estos rituales tan humanos es la siguiente:

No sé de nadie a quien un objeto le haya aportado algo que no tuviera ya dentro de sí mismo, pero sí conozco muchos casos de parálisis o de desventuras provocadas por uno de estos juegos con los símbolos y la mente.

Un ejemplo típico: una persona se hace leer el futuro y le dicen que esa semana va a tener peleas importantes con su pareja. Ese mensaje cala en el inconsciente y se queda allí agazapado, desde donde activa la llamada «profecía de autocumplimiento». Sin darse cuenta, el consultante hará lo posible (a un nivel muy sutil) para discutirse con su pareja y que el oráculo se cumpla.

Si entregamos nuestro poder a algo externo, renunciamos a una responsabilidad sobre el propio destino que es sólo nuestra.

Quizás por eso Umberto Ecco decía que «Ser supersticioso trae mala suerte». Los rituales pueden ser bellos y poéticos, como las hogueras de San Juan o pedir un deseo a un estrella fugaz, pero jamás deberíamos poner nuestra fortuna en manos de nada que no sea nuestra voluntad.

21

DOS HOMBRES QUE CAMINAN

Hace un tiempo leí en la prensa que dos hombres, William Helmreich y Matt Green, se habían propuesto recorrer a pie cada una de las calles de Nueva York, sin saltarse un solo bloque. En total, 9500 kilómetros una vez lograran completar la última horizontal o vertical. Es decir, casi el equivalente a haber caminado desde Lisboa a Pequín.

Lo más curioso es que estos dos hombres, un sociólogo y un viajero infatigable, no sabían que estaban realizando el mismo proyecto. La revista *The New Yorker* los puso en contacto y decidieron seguir andando los dos juntos.

También para sanar una depresión, el canadiense Jean Béliveau se propuso completar la vuelta al mundo a pie, una odisea que le llevó 11 años. Salió con 45 años de Montreal el 18 de agosto de 2000 tras sufrir la quiebra de su empresa de carteles luminosos. Para enfrentarse al fracaso, se propuso la gesta de patearse el globo entero: en total más de 75.000 km a través de 64 países, gastando una media de 10 euros al día para comer y dormir.

Al regresar al punto de partida, su compañera sentimental, Luce, lo esperaba desde que inició el viaje. De hecho, había pasado cada Navidad con él, allí donde estuviera.

También en este caso, Jean no caminaba solo.

22

LA FERIA DE FRANKFURT

Lo primero que sorprende al entrar en el recinto son sus dimensiones descomunales para un objeto tan modesto y cotidiano como el libro. Los que trabajan en la *Buchmesse,* como se llama en alemán la Feria del Libro, se ven obligados a recorrer grandes distancias, a pie o en autobuses internos, para acudir a reuniones dentro de este laberinto.

Uno de sus puntos neurálgicos, de cara al público exterior, se encuentra en el pabellón cinco y es *Das Blaue Sofa,* un sofá azul desde el que ZDF retransmite una entrevista tras otra a escritores, críticos y editores.

La madre del cordero en cuanto a la compra venta de derechos, sin embargo, es el Agents Center, en el pabellón 6. Allí se dan cita miles de personas en cientos de mesas donde el agente literario tiene 20 minutos en cada reunión para explicar todo su catálogo a un posible editor. Esto significa que el agente cuenta con algo así como medio minuto por libro para lograr interesar a un comprador.

«Too many players», como dijo mi amigo Alberto Cabezas al visitar Frankfurt y ver el panorama.

En estas circunstancias, y tras la paliza que llevan los editores encadenando decenas de reuniones como esa, lograr la traducción de un título es un milagro.

Sin embargo, hay que decir que muchos negocios se hacen fuera de la Feria, en las fiestas que tienen lugar cuando cierran las puertas. Algunas son organizadas por las editoriales, otras por agencias (hay un famoso concierto protagonizado por los agentes holandeses) y finalmente el clásico de esta feria: la copa final en el Frankfurter Hof.

En este hotelazo donde te sirven un vino a 13 € la copa, terminan la jornada los que no se han rendido a la fatiga. Por aquí puedes codearte con personajes como Umberto Ecco –lo vi allí unos años antes de su muerte– o Andrew Wylie, alias chacal, el agente más exitoso y despiadado del sector.

Después de dos o tres días disparando a ciegas, los agentes vuelven a sus ciudades y oficinas e inician el «follow up», es decir, el seguimiento de todas aquellas ventas que creen haber hecho. Entonces se puede ver realmente qué ha sucedido en estos días en los que Frankfurt, que de noche parece Gotham City, se vuelve loco y los hoteles multiplican por 6 o 7 sus precios.

Los amigos con los que solía viajar a Frankfurt, Gabriel García de Oro y Andrés Pascual, no éramos agentes (como mucho agentes secretos) y repetimos el ritual unos cuantos años hasta que nos cansamos.

Una jornada nuestra en Frankfurt empezaba con un desayuno para repasar cada uno el último año, radiografiar nuestro presente y compartir los proyectos futuros, sobre todo los literarios.

Tras pagar una pequeña fortuna por un único día en la feria, nos íbamos directos al Agents Center a saludar y dar ánimos a nuestras agentes. Hay miles de mesas que me hacen pensar en la oficina de Jack Lemmon en *El apartamento*.

Aquí los agentes se afanan a explicar su catálogo a un editor distinto cada 20 minutos, desde las 9 de la mañana hasta las 7 de la tarde. Por término medio, a lo largo de la feria a un editor de ficción le contarán 500 novelas de las que, en el mejor de los casos, podrá publicar diez. Gabriel García de Oro lo describe así: «*Frankfurt es el lugar donde escuchar historias se convierte en un suplicio*».

Cuando algún agente o editor que me conoce me preguntaba qué diablos pintamos en el Agents Center, yo le contestaba: «*Venimos aquí porque nos relaja mucho ver trabajar a los demás*».

ENFADARSE EN SILENCIO
(This silence kills)

A todo el mundo le ha pasado alguna vez. Alguien con quien tenías contacto muy frecuente desaparece de forma misteriosa de tu vida, como si se lo hubiera tragado la tierra. De repente, sin que sepas por qué, contesta a tus wasaps o a los *mails* de forma escueta. Si tú no le escribes, el silencio es largo y extenso como la estepa siberiana. Cuando coincidís en algún evento, tienes la impresión de que te evita.

¿Qué ha pasado? Tal vez nunca lo sabrás.

En caso de preguntarle si hay algún problema, quizás te lo niegue o te hable de agobios del trabajo o algo parecido. Si no le preguntas, la distancia se irá agrandando hasta que la persona desaparece para siempre de tu vida.

Has perdido una amistad, si merecía ese apelativo.

Tras ese silencio hay sin duda un enfado. Algo has hecho —o, más frecuentemente, es algo que no has hecho— que le ha molestado y no ha considerado oportuno comentártelo. Prefiere cortar amarras y alejarse por un motivo que sólo una de las dos partes conoce.

En algunas parejas sucede algo parecido. Cuando no se dispone de las herramientas necesarias para comunicarse, la discusión al final es sustituida por un silencio ominoso —una palabra que gustaba mucho a Lovecraft— que anuncia que la relación está en peligro.

Cuando lo impone una de las partes, ese silencio tiene una intención: que la otra persona se de cuenta por sí misma de que ha hecho algo mal y que, por lo tanto, se disculpe y rectifique. Eso se traduce en diálogos del tipo: «¿Te pasa algo?», «No me pasa nada, ¿y a ti?». «Te estoy preguntando yo, ¿de verdad que no te pasa nada?». «Tú sabrás...».

Lo malo es que, en muchos casos, el otro realmente no sabe qué le pasa al que está enfadado. A lo largo del día suceden tantas cosas y se habla de tantas otras, que la mecha puede haber prendido en lo último que te imaginarías. Que una persona tenga el agravio girando en su mente no significa que la otra sea adivina.

Un amigo me contaba que su esposa estuvo largo tiempo resentida con él porque en la boda de un amigo a la que acudieron juntos había tocado su saxofón un minuto, y en su propia boda poco más de 15 segundos.

Construir una relación personal lleva años, incluso toda una vida. Romperla puede depender de una tontería.

Una conversación de diez minutos y un abrazo puede evitar ese silencio eterno que equivale a la muerte, con la ventaja que, una vez todo aclarado, estaremos más cerca que antes. Y, además, al final todo el mundo se siente mejor.

Si valoras sinceramente a alguien, sé indulgente y comprensivo con sus imperfecciones y ayúdale a ser mejor, porque nadie está a salvo de los defectos. Simplemente, cada ser humano falla en algo distinto.

EL ÉXITO ES DROGA DURA

—Andrew Ridgeley:

¿Y qué fue de la otra mitad de Wham!?

Debo confesar que nunca he sido seguidor de estos chicos, ni tampoco de George Michael. No me gusta el pop comercial. Sin embargo, las personas sí me interesan, por eso leí el artículo sobre el compañero del dueto que existió entre 1981 y 1986.

En las antípodas de George, tras la disolución de Wham!, Andrew hizo un disco en solitario del que casi nadie se enteró. Luego decidió que la mejor idea era desaparecer de los focos. Tras conocer a su mujer, una integrante de Bananarama, se retiró a una vieja granja de Cornualles, al sur de Inglaterra, para llevar una vida «en zapatillas de estar por casa», según sus propias palabras.

Antes de la muerte de su amigo, lo último que se sabía de Andrew era que hacía una ruta en bicicleta por las Baleares con un grupo de ciclistas. Una manera bien distinta de llevar sus 53 años a la de la estrella en el momento que se apagó.

Sin embargo, no siempre fue así. También Ridgeley se dejó arrastrar por las drogas cuando el huracán de la fama barrió todo lo que había sido su vida hasta entonces.

No debe de ser sencillo vivir acosado por miles de fans y ganar millones de libras de un día para otro. Es fácil sentirse invencible, prácticamente un dios. Y el ego es un martillo demoledor que acaba con cualquiera. Sin embargo, en la vida de toda persona (también del 99,999 % que no conocerán jamás la fama) hay un momento de lucidez en el que te das cuenta de la necesidad del cambio.

En el caso de Andrew, al conocer a quien hoy es su esposa, se dijo algo así como *«Tengo dos opciones: seguir acelerando hasta estre-*

llarme, o parar el carro y compartir una existencia tranquila con esta mujer». Y optó por lo segundo. Fue un cambio radical que salvó su vida.

Aunque muchos libros invitan a la revolución personal, la observación me dice que esta clase de golpe de timón es poco común. A no ser que se sufra un terrible accidente o enfermedad, la mayoría de personas se aferran a la vida conocida, aunque les esté destruyendo –el cuerpo o el alma–, porque les aterra empezar de nuevo. Y es que cualquier salto al vacío presenta de entrada estos inconvenientes:

- Pierdes a buena parte de tus amigos, que preferían a tu «yo» conocido y no reconocerán tu nueva vida.
- Pierdes tal vez ingresos y calidad de vida a corto plazo, ya que a menudo un cambio radical conlleva una travesía del desierto.
- Pierdes seguridad y confort, entrando en un mundo de incertidumbre donde hay que sembrar de nuevo y esperar los frutos.

Éste es el motivo por el que mucha gente, aunque esté en una profunda crisis, se aferra a «lo que hay» hasta que todo estalla por los aires. De esta manera sobrevive una pareja que se detesta, se acude a un trabajo que te está matando (por fuera, por dentro, o ambos) o se castiga al cuerpo con un estilo de vida que te lleva a la tumba antes de tiempo, como George Michael.

25

LAS LECCIONES DEL GATO MARTÍNEZ

En una ocasión Emma Infante, una activista de los animales, me invitó a conocer un refugio de gatos en una mansión de Nou Barris que amenazaba ruina. Su dueña, con la ayuda de decenas de voluntarios, acogía en las diferentes habitaciones de este caserón a felinos enfermos rescatados de la calle.

En una estaban los que reciben las primeras curas, en la otra los viejos (el geriátrico, como lo llamaban los voluntarios); había habitaciones para residentes y otras para recién llegados que, aún en estado salvaje, necesitan guardar reposo en jaulas.

Mientras esperaban a ser adoptados, pasaban el invierno en una casa donde hacía más frío que en la calle y el techo amenazaba con venirse abajo de un momento a otro. La existencia de esta gatera clandestina era un fruto de la entrega de personas que dedicaban su tiempo libre a uno de los animales más egoístas de la creación.

Me fueron presentando a los «internos» por su nombre. Había uno que se llama Garfield y realmente era como el personaje de los dibujos. Sin embargo, mi curiosidad por lo friki hizo que afinara los oídos en el momento que oí hablar de un gato llamado Martínez.

—*¿Quién es ese gato?* –pregunto–. *¿Dónde está?*

—*No lo verás fácilmente* –me explica Emma–, *porque entra y sale de la gatera a su voluntad. Se escapó de la casa tras recibir las curas y desde entonces sólo aparece a la hora de comer y luego se va. Es libre. Si algún día te cruzas con él, verás que Martínez mira a todo el mundo por encima del hombro. No pertenece a nada ni a nadie. Sólo se deja ver de vez en cuando, cuando quiere.*

Martínez me recuerda a Oli, un héroe de mi infancia. Era un gato atigrado que merodeaba por la casa de mi abuelo, en el Tibidabo, y que era muy conocido por todos los vecinos. Desayunaba en una casa, jugaba con los niños de otra, comía en una tercera y dormía la siesta en la finca de al lado. El mundo estaba a su disposición. Siempre libre, me parecía envidiable que pudiera elegir, momento a momento, lo que hacía con su vida.

Si miramos las obligaciones que contraemos en la vida adulta, estamos más cerca del gato encerrado en la jaula que del despreocupado y altivo Martínez, que me ha inspirado las siguientes lecciones vitales:

- No dejes que te etiqueten o asimilen en ningún grupo. Eres único y no hay nadie como tú.
- Evita pasar tiempo con gente que no te apetezca. Estar para quedar bien no les sirve a ellos ni te sirve a ti.
- Busca espacios abiertos. Te darán un horizonte mental más amplio.
- Ve contracorriente. No importa nada lo que piensen de ti.
- Nunca rechaces un buen desayuno. En esta vida (y seguramente también en las otras) hay que saber recibir.

La filosofía existencial de Martínez, al final, está resumida en mi fragmento favorito de Don Quijote, que le dice a su amigo: *«La libertad, Sancho, es uno de los más preciosos dones que a los hombres dieron los cielos; con ella no pueden igualarse los tesoros que encierra la Tierra ni el mar encubre; por la libertad, así como por la honra, se puede y debe aventurar la vida».*

26

LA BUENA ACCIÓN
DE LA SEMANA

Nada más aprender a leer, las aventuras de Zipi y Zape se convirtieron en toda una inspiración para mí. Me encantaba su forma de hacer los trabajos de clase, porque si tenían que escribir una redacción sobre la Edad de Piedra, por ejemplo, se iban a vivir a una caverna para descubrirlo.

Como sucede con todas las personas, Zipi y Zape tenían ciertos rituales que eran importantes para ellos. Uno de ellos suponía cumplir con «la buena acción de la semana», que preferiblemente era asistir a una huerfanita o ayudar a cruzar la calle a un ciego.

Si la semana avanzaba sin que hubieran tenido la oportunidad de realizar una buena acción, la acababan forzando y eso les metía en un buen lío.

En la vida que se desarrolla fuera de los tebeos, no siempre encuentras una situación clara en la que ayudar de forma personal a alguien que se cruza en tu camino. Puedes contribuir económicamente en ONGs o colaborar como voluntario en muchas causas, pero tu aportación a veces no tiene el rostro de alguien que puedes tocar con tu mano.

Se trata de una discusión que tengo a menudo con algunas personas que se me presentan como idealistas. Me hablan de cambiar el mundo, pero ni siquiera bajan la mirada a un anciano que se hiela de frío en la entrada de un cajero, mientras sacan dinero para su ocio.

No creo en ninguna solidaridad que no empiece por la persona que sufre a tu lado, aunque sea un perfecto desconocido. Eso lo explicó Vicente Ferrer hace muchos años, en una visita que hicimos a su fundación en la India. Venía a decir: *«Ayudar no tiene nada que ver con la religión. Si alguien se cae, le levantas. Sobre eso no tienes ninguna duda».*

Y esa ayuda no se restringe sólo a los pobres y desvalidos. Todo el mundo necesita ayuda a veces cuando se encuentra en un apuro.

Todo este largo rollo es para explicar qué pasó en el AVE de Barcelona a Madrid una tarde que me disponía a escribir la Monday News. De repente oímos unas voces desesperadas a nuestras espaldas. Mi compañera fue la primera en acudir para saber qué pasaba.

Una joven pareja de viajeros chinos había ido al vagón restaurante y, a su regreso, descubrieron que les habían robado todo. Tal vez porque procedían de una región con poco índice de robos o porque estaban mal informados, habían dejado un macuto con la cámara, los pasaportes, las tarjetas de crédito y todo el dinero que tenían en efectivo.

Sin saber una palabra de castellano, estaban llegando a Madrid indocumentados y sin un céntimo. Tampoco conocían a nadie ahí. Sólo tenían la dirección del Airbnb donde estaba su alojamiento. Al ver cómo el chico –no tendría más de 25 años– lloraba desconsoladamente, las palabras de Ferrer resonaron en mi mente y nos dispusimos a ayudarles.

Los llevamos en taxi hasta una comisaría del centro para presentar la denuncia, ya que sin eso no podían ir al día siguiente a la embajada a pedir ayuda. Luego les llevamos hasta su alojamiento y les dimos los cuarenta euros que teníamos en el bolsillo. Con eso podrían cenar algo y pagarse los desplazamientos al día siguiente.

Al despedirnos, ya en su habitación, sus caras habían cambiado absolutamente. La chica, que se llamaba DongDong, estaba emocionada y nos regaló unos sobrecitos de té de su país.

Camino de nuestro hotel, ya a la una de la madrugada, mi compañera y yo estábamos felices por haber podido ser útiles. Convertidos en los Zipi y Zape de esta pequeña aventura, nos fuimos a dormir con la agradable sensación de que el día había tenido un sentido.

27

ERIC BOCANEGRA

En un momento de mi vida como *freelance,* instauré un día libre entre semana para hacer cosas que no tuvieran que ver con mis obligaciones profesionales.

Aprovechaba esos días para componer, escribir mis cosas, visitar una librería no virtual, pasear, o admirar de cerca los cuadros de un pintor que había descubierto y cuya vida era tan fascinante como su obra.

Había visto pinturas de Eric Bocanegra a través de Katinka, que también se declaraba fan de este joven pintor. En un concierto de Alizia Nin, ella misma me lo señaló:

—*Ése es el autor de los cuadros que te gustan tanto.*

Una de mis pasiones es llenar mi casa de nuevos valores de la pintura, así que fui hacia él y le dije si era posible visitar su taller. Me respondió que sus cuadros están repartidos entre la casa de una amiga y el edificio okupa donde él vive. A continuación, me precisó:

—*Te los puedo enseñar, pero eso no significa que quiera venderte ninguno.*

—*No hay problema* —le dije—. *Te propongo que empecemos la ruta en mi apartamento, para que veas cómo trato los cuadros que he ido comprando. Luego nos vamos a ver tus pinturas.*

Eric estuvo de acuerdo y nos citamos para el día libre que yo había reservado.

Puntual a las 15:30, como habíamos quedado, vino a revisar los cuadros de nuestro loft, con el ojo exigente de un funcionario que examina si una familia es apta para adoptar un niño. Las pinturas también son para toda la vida.

Satisfecho con la visita, fuimos al *parking* a buscar mi coche. En aquel entonces tenía un cacharro de 17 años, aunque nunca me he sacado el carnet de conducir. Camino de la Floresta, donde se hallaban parte de sus cuadros, empecé a preguntarle por su vida, para entender por qué pintaba lo que pintaba y vivía como vivía.

Eric me explicó que era hijo de una sueca y un empresario egipcio al que sólo vio un par de horas en su vida. Eso explicaba que fuera tan alto y con una mirada tan profunda, pensé. De hecho, su padre biológico no quiso conocerle, así que nació en Östersund y, un año y medio más tarde, se trasladó con su madre a Barcelona.

Allí vivió una infancia feliz junto a ella y su nueva pareja, que tenía una amplia colección de libros de arte. A los nueve años conocería en un breve viaje a su padre biológico, que se limitó a darle una Gameboy y un *walkman*. Nunca volvería a saber de él hasta enterarse de que había muerto, años después.

Tras la muerte de su madre en circunstancias dramáticas, Eric supo que el empresario egipcio había tenido dos hijos. Convertido en un artista incipiente, contactó con sus hermanos pero jamás quisieron conocerle. El motivo más probable era que el padre había dejado una copiosa herencia y no querían compartirla con él.

A los 25 años, Eric encontró un camino de salvación en la pintura. Al principio trataba de compaginarlo con otros trabajos, pero pronto se dio cuenta de que debía renunciar al dinero que le proporcionaban estos empleos para dedicarse completamente al arte.

Para ello empezó a vivir junto a otras diez personas en una casa okupa, en un edificio de oficinas abandonado en la zona alta de Barcelona. Sin agua corriente, cuando le conocí llevaba un año y medio duchándose con el chorro frío de una fuente pública.

A las 21:30, cuando cerraban tres supermercados que tenía localizados, salía con sus compañeros a abrir los *containers* para recuperar la comida que habían tirado. Reciclaban frutas, verduras, huevos e incluso carne caducada que olían para saber si aún puede ser comestible.

Con este modo de vida, curiosamente en la zona más rica de la ciudad, Eric pintaba de la mañana a la noche en su taller. Su forma alternativa de vivir, entregándolo todo al arte, no le impidió exponer en ciudades como Berlín, Estocolmo o Göteborg.

Cuando lograba vender un cuadro, invertía todo su dinero en comprar más telas y pintura.

Es un artista lento y su colección, por aquella época, no superaba las veinte piezas. Para que pudiera seguir adelante, y porque me encanta su obra, le compré uno de sus cuadros favoritos. De hecho, lo tuvo colgado muchos años al lado de su cama.

De las horas pasadas con este artista entre la tarde y la noche, descubrí que hay esperanza para el mundo. El talento está oculto en lugares insospechados. Los que pasan al lado de las oficinas en ruinas no imaginan que allí trabaja febrilmente una futura estrella del arte contemporáneo.

También aprendo que se puede vivir sin nada, y seguir persiguiendo el sueño que da sentido a una vida. El ansiado *ikigai*.

Larga vida al arte.

28

SABER CALLARSE

Cuando hablamos de más, especialmente si la información es negativa y afecta a terceras personas, ponemos en riesgo nuestra reputación e incluso nos podemos meter en un lío de los gordos.

Conocí un ejemplo extremo de esto en un viaje a Budapest. En una comida a la que nos invitó Atila, el primo de mi compañera, nos contó una situación rocambolesca que había presenciado en uno de los restaurantes de más postín de la capital húngara.

Sucedió en la mesa contigua a la que ocupaba este empresario, que se prometió a sí mismo no volver jamás a aquel lugar.

Al restaurante había llegado un grupo de empresarios chinos, que habían solicitado una degustación de delicias húngaras. Eso implicaba tener al cocinero junto a su mesa, preparando, sirviendo y explicando cada plato. Tiene la obligación de hacerlo aunque los comensales no sean húngaros, porque forma parte de este menú especial, que no es nada barato.

Los hombres de negocios estaban sentados, muy dignos y expectantes, cuando el cocinero acudió con las distintas fuentes y empezó a realizar su servicio con todo lujo de explicaciones en húngaro, tal como tenía mandado. En este punto, Atila se quedó horrorizado al escuchar lo que el chef estaba diciendo a los comensales, que escuchaban sin entender.

«Esta mierda te la corto por aquí, y esta otra mierda te la sirvo por allá, y también hay esta mierda para ti…».

Un espectáculo vergonzoso que duró un par de horas y que tuvo un giro de novela al final. Atila vio como, terminada la comida, uno de los empresarios chinos se levantaba a hablar con el *maître*… en un húngaro excelente. Al parecer, había cursado su carrera universitaria en Budapest y dominaba el idioma, en el que le preguntó:

«¿Puedo saber por qué su cocinero dice estas cosas mientras los clientes están comiendo?».

El cocinero fue despedido inmediatamente y el restaurante trató de restablecer su honor invitando a los comensales chinos que, sin lugar a dudas, no regresaron jamás a aquel local.

Se trata de una anécdota extrema, pero el mensaje está claro: intenta no burlarte ni hablar mal de nadie, porque nunca sabes dónde van a hacer eco tus palabras.

29
LOS CADÁVERES DE UN ESCRITOR

En la canción más famosa de Luis Eduardo Aute, hay un momento inquietante que dice: «*los hijos que no tuvimos se esconden en las cloacas*». Aunque hace años que no escucho a este artista, anteayer recordé de nuevo este fragmento al charlar con una escritora británica sobre las novelas que mueren en un cajón.

Siempre que hablo con un autor de éxito, le pregunto por las obras que quedaron sin publicar antes de dar el salto al gran público. Todos sin excepción han dejado un camino de cadáveres. Pero sin esos fracasos, si se pueden llamar así, la carrera del escritor no existiría.

En un restaurante de Vilnius, Lituania, tuve el placer de conversar en una cena con Katherine Webb, autora entonces de seis novelas, algunas de las cuales han sido publicadas en español.

Pero, ojo al dato, también eran seis las novelas que previamente escribió y que fueron rechazadas hasta lograr, con la séptima novela y diez años después, ver publicado su primer libro.

Como sé que me leen muchos escritores –o soñadores de otra clase– en diferentes fases de su evolución, me permití entrevistar a fondo a esta heroica autora. Presentando cada novela fallida con sus propias palabras, aquí tenéis pinceladas de la odisea vivida por alguien incapaz de renunciar a su sueño.

1.er INTENTO / novela titulada *GENTE PESTILENTE*: «*Decidí que sería escritora tras investigar la brujería en Inglaterra y ver cómo en toda Europa unas mujeres habían acusado a otras, por envidia social, intelectual, sexual o lo que fuera, para que luego los hombres persiguieran a las víctimas. Me propuse escribir una novela sobre el tema, pero en la sociedad actual, con algunos toques sobrenaturales*».

RESULTADO: Después de un año de trabajo, envió los primeros capítulos de su ópera prima a quince agencias literarias de UK; todas ellas rechazaron la novela con una nota estándar, excepto una que le pidió la novela entera. Aunque la respuesta final tras leerla fue: *«Este libro no es para nosotros»*, el hecho de que se interesaran animó a Katherine a seguir.

2.º INTENTO / novela titulada *MITOS VENECIANOS*: *«Mi segunda obra, sobre una chica inglesa en Venecia, era muy autobiográfica, porque la escribí en buena parte viviendo allí. La protagonista, que no desea casarse con un novio que es perfecto pero al cual no ama, escapa a esta ciudad, donde vivirá un romance tan inesperado como desgarrador».*

RESULTADO: Tras mandarla a las mismas agencias, obtuvo una única respuesta esperanzadora. Este agente literario le dijo: *«Vemos que sabes escribir bien, pero tienes que encontrar una historia mucho más interesante que ésta».*

3.ᵉʳ INTENTO / novela titulada *CUERVO & ALICE*: *«En esta historia de amor, Alice es una experta anticuaria y recibe el encargo de valorar la biblioteca de una vieja casa de campo. Mientras se instala allí para realizar su trabajo, conoce a un hombre misterioso al que la gente se refiere como Cuervo, y que padece síndrome de Asperger. Aun así, la anticuaria se enamora de él, a la vez que va descubriendo que la casa oculta un terrible secreto familiar. Creo que era una buena idea, pero le faltaba más argumento. Me salió demasiado lenta».*

RESULTADO: La novela fue rechazada en bloque por todas las agencias. *Epic fail.* Lo único bueno fue que tardaron tanto en leerla que cuando le llegaron todas las negativas, la autora ya estaba embarcada en su cuarta novela. Sólo podía continuar.

4.º INTENTO / novela titulada *JUNO*: *«Hace referencia a la diosa romana, y cuenta una historia de amor entre dos personajes torturados que no se encuentran hasta la última página de la novela. Nuevamente, entre otras cosas, era demasiado lenta».*

RESULTADO: Quedó finalista de un premio literario al que Katherine envió su libro, lo cual le procuró confianza y algo más: una agencia literaria la representó, aunque no para mover este libro. Firmó el contrato para alguna futura obra que escribiera la autora.

5.º INTENTO / novela titulada *SALOMÉ BAILA*: «*Es el libro que menos me gusta de todos los que he escrito. Iba sobre la ruptura de una pareja, después de que él haya tenido una amante en el trabajo. La pareja decide emprender un viaje por Francia para ver si pueden salvar la relación. Ella anuncia a su pareja adúltera que la única manera de reparar el daño sufrido es que ella se acueste con alguien, pero no le dirá con quién, cómo ni cuándo*».

RESULTADO: Esta vez, la autora sólo mandó su obra a su agente literario, que tras leerla, le respondió: «*Lo siento. Esta novela tampoco puedo venderla. Apárcala y escribe otra*».

6.º INTENTO / novela titulada *HOGUERAS*: «*Ésta sería mi primera novela histórica. Se situaba en una casa al sudeste de Londres y la narración basculaba entre el siglo XVI, la Segunda Guerra Mundial y la actualidad. Una anciana convive con un fantasma del pasado y con el cadáver enterrado de un marido maltratador asesinado. Una asistente social que acude a ayudar a la vieja dama, porque la casa amenaza ruina, se encontrará con el pasado que emerge de forma inesperada. Esta novela sí me gustaba, porque me había documentado mucho y conocía ya más el oficio*».

RESULTADO: La agencia literaria la rechazó nuevamente, diciendo que no había un público claro para esta novela, y que en el futuro debía elegir un género y ceñirse a él. Después de tres libros que no habían sido mostrados a ningún editor, rompieron el contrato.

7.º INTENTO / novela titulada *EL LEGADO*: «*En este libro, combinaba el tiempo actual con una historia acontecida en el Oklahoma de principios del siglo XX. Debido a la situación dramática que se vive en* la mansión, una mujer roba a un niño y se lo lleva a Inglaterra. Los protagonistas actuales, dos hermanas, tendrán que lidiar con las consecuencias de aquel hecho silenciado cien años, que se irá desvelando gradualmente. Originalmente la titulé «Brillando serenamente», por un verso de Coleridge».

RESULTADO: Ya sin agente, Katherine decidió no mandar la novela a nadie. En lugar de eso, colgó 10.000 palabras en la web del Arts Council de UK. Al hacerlo, pudo hacer reseñas de otros autores que participaban con una muestra similar. Los otros reseñadores empezaron a dar una puntuación muy alta al fragmento de esta novela. Al alcanzar el n.º 1 en el *ranking,* un editor británico se interesó por el libro. Diez años después de haber empezado a escribir novelas, Katherine Webb firmó su primer contrato de edición.

EPÍLOGO: El editor estaba tan entusiasmado con su descubrimiento que empezó a mostrar *EL LEGADO* a editores de todo el mundo. Antes de su publicación, la autora consiguió en su debut oficial nada menos que 27 traducciones. Una vez en las librerías, el segundo impulso fue recibir grandes elogios en el programa de libros *The Book Club,* cosa que hizo que la novela se agotara al día siguiente, alcanzando luego los 200.000 ejemplares venidos en UK. Desde entonces ha publicado numerosas novelas más y, cuando no está escribiendo, va de gira por el mundo para promocionar sus obras.

Espero que esta historia por capítulos enseñe el arte de la paciencia a los autores principiantes, que con un primer manuscrito (a veces sin corregir) protestan porque no tienen padrinos o porque no obtienen respuesta de editoriales y agentes. También es válido para cualquier otra persona que tenga un proyecto ilusionante que requiera pensar a medio o largo plazo.

La historia de Katherine Webb demuestra que vivir de tu pasión es casi siempre una carrera de resistencia donde no te regalan nada. Las profesiones artísticas son para luchadores, no para cómodos. Y si quieres llegar al final debes olvidarte de las prisas y hacer caso al proverbio chino: «Si te caes siete veces, levántate ocho».

30
PRINCIPIOS DE LA REPÚBLICA DE UŽUPIS

Estando en la capital de Lituania, guiados por la escritora y amiga Lina Ever, fuimos a pasear por el barrio alternativo de Užupis, que en el idioma local significa «al otro lado del río». Allí encontramos casas ocupadas, galerías de arte, una pequeña librería habitada por un gato con una larga historia… y unos plafones con los 41 artículos de la República de Užupis. Porque esta pequeña área de Vilnius se declaró independiente en 1997 y cuenta incluso con un ejército de 12 voluntarios.

Además de eso, esta república artística tiene bandera, moneda propia, un presidente y esta Constitución que se exhibe en 8 idiomas, y de la cual he tomado algo más de la mitad de artículos:

1. Tienes derecho a morir, pero no es tu obligación.
2. Tienes derecho a equivocarte.
3. Tienes derecho a ser único.
4. Tienes derecho a amar.
5. Tienes derecho a ser insignificante y desconocido.
6. Tienes derecho a ser perezoso y a no hacer nada.
7. Tienes derecho a amar y proteger a un gato.
8. Tienes derecho a cuidar de un perro hasta que uno de los dos se muera.
9. Tienes derecho a no saber de vez en cuando que tienes obligaciones.
10. Tienes derecho a dudar, pero no es tu obligación.
11. Tienes derecho a ser feliz.
12. Tienes derecho a ser infeliz.
13. Tienes derecho a guardar silencio.

14. Tienes derecho a darte cuenta de tu irrelevancia y de tu grandeza.
15. Nadie tiene derecho a usurpar la eternidad.
16. Tienes derecho a comprender.
17. Tienes derecho a no comprender nada.
18. Tienes derecho a llorar.
19. Tienes derecho a ser subjetivo.
20. Tienes derecho a no tener miedo.
21. No venzas.
22. No te defiendas.
23. No te rindas.

31

HACER Y CALLAR

Me dicen que siempre hago preguntas, y es cierto. Pero no lo hago porque tenga alma de comisario o quiera desenterrar secretos inconfesables, sino porque me interesa sinceramente la gente.

Cuando alguien me cuenta algo que para él o ella es importante, no me gusta quedarme en la superficie. Pregunto para comprender, para ahondar en lo que el otro trata de decirme y, si lo necesita, ayudarle en la situación que plantea.

Estando al otro lado, si explico algo que para mí tiene gran importancia y el otro se limita a escucharme, sin explorar luego la cuestión, me siento vacío y ridículo. Si no me vuelve a preguntar nunca por el tema, entiendo que ha sido una escucha pasiva, de las que se hacen por cortesía.

La sensación es parecida a cuando preparas un par de bises para un concierto y, al terminar, la gente aplaude, pero no pide más. Te quedas compungido, por unos instantes, con tu canción huérfana de público.

Preguntar es amar. Pedir más es amar.

Cuando escuchamos activamente a alguien, las preguntas caen por sí solas, ya que con ellas ayudamos al otro a desenredar la madeja, a descubrir cosas que incluso no ha pensado aún antes de esta conversación.

Pero, como dice mi querido Mario Reyes, es muy raro encontrar a alguien que escuche. La mayoría te atiende a medias, porque mientras hablas está pensando en otras cosas: en lo que te responderá a continuación, en lo que quiere contarte de sí mismo, en lo que puede hacer él o ella a partir de lo que le estás contando.

Está contigo pero no está en ti. Son cosas muy distintas.

Para la escucha verdadera, el ego no tiene cabida. Necesitas estar plenamente en el otro, olvidándote mientras tanto de tus necesidades y planes.

El arte de escuchar y acompañar es especialmente difícil entre escritores, y por eso yo siempre digo que prefiero que me inviten a la cena de un equipo de fútbol de regional, donde al menos se contarán chistes, que a una de autores pagados de sí mismos.

La mayoría de artistas que he conocido, da igual cual sea la disciplina, sólo tienen ojos para su carrera y para sus logros. Es dificilísimo que un pintor compre el cuadro de otro pintor, tanto como que un escritor se alegre sinceramente del éxito de otro escritor, aunque sean amigos.

Ya lo decía Oscar Wilde: «*Cualquiera puede simpatizar con las penas de un amigo, simpatizar con sus éxitos requiere una naturaleza delicadísima*».

Hace un tiempo, me reuní con un amigo del mundillo editorial para explicarle un proyecto literario, muy íntimo y personal, para el año próximo. No me hizo una sola pregunta, con lo que me sentí que acababa de contar la estupidez del siglo. Al consultarle quién podría publicar algo así, me miró abrumado y, tras pensarlo un rato, me dio el nombre de una editorial, avisándome de que el editor es un ladrón:

—*Prueba a enviarles el libro cuando lo tengas listo. Ahí publican cualquier cosa.*

Esta última frase me mató y durante varias semanas estaba por desistir, incluso, de llevar a cabo mi proyecto. Me había desanimado totalmente. Cuando nos hemos visto de nuevo, no ha vuelto a preguntarme por el asunto y, en este caso, doy gracias por haber pasado página.

Moraleja final: a no ser que te encuentres ante alguien que ama lo que haces y te apoya incondicionalmente, lo mejor es hacer y callar.

32

EL PERRO DE THOR

Glastonbury, una localidad inglesa de 8.800 habitantes que un día fue la isla de Avalon, es conocida por el festival de rock que en realidad tiene lugar a bastantes kilómetros de la que se considera la capital de la magia.

¿De dónde le viene este honor? De varias partes. La primera, porque los viejos anales aseguran que Arturo y Ginebra están enterrados en la abadía de Glastonbury, hoy en ruinas.

En segundo lugar, porque José de Arimatea, el tío abuelo de Jesús, llegó a estas tierras para iniciar la cristianización. De hecho, se dice que arrancó un bastón de un arbusto que aún crece en su lugar original y que florece misteriosamente cada Navidad.

Y, por último, la leyenda dice que el mismo José de Arimatea escondió el Santo Grial en el pozo hoy llamado The Chalice Well, el Manantial del Cáliz.

Todo esto hace que esta ciudad se haya convertido en el Lourdes de la magia, la brujería, las piedras, los elixires y las terapias alternativas.

He viajado tres veces a este lugar. La primera estaba escribiendo *El círculo ámbar,* una serie para adolescentes poco conocida en la que cuatro chicos de Glastonbury se unen para demostrar que los misterios paranormales son un fraude… y se llevan alguna sorpresa.

Cada vez que regreso, me doy cuenta de que el carácter «friki» de la ciudad, lejos de atenuarse, se ha reforzado. Los métodos curativos insólitos y las creencias poco ortodoxas han tomado casi cada rincón de la ciudad.

Cientos de centros y sanadores se anuncian por todas partes, entre ellos un experto en masajes 3D –a saber qué significará–, la Sagrada Iglesia del Cannabis, los Bardos y Druidas, o un templo donde se imparte un curso de tres años para devenir sacerdotisa de Avalon.

Lo místico y lo extravagante es aquí lo normal, también en el *bed & breakfast* en el que nos alojamos. Está regentado por una pareja joven. Ella trabaja buena parte del día en el Star Child, una de las tiendas esotéricas más célebres de la ciudad. Él se llama Thor, como el dios nórdico, y en su tiempo libre guía a gente hacia lugares sagrados como Stonehenge, a poco más de una hora de aquí.

Mientras desayunamos en compañía de estos dos, que parecen sacados de un libro de Tolkien, un perrito corretea bajo mis piernas. Lo tomo en brazos y me lame amorosamente la nariz. Me doy cuenta de que es muy joven.

—*Nadie puede resistirse al cachorro* –me dice Thor, satisfecho.

—*¿Es adoptado?* –pregunto.

Él me mira con ojos de asombro y me dice:

—*Qué pregunta más extraña… ¡claro que es adoptado! No lo parimos nosotros.*

Mientras tanto, las brumas vuelven a envolver Avalon, como en la novela de Marion Zimmer Bradley. En pleno mes de abril, la temperatura ha bajado a 2 grados e incluso han caído gruesos copos de nieve.

La magia vuelve a Glastonbury. Un cuervo nos mira desde el alféizar de la ventana para decirnos que, en realidad, nunca se ha ido.

33

LA ESTACIÓN MÁS TRISTE DEL MUNDO

En mi primer viaje a Corea, además de conocer la vibrante capital, llena de cantantes en las calles que esperan ser descubiertos, fuimos a visitar la frontera con Corea del Norte.

Esta experiencia ofrece momentos surrealistas, como el observatorio en la frontera donde las dos Coreas batallan con altavoces ensordecedores para influir en los habitantes de la otra parte. El sur transmite noticias de su radio y música occidental, mientras el norte lanza su propia propaganda con proclamas y marchas militares.

Como parte del programa, se visita uno de los túneles que Corea del Norte excavó en secreto para invadir el Sur, así como el llamado Pueblo de la Reunificación (un experimento de 500 agricultores en la estrecha franja desmilitarizada entre ambos estados) y la estación de tren más triste del mundo.

Con el cambio de siglo, en un momento de deshielo entre ambos estados, se decidió unir este país dividido con una línea de tren que conectaría ambas Coreas entre sí, y toda la península con el mundo. De este modo, se podría viajar en tren desde Seúl a Lisboa en tres semanas.

Una enorme y moderna estación se construyó en la actual zona desmilitarizada para que los norcoreanos pudieran ir a Seúl y los surcoreanos a Pyongyang y desde allí al resto del mundo, ya que la división les cierra el paso a China y al Transiberiano que les llevaría a Europa.

La estación y la línea férrea sólo funcionaron un año, en el que prácticamente sólo circularon trenes de carga. Luego la Guerra Fría volvió a instalarse entre las dos capitales y, actualmente, se ha recrudecido.

Convertida en estación fantasma, con salidas y llegadas a ninguna parte, los visitantes contemplan asombrados la taquilla de billetes abierta, así como el panel de destinos a Pyongyang, Moscú, París y otras ciudades a las que sólo se puede viajar con la imaginación o volando literalmente, porque hace quince años que aquí no se mueve ni un tornillo sobre los raíles.

Eso sí, como dice mi compañera, ésta es una estación llena de esperanza. Los coreanos no renuncian a que algún día vuelva a oírse el traqueteo de los trenes.

De regreso al autobús, la guía nos cuenta una historia íntima y sobrecogedora sobre la dolorosa historia de Corea. Tras la guerra civil que siguió a la invasión de Seúl por parte de los comunistas del norte, que causó en ambos lados la muerte de dos millones y medio de civiles, el caos era tal que muchas familias quedaron divididas de un día para otro al trazarse la frontera definitiva.

Éste fue el caso del tío de nuestra guía que, huyendo de un bombardeo, con sólo diez años quedó separado de sus padres para siempre. Al tratar de volver a su casa, descubrió que se encontraba en Corea del Norte. Jamás logró cruzar la frontera para reunirse con su familia. Desde entonces, entre los dos territorios no ha existido comunicación de ningún tipo: ni teléfono, ni servicio postal ni, modernamente, nada que tenga que ver con Internet.

Así pues, este niño tuvo que asumir un repentino y brutal desarraigo. En el otro lado, pese a todos sus intentos, los padres perdieron cualquier esperanza de volver a ver a su hijo. De hecho, durante décadas les fue imposible saber si estaba vivo o muerto.

Tras fallecer de anciano el padre del chico, esta historia tristemente real dio un giro que supera la ficción. A través de un programa de televisión que se dedicaba a buscar y reunir coreanos de ambas partes (una de las escasas colaboraciones entre ambos estados), la madre nonagenaria logró, sesenta años después, localizar a su hijo y reunirse con él.

El niño tenía ya setenta cuando logró abrazar de nuevo a su madre. Muy emocionado, le explicó que los inicios habían sido muy

duros, pero que luego la vida no le había tratado mal. Acabó trabajando en la compañía nacional de trenes, algo que en Corea del
Norte se considera un buen puesto.

Tras una separación de sesenta años, les permitieron estar juntos
diez horas y nunca más pudieron volver a verse ni comunicarse por
ningún medio.

34

EL MAL PERIODISTA

Cuando tenía 19 años, marqué como primera opción en la preinscripción universitaria la carrera de Periodismo. Fui aceptado por los pelos, pero abandoné la facultad tras el primer semestre. Había imaginado un enfoque mucho más práctico, y al encontrarme en primer curso volviendo a estudiar catalán, castellano, historia, etc., como en bachillerato, me desanimé.

Pese a estudiar filología inglesa, primero, y alemana después, he acabado ejerciendo de periodista sobre temas de psicología y espiritualidad, un desvío imprevisto en mi vida laboral que empezó hace más de un cuarto de siglo, al ser contratado en una editorial de este ámbito.

Desde entonces debo de haber escrito medio millar de artículos sobre estos temas y he entrevistado a más de un centenar de personajes.

También me encuentro a menudo al otro lado, como entrevistado. Además de tener la suerte de ser atendido por grandes profesionales, también he conocido –en pocos casos– el oficio del mal periodista, toda una inspiración para intentar no parecerme, aunque no siempre lo consiga.

El perfil más típico del mal periodista es el de aquella persona que se ve obligada a entrevistarte, porque se lo mandan en su medio o le ha presionado el jefe de prensa de la editorial, y cuando llegas a la radio o donde sea el lugar de la entrevista, te encuentras a un tipo o tipa que le da la vuelta al libro que tiene sobre la mesa, y echando una primera mirada a la contracubierta, te pregunta sin pudor:

—*¿Y este libro de qué va?*

Esto me ha sucedido más de una vez estando en directo en la radio, como si al periodista no le importara que la audiencia se entere que no ha dedicado ni medio minuto a preparar la entrevista.

En un caso más extremo todavía, un amigo mío que fue entrevistado para el suplemento de un diario se desplazó hasta el barrio donde vivía el periodista, que nada más empezar le lanzó lo siguiente:

—*Mira, te seré sincero. Para la mierda que me pagan en este periódico no me sale a cuenta informarme sobre ti, así que te agradeceré que me digas qué quieres que te pregunte.*

Parece una broma, pero sucedió así. Otra categoría merecen los periodistas que te hacen la entrevista a la contra. Quizás saben algo del libro, o tienen una idea preconcebida sobre ti, y se pasan la entrevista intentando ridiculizar tu trabajo, tu persona o ambas cosas.

Álex Rovira les suele decir: «*Tu no estás entrevistando a un autor, sino a un prejuicio*».

La última experiencia de este tipo que tuve fue con una periodista de un medio económico del otro lado del charco, y desde entonces ya no tengo la paciencia de aguantarlas. Cuando veo por donde van los tiros, les digo algo así: «*Oye, entiendo que yo no te interese, pero dado que el espacio que tienen los medios para hablar de libros es mínimo, te sugiero que dejemos esta entrevista y se la hagas a alguien de quien te apetezca hablar. No hagamos perder el tiempo al público, ni tampoco lo perdamos tú y yo*».

Afortunadamente, sucede pocas veces, porque la inmensa mayoría de profesionales son amables y considerados, y tratan a los demás como desearían ser tratados, lo cual es una regla básica para hacernos la vida agradable.

Escribo sobre todo esto, pero reconozco que, en alguna ocasión, muy a mi pesar, he ejercido de mal periodista por creerme que estaba preparado cuando en realidad no lo estaba.

Contaré a continuación el caso más sonado.

Me habían convocado para entrevistar a Jorge Bucay en un hotel de Barcelona después de haberme mandado su último libro, que analiza cuentos clásicos con mucha profundidad. Estuve leyendo algún cuento suelto de esta nueva antología y fui a la entrevista pensando que ya conocía al personaje. Error.

Ciertamente, había leído su primer libro publicado en Argentina cuando trabajaba de editor, *Recuentos para Demián,* e intenté contratarlo para España, pero se nos adelantó RBA, que luego lo lanzó con gran éxito. También había coincidido con Bucay en Torrevieja, ya que él había sido el presentador del acto y quien nos había dado el premio de novela junto con Álex Rovira por *La última respuesta.*

Todo esto me pareció bagaje suficiente para la entrevista, donde empecé a meter la pata desde el primer momento:

—*¿En qué momento incorporaste los cuentos a tu consulta de psicólogo?*

—*No soy psicólogo, sino médico. ¿No lo sabías?*

Aquí me di cuenta del error garrafal de no haber leído la solapa del libro donde se resume la biografía del autor. Segundo planchazo:

—*Hasta ahora has escrito libros de cuentos con gran éxito. ¿No has pensado nunca en escribir una novela?*

—*Ya la escribí y publiqué. Ganó el premio Torrevieja el año anterior a vosotros. Por eso fui a presentar el acto.*

Tocado y hundido, pero me faltaba todavía un tercer gazapo por cometer.

—*Me sorprende que en esta última antología presentas cuentos clásicos como «Caperucita roja» junto con el mito de Eros y Psique. ¿Por qué?*

—*Porque es la base de «La bella y la bestia». Lo explico en el libro, nada más empezar ese capítulo.*

Terminada la entrevista en la que he pasado más vergüenza en mi vida, acabamos charlando de nuestros *thrillers* favoritos y, al terminar, corrí a una librería a comprarle mi último descubrimiento y se lo dejé en la recepción de su hotel a modo de disculpa.

Desde entonces, antes de leer los capítulos que me interesan de un autor al que debo entrevistar, leo primero su biografía.

35

UN HOMBRE EN EL CAMINO

Una noche tuve un encuentro con un amigo periodista –de los buenos– y escritor que estaba pasando por un momento de gran transformación. Tras sufrir una pérdida familiar muy importante, se estaba replanteando la vida y hacía planes que, un año antes, le habrían parecido una locura.

Uno de ellos sería dejar todas las obligaciones un par de meses y largarse a Australia –un viejo sueño– mochila al hombro, para ver qué le deparan las carreteras y las gentes que encuentre por ellos. Quería dejar el pasado a 17.000 kilómetros de distancia, desnudarse del mundo conocido y ser sólo un hombre en el camino.

Esta idea le atraía y a la vez le daba miedo. Tenía miedo de cambiar tanto, tras regalarse esa libertad, que luego no se reconociera a sí mismo.

A partir de aquí, nos metimos en una conversación sobre la vida que uno desearía llevar y la que en realidad lleva.

—*¿Qué porcentaje de tu existencia ideal estás viviendo?* –me preguntó él, suponiendo equivocadamente que le diría un 100 por cien o cerca de eso.

—*Un 50 por ciento* –admití en aquella época.

—*¿Sólo? ¡Pero si haces lo que te gusta!*

—*Sí, pero pagando muchos peajes, como casi todo el mundo* –le contesté–. *Hay personas con las que no me reuniría, si no fuera porque lo exige mi trabajo. Cosas que no haría si no necesitara el dinero que me pagan. Lugares a los que no iría si no estuviera obligado a hacerlo.*

Le precisé que hay otro 50 por ciento de personas, tareas y eventos que sí me gustan. Algunos incluso me encantan.

Mi amigo me dijo entonces, muy contento, que él estaba en el 75 por ciento de su vida ideal. Sólo un 25 por ciento de las cosas que hace no le gustan.

—*¿Lo ves? Estás mejor que yo* –le dije.

Acabamos discutiendo qué circunstancias facilitan poder llevar una vida cercana al 100 por cien como te gustaría vivirla. Básicamente, para ser libre de pegarle fuego a tu propia vida se tienen que dar dos factores:

1. No tener hijos pequeños (los de mi amigo están a punto de levantar el vuelo, ya no dependen de él).
2. No tener deudas ni ser esclavo de las facturas cada mes.

No tener a nadie ni nada que dependa de ti es un pasaporte para hacer de tu vida lo que te dé la gana. Sin embargo, además de eso hay que tener el coraje de saltar el muro del miedo.

Miedo a decepcionar a los otros con nuestro cambio de rumbo. Miedo a equivocarnos y no poder volver atrás. Miedo a perder la posición conquistada hasta ahora. Miedo a sentirnos perdidos. Miedo a ser un hombre/mujer libre en el camino.

Probablemente, el miedo resta mucho más a nuestro porcentaje de vida ideal que los condicionantes que he citado. Los límites de nuestro mundo conocido y razonable los marca el miedo, por lo que una vez los traspasamos, todo cambia. Al otro lado de la frontera podemos ser cualquier cosa y cualquier cosa puede suceder.

Esto lo explicó de manera enigmática el suegro de Héctor García, un hombre de gran ingenio muy conocido en Naha, la capital de Okinawa, por sus negocios y ocurrencias. Antes de viajar hasta la aldea de los centenarios, que se encuentra en el norte selvático de la isla, nos quiso invitar a una sórdida whiskería en el sótano de un bloque de hormigón.

Éramos los únicos clientes aquella tarde, y una camarera muy veterana nos sirvió unas copas de Yamazaki, votado por los catadores escoceses como el mejor *whisky* del mundo. Con el vaso en la mano, quien nos había llevado hasta allí nos miró a ambos muy seriamente y nos dijo:

—*Chicos, en la vida llega un momento en el que debes decidir si quieres vivir como todo el mundo o empiezas a desarrollar tus poderes secretos.*

Dejo la interpretación –y aplicación– de esta frase al criterio de quien me esté leyendo.

36

LOS HECHOS EXTRAÑOS
NUNCA VIENEN SOLOS

Hace unos años quedé con la psicóloga y escritora Nika Vázquez para celebrar la finalización de un proyecto que había empezado justo un año atrás, y reservamos en un restaurante de ramen del barrio de Gràcia: el Mutenroshi.

Es un local pequeño, estrecho y oscuro, como muchos establecimientos de este tipo que encuentras en Japón. La barra estaba llena de comensales solitarios y, más al fondo, nos pareció vislumbrar un par de grupos y una abuela con tres niñas de entre nueve y trece años. A nosotros dos nos dieron una mesa en la pared justo en la entrada.

Nos habíamos terminado los entrantes y estábamos ya atacando el ramen, cuando de repente las tres niñas cruzan el local corriendo, muy asustadas, hasta salir a la calle. Una de ellas parecía sufrir un ataque de pánico.

Nika salió a ayudar y la más mayor le explicó con lágrimas en los ojos que su abuela había perdido el conocimiento y estaba inmóvil en el suelo. Tratamos de saber cómo se encontraba, pero varios clientes ya la estaban atendiendo. Había perdido el color de la cara.

En medio de este caos, un hombre joven de aspecto duro con chaqueta de cuero empezó a entrar y salir del local. Supuse que sería uno de los tipos que comían en la barra. Comprobaba cómo estaban las cosas dentro, salía a la calle, llamaba por teléfono –al parecer, él había avisado a la ambulancia–, volvía a entrar, y así durante los quince minutos que estuvimos ahí.

Terminamos de comer sin que la ambulancia hubiera aparecido, pero afortunadamente la anciana recuperó el conocimiento. Suponiendo que había sido una bajada de presión y no un infarto, nos fuimos ya más tranquilos.

Era lógico esperar que el incidente terminaba ahí, pero en este punto empiezan las rarezas.

Por la noche, mientras yo estaba tecleando al ordenador, me llaman por teléfono desde un número que desconozco. Imaginando que era un comercial para que cambie de compañía, ya estaba a punto de colgar cuando una voz de chica me dice:

—*Espera... Sé que es muy inusual esta llamada, pero creo que eres el chico que ayudó a la anciana este mediodía. La familia te está buscando.*

—*No soy yo* —le contesto sorprendido—. *Yo estaba comiendo con una amiga, y el hombre de la chaqueta de cuero al que te refieres andaba solo por ahí.*

—*No estaba solo* —me corrige la camarera—, *iba también con una chica. Por eso, al ver la reserva para dos he pensado que eras tú. Disculpa que te haya llamado a estas horas.*

Tengo comprobado que, cuando empiezan a pasar cosas insólitas, es un no parar. Como si se hubiera abierto una puerta a lo extraordinario, esa misma noche me llega un correo inesperado. Quien me escribe es alguien con quien no tenía contacto desde hace ocho años, y que necesita hablar conmigo por una coincidencia asombrosa que se ha producido.

Siguiendo el hilo del restaurante, días después tenía que viajar a Polonia para promocionar un libro. En el aeropuerto veo cómo un hombre joven de raza negra y complexión fuerte cae fulminado al suelo. Sin poder moverse, empieza a gemir en voz muy baja, como un niño. Muy impresionado, espero junto a él a que lleguen los servicios médicos, lamentando no tener formación de primeros auxilios.

Cuando el personal sanitario ya ha acudido, voy al mostrador de facturación y, tras enseñar mi reserva, me dicen que no voy a poder tomar ese avión porque está sobrevendido —hay *overbooking*— y aunque mi billete esté pagado, ya no tengo asiento.

El vuelo a Varsovia sale sin mí y me quedo en tierra. Tras pasar horas deambulando por el aeropuerto, me acaban metiendo en un avión a Frankfurt para, desde allí, hacer transbordo en un vuelo que llegaría a altas horas de la noche.

Fue de estos días que tienes la sensación de que tu vida ha descarrilado de la normalidad y que un extraño suceso lleva a otro.

37

LA DISTANCIA ENTRE LOS SUEÑOS Y LA REALIDAD

Una psicóloga afirmaba en una entrevista que la depresión en los jóvenes se da, casi siempre, cuando la distancia entre lo que sueñan y su realidad es demasiado grande.

Me pareció una buena definición, y no sólo para los adolescentes. Aunque no se sean diagnosticados con depresión, he conocido a mucha gente apática o decaída porque esperaban recibir mucho más de la vida.

Escritores entregados a su labor que se quedan en eternas promesas. Pintores de vanguardia ignorados que ven cómo otros artistas más convencionales triunfan. Buscadores de amor que no encuentran un compañero de vida. Emprendedores a los que no les funciona ningún negocio o que se quedan a mitad de camino.

En todos ellos se detecta un sentimiento de frustración e injusticia, porque no sienten retribuidos sus méritos y esfuerzos.

¿Significa, entonces, que la gente feliz –cualquier cosa que eso signifique– sí ha logrado grandes cosas?

Según mis observaciones, no. Simplemente, son personas que ponen su horizonte de expectativas al alcance de su mano.

Los seres más alegres del mundo son los animales cuando juegan, los niños y las personas sencillas, capaces de olvidarse totalmente del mundo –y de la parte que les correspondería– en medio de una carcajada o mientras se entregan a cualquier actividad que les gusta.

Ya dice la Biblia que Dios se revela a los sencillos, no a los sabios. Porque probablemente la sencillez, ser capaz de celebrar cualquier cosa, es signo de una profunda madurez espiritual.

En todo caso, si el bienestar depende de la distancia entre tu realidad y tus sueños, hay una serie de preguntas que debemos responder. ¿Cuál es tu verdadero deseo? ¿Está lejos de tu situación actual? ¿Qué camino debes recorrer para que ese deseo sea una realidad? ¿Depende de ti o de terceras personas?

Gran parte de las cosas que deseamos dependen de nosotros, y si nos faltan es porque somos justamente nosotros los que nos las negamos.

En mi caso, nunca he deseado tener más éxito, dinero, posesiones ni nada parecido. Desde hace años, mi gran anhelo es el tiempo. Sueño con disponer de más horas para hacer las cosas que me llenan íntimamente. Estar más con mi hijo, tocar el piano, leer por placer, viajar sin agobios (la mochila de las tareas no entregadas pesa mucho), dormir como un lirón, escribir libros que nadie sepa que estoy escribiendo (y que tal vez sólo me interesen a mí o a unos pocos).

Por supuesto, liberar horas para todo eso no depende de un oscuro Ministerio del Tiempo. Como dice Xavier Guix, puesto que los seres humanos somos tiempo, de nosotros depende decidir su uso. Y si escasea el tiempo para lo esencial es que algo estamos haciendo mal.

Mi «bro» Andrés Pascual dice siempre a sus alumnos que no esperen a un momento de calma para hacer algo que desean íntimamente, porque ese momento nunca se dará. Si quieres hacer algo de todo corazón, tendrás que llevarlo a cabo en medio de la tempestad.

Volviendo a la definición de la psicóloga, tal vez no exista esa distancia entre el sueño y la realidad, sino que somos nosotros lo que chutamos nuestros sueños tan lejos como un defensa que manda la pelota a la tercera gradería, porque no sabe qué hacer con ella.

Siguiendo con la analogía, se dice que los buenos futbolistas «tratan bien» el balón. Del mismo modo, los cracks en el juego de la vida saben tratar sus sueños. No se los sacan de encima de cualquier forma, sino que los conducen hacia la meta, con o sin ayuda de los demás. Se hacen responsables de su propia gloria.

38

UNA LIBRETA DE CACTUS

En una ocasión comenté a Jenny Moix, doctora en psicología, que yo aún hacía demasiadas cosas para satisfacer a los demás. Al escuchar eso, me puso la siguiente misión:

—*Puesto que te cuesta decir No, y de ahí vienen todos tus líos, vas a tener que ejercitarte. Apuntarás en una libreta cada No que digas y, al lado, puntúas del 1 al 10 cómo te has sentido al no complacer la expectativa del otro.*

Manos a la obra, elegí una libreta con cactus en la cubierta, y la primera semana logré anotar un No al día, valorando del 1 al 10 lo que me había costado darlo. Ciertamente, en algunos casos me fue más difícil que en otros.

Mi tendencia natural siempre ha sido complacer a los demás. El problema es que, en un mundo en el que la mayoría de gente dice que No, los adictos al Sí son detectados rápidamente y les cae encima una tormenta bíblica de peticiones.

Es necesario haber madurado para entender que no pasa nada por no satisfacer a los demás, cuando no te apetece o interiormente sientes que no debes hacerlo. El mismo Gabriel García Márquez lo reconocía: «*Lo más importante que aprendí a hacer después de los cuarenta años fue a decir no cuando es no*».

Hay peticiones fáciles de rechazar. Por ejemplo, cuando personas a las que no conoces de nada te piden que prologues sus libros o inviertas en un negocio. Resulta más difícil decir que No a personas y situaciones en las que en el pasado dijiste que Sí, ya que seguramente van a insistir.

Hace muchos años, empecé a atender las llamadas de un club social que organiza cenas con personalidades. El organizador es una persona verdaderamente amable, y un activista cultural en toda regla. Para él debe de ser todo un reto encontrar un ponente para cada velada, ya que celebran muchas al año y no tienen un presupuesto para la persona que dedicará tres o cuatro horas de su fin de semana a amenizar el evento.

En la pasada década fui varias veces con motivo de alguna publicación. Consideraba que era mi obligación estar allí donde se interesan por lo que yo escribo. Pero en esa apreciación mía había dos errores.

Con el tiempo, he descubierto que no es mi obligación ir a todas partes, ya que justamente un libro se escribe para que otros puedan leerlo desde donde estén, sin precisar de la presencia del autor. Ése es el primer error. El segundo es creer que allí donde te llaman están verdaderamente interesados en lo que puedas decir.

La última vez que acudí a ese club, me prometí no volver nunca más y esta vez he logrado cumplirlo.

La cosa transcurrió como sigue. Tras recibir la petición de dar una nueva charla en esa cena, propuse un tema relacionado con mi último libro. El organizador me pidió entonces que redactara una breve descripción del tema de mi charla, con los cinco o seis puntos que abordaría.

Me toca mucho las narices que me den trabajo extra cuando se trata de un acto gratis, pero por consideración hacia esta persona a la que aprecio hice lo que me pedía. Tras darme las gracias, dijo que había conseguido libros para ponerlos a la venta entre las personas que acudirían a la cena.

La noche del evento, tuve que luchar contra el sueño, ya que la charla tiene lugar avanzada la cena y uno llega cansado de toda la semana. Aun así, por respeto a los presentes, traté de dar lo mejor de mí. Sin seguir rigurosamente los puntos de mi sinopsis, adapté mi discurso a los temas que vi que interesaban más a los participantes.

Tras una hora de palique, cuando pensaba que podría descansar y tomar una copa de vino, uno de los participantes me dice:

—*Disculpe, en el correo que nos han mandado hay tres puntos de los que usted dijo que hablaría y no los ha tocado. ¿Nos puede exponer también estos tres temas?*

Con la neurona de guardia, tuve que hablar media hora más para satisfacer a este señor, ya que explicar cada uno de esos puntos requería su tiempo. Después de ese esfuerzo ni siquiera se dignó a comprar el libro.

De hecho, terminado el acto, se vendió un solo libro entre todos los presentes, y volví a casa en taxi (pagado por mí, igual que en la ida) con la sensación de haber dilapidado una noche de fin de semana que podría haber pasado con mi hijo, en el cine con mi pareja o haciendo lo que me viniera en gana.

Gracias, Jenny, por hacerme abrir la libreta de los cactus. He necesitado medio siglo para aprender que no hay nada malo en negarse a cosas, ya que cuando es que no, como decía Márquez, y eres consecuente te estás diciendo Sí a ti mismo y te relacionas de manera más justa con los demás.

39

LA RIGIDEZ DE LOS ELFOS

En una escapada a Islandia para celebrar mi aniversario de pareja, nos alojamos dos noches en Reikiavik en un hotel insólito, como contaré a continuación.

Tras abandonarlo, me llegó por correo un aviso de Booking para que valorara ese establecimiento y, junto con una buena puntuación, puse como comentario: PSICÓLOGICAMENTE INTERESANTE.

Regentado por dos hombres maduros, uno de ellos parecía llevar la batuta en la particular gerencia del hotel en cuestión.

Ya antes de salir de viaje, recibí dos correos donde se me avisaba de que el *check-in* era a las 16:00 y que, en caso de llegar antes, bajo ningún concepto guardarían nuestro equipaje. Si queríamos pasear por la ciudad antes de poder entrar en la habitación, tendríamos que ir a las consignas de la estación de autobuses.

Como no he conocido ningún hotel donde no guarden equipajes, supuse que debía de tratarse de habitaciones tipo aparthotel sin siquiera una recepción.

Al llegar allí a primera hora de la tarde, sin embargo, nos encontramos con un hotel que ocupaba todo un edificio, con una amplia recepción en la que cabrían veinte maletas.

No le di más importancia al asunto y, tras echarnos una siesta, fuimos a dar vueltas por la ciudad hasta la noche. Al regresar, habían hecho de nuevo la cama, plegando artísticamente las sábanas y dejando un bombón sobre cada almohada.

Por la mañana, bajamos a desayunar y, en lugar del típico bufet, el dueño nos puso sobre la mesa dos bandejas individuales con un desayuno predeterminado, igual para todos los clientes: yogur con granola, dos panes, queso, jamón dulce y mermelada.

Cuando me trae el té, muevo la bandejita a un lado de la mesa para que pueda colocar la taza y me corrige:

—*No, la bandeja va allí, donde estaba.*

Siguiendo la inercia de la era digital, aprovechamos que en Islandia hay dos horas menos para leer los mensajes de WhatsApp que nos habían escrito por la mañana. Al ver que sacamos los móviles, el dueño nos dice:

—*Guarden el teléfono, es más romántico desayunar sin él.*

Yo pienso que es una broma y le río la gracia mientras sigo contestando a un amigo. Cuando repite la misma advertencia, me doy cuenta de que va en serio. Guardo el teléfono y descubro que en ninguna otra mesa se atreven a usarlo. Tal vez llegaron antes y ya están instruidos.

Mientras terminamos el desayuno –con dieta digital obligada–, llega una familia cargada de maletas que quiere visitar la ciudad antes de que les den la habitación por la tarde. El dueño y recepcionista les dice que de ninguna manera se guardan maletas allí. *¿Por qué no?,* entiendo que le pregunta el hombre, sin entender, *Aquí hay mucho espacio…*

Ya no sigo la conversación, pero se lía una discusión hasta que los pobres turistas, dándose por vencidos, vuelven a bajar las escaleras cargando con los maletones, rumbo a una incierta consigna en no se qué estación de autobuses.

De vuelta a nuestra habitación, nos preparamos para la excursión del día, que será en Landmannalaugar, un lugar remoto de las highlands islandesas con aguas termales donde bañarse en medio de las montañas. Hemos traído bañadores, pero no toallas, algo necesario al salir del agua con una temperatura exterior de 10 grados.

Mi compañera propone lo que yo habría hecho en cualquier otro lugar: tomar un par de toallas del baño y devolverlas a su sitio por la tarde. Sin embargo, soy consciente de que mientras estemos fuera vendrán a arreglar la habitación, como la tarde anterior.

—*Si descubre que las toallas se han ido de excursión con nosotros* –le digo–, *ese hombre se va a volver loco.*

Ella coincide con mi apreciación, así que decidimos bajar a recepción a pedirle que nos deje llevar las toallas –por otra parte, bien sencillas– para no congelarnos al salir de la charca al aire libre. Si es necesario, le podemos pagar un depósito o incluso un alquiler.

Al escuchar mi petición, el recepcionista empalidece y me mira como si yo estuviera chiflado.

—*Eso que usted pide es imposible, lo siento...* –me dice asustado–. *Completamente imposible.*

Acabamos conduciendo hasta un centro comercial en la salida de la ciudad para comprar dos malditas toallas.

A nuestro regreso, la cama vuelve a estar impecablemente presentada, con bombones sobre las almohadas y el mensaje de despedida que deben de recibir los clientes en su última noche, como nosotros:

«Cada paso que damos al salir de casa es el camino que nos lleva de regreso» (SABIDURÍA DE LOS ELFOS). Desde nuestro hotel le deseamos dulces sueños y un maravilloso mañana.

40
LAS TRES SILLAS
DE THOREAU

Durante una estancia en Nueva York con mi pareja, quisimos conocer Walden Pond, el lugar donde Henry David Thoreau vivió dos años, dos meses y dos días en una cabaña y escribió el cuaderno de notas *Walden o la vida en los bosques,* tal vez la obra de no ficción más influyente de su siglo. Al menos, en Estados Unidos.

Como pronto comprobaríamos, en este escenario mítico apenas hay nadie. Entre otras razones, porque resulta difícil llegar hasta allí, y más difícil aún es regresar si, como nosotros, no has alquilado un coche.

Nuestra aventura empezó el jueves a las 5:45 de la mañana, hora en la que tomamos el metro a Penn Station. Allí nos esperaba un tren de Amtrack que nos llevaría a Boston en casi cinco horas.

A falta de autobuses que lleguen hasta Walden Pond, no quedó otra que tomar un taxi para recorrer los más de 30 kilómetros que separan la ciudad del retiro de Thoreau. Ni siquiera el taxista sabía dónde estaba ese lugar dejado de la mano de Dios, y tuvo que guiarse por San Google Maps a través de autopistas y polígonos industriales hasta que, llegado un punto, nos engulleron los bosques.

Para explorar el pequeño paraíso de Thoreau hay que llegar a una construcción de madera en medio del bosque que ejerce de Visitor's Center.

En ese momento estaba cerrado porque la vieja dama que lo llevaba se había ido a comer, así que fuimos a preguntar a la pequeña librería anexa, que pertenece a The Thoreau Society.

Allí nos recibe Peter Alden, un hombre afable de pelo cano, autor de decenas de libros sobre animales y flora. Pocas almas se pasan por allí en noviembre, así que enseguida inicia conversación. Nos explica que ha vivido en más de cien países, consagrado a estudiar y divulgar las maravillas de la naturaleza.

Nos pregunta dónde está nuestro coche y, al saber que hemos llegado en taxi, se lleva las manos a la cabeza.

—*No sé cómo vais a salir de aquí…* –dice preocupado.

—*¿No se puede llamar luego a un taxi o un Uber?*

—*Se podría si hubiera cobertura de móvil. En ese sentido, esta zona está muerta.*

A continuación, nos explica la ruta de Thoreau y nos desea buena suerte.

A escasa distancia de la librería, hay una reproducción exacta de la cabaña donde vivió el filósofo americano, padre de la desobediencia civil, que dejó la pequeña ciudad de Concord para no ser como *«casi todas las personas que viven la vida en una silenciosa desesperación»*.

Consideraba que su existencia ociosa en la civilización le había apartado del corazón de la vida, impidiéndole incluso escribir de forma auténtica. En sus propias palabras: *«Vano es sentarse a escribir cuando aún no te has levantado para vivir»*.

Al visitar la minúscula cabaña donde pasó 732 días, vemos que consta sólo de una pequeña cama, un modesto escritorio y tres sillas.

«¿Para qué necesita tres sillas un ermitaño?», nos preguntamos. Y la respuesta es que Thoreau era una clase de ermitaño especial. Dormía y se despertaba en la cabaña, sí, y pasaba allí muchas horas escribiendo en su cuaderno, pero se sabe también que a media mañana caminaba hasta Concord (no muy lejos de allí) a comprar el periódico, y que muchas tardes venían a visitarle amigos.

Cuando preguntaban a Thoreau por las tres sillas de su cabaña, contestaba: *«Una es para la soledad, dos para la amistad, tres para la sociedad»*.

Vista la choza, cruzamos la carretera en dirección a Walden Pond, el estanque donde este hombre que moriría de bronquitis a los 44 años construyó la cabaña con sus propias manos.

Caminamos por la orilla del estanque, que está desierto, al igual que el camino que se interna poco a poco en el bosque. Pisando hojas de otoño vamos subiendo por una suave cuesta hasta llegar a una colina en la espesura. Desde allí ya queda poco hasta el lugar donde se encontraba la cabaña original.

El sitio exacto está señalado con unos pilares de piedra. Frente a ellos, grabado en un plafón de madera, el fragmento más célebre del libro donde Thoreau revela el porqué de su exilio:

Fui a los bosques porque quería vivir deliberadamente; enfrentar solo los hechos de la vida y ver si podía aprender lo que ella tenía que enseñar. Quise vivir profundamente y desechar todo aquello que no fuera vida… Para no darme cuenta, en el momento de morir, que no había vivido.

Nos sentamos en silencio sobre un tronco caído, contemplando aquel lugar tan significativo como abandonado. Mientras estamos allí, ningún otro caminante se acerca a la cabaña de Walden Pond.

Empieza a caer la tarde cuando deshacemos lentamente el camino por el bosque cercano a la orilla. Al llegar al final del estanque, remontamos el sendero hasta la carretera y la cruzamos para dirigirnos de nuevo a la librería de The Thoreau Society.

Tal como nos había advertido Peter Alden, no hay cobertura ni wifi en la zona, por lo que es imposible llamar a un taxi para que nos saque de allí. Entramos a preguntarle si tiene un teléfono fijo y niega con la cabeza, a la vez que nos dice:

—*Os puedo llevar en coche a Concord, eso sí.*

Aceptamos agradecidos, y el hombre cierra la tienda para llevarnos a la ciudad donde vivió Thoreau, que tuvo de mentor a su vecino Ralph Waldo Emerson, antes de acabar huyendo a los bosques.

Una vez allí, nos damos cuenta de que tampoco será tarea fácil regresar a Boston. El único medio de transporte es un tren lento que llegará en una hora y media. Ni siquiera hay una estación con taquilla para comprar los billetes, así que después de refugiarnos un buen rato en un café, nos vamos a la vía a esperar a que pase el convoy.

El mismo revisor nos vende los pasajes mientras el tren va progresando entre pueblo y pueblo sin prisa alguna. Una hora y cuarto después llegamos a Boston, ya de noche y bajo una lluvia incesante.

Un par de horas después tomamos el tren de regreso a Nueva York. Cuando llegamos a nuestro piso alquilado en Brooklyn es ya medianoche. Hace casi 19 horas que salimos. De nuevo en la ciudad, siento que parte de mi corazón se ha quedado allí, en la desaparecida cabaña entre los bosques.

Tras un baño caliente, al meterme en la cama vienen a mi memoria los últimos días de Thoreau, estando ya gravemente enfermo. Al ser preguntado por su tía si había hecho las paces con Dios, él respondió:

—*No sabía que nos habíamos peleado.*

El 6 de mayo de 1862 pronunciaba su última frase antes de morir. Dijo:

—*Ahora viene buena navegación.*

41

PORSCHE, EL EMPRESARIO Y SU MADRE

En mi primer «book tour» en la India, para cada charla había un auditorio lleno de más de 500 butacas, con mucha gente de pie. Sin duda, a lo largo del viaje firmé más de mil libros.

Una de las peticiones más curiosas tuvo lugar en una emblemática librería del mercado de Khan, en la capital.

La población india es extraordinariamente hospitalaria y generosa. Prueba de ello es que muchas de las personas que acudían a las firmas, después de cada acto, llevaban varios ejemplares de *Ikigai* para familiares o amigos a los que querían sorprender con un regalo.

El lector de aquella mañana, tras dedicarle su ejemplar, me dio otro y me dijo:

—*Dedícaselo por favor a Porsche.*

—*¿Porsche?* –repito yo, pensando que he oído mal.

—*Sí, Porsche, como el coche. Así se llama un gran amigo mío de Filipinas.*

Sé que en algunos países se puede poner a un hijo el nombre de una marca favorita o de algo que quisieras tener, pero me sorprendió que alguien se pudiera llamar así como nombre de pila.

Al hacer la dedicatoria, estuve tentado a escribirle: «*Para Porsche, no corras demasiado y vive la vida*», pero finalmente opté por algo más formal.

Durante aquella gira, tuve la suerte de compartir escenario con grandes ponentes que me entrevistaban o entraban en conversación conmigo delante del público.

Para dar su visión del *ikigai,* un empresario de Bombay explicó una vivencia que quiero compartir.

Según explicó, hacía tiempo que sus negocios habían ido creciendo hasta convertir su empresa en una multinacional. Antes de partir de viaje a Nueva York, donde cerraría uno de los contratos más suculentos de su vida, su madre le entregó un sobre.

—*¿Qué es esto, madre?* –le preguntó él.

—*No lo abras todavía* –dijo ella–. *Es un regalo para este viaje tan importante que vas a hacer.*

Intrigado, el empresario metió el sobre dentro de su cartera y, al aterrizar en Nueva York, nada más salir del avión se acordó de él y lo sacó para abrirlo. Dentro había un papel escrito a mano por su madre con una sola palabra: «BASTA».

Chocado, llamó de inmediato a su madre para que le explicará qué significaba ese regalo.

—*Tranquilo, hijo* –dijo ella–. *Si no lo entiendes a la ida, lo entenderás a la vuelta.*

Cada vez más desconcertado, volvió a guardar el sobre y decidió volcarse en la negociación que le esperaba en la ciudad que nunca duerme.

Un par de días más tarde, fue a tomar el avión de vuelta a Bombay. Pese a ir en primera clase, con toda clase de atenciones, nada más despegar sintió una fatiga absoluta. Y no era sólo física y mental. Tras el subidón del contrato con el que regresaba a casa, un enorme cansancio existencial se había apoderado de él.

En el fondo, pensó mientras surcaba los cielos, aquella vida que antes le parecía tan excitante y que impresionaba tanto a los demás a él le aburría. Había dejado de tener sentido.

Justo entonces recordó el sobre de su madre y el oráculo de sus palabras: *«Si no lo entiendes a la ida, lo entenderás a la vuelta»*. Al poner de nuevo la palabra «BASTA» delante de sus ojos, ésta cobró un nuevo sentido.

Todo aquello había estado bien hasta entonces, había sido incluso divertido, pero no le apetecía seguir por aquel camino. Podía doblar su riqueza, multiplicarla incluso por diez, pero el vacío que sentiría sería el mismo o peor.

Una vez en su ciudad, tomó una decisión radical. Dejaría de lado el mundo de los negocios para dedicarse a una misión que había estado llamando a las puertas de su conciencia desde hacía tiempo, aunque no quisiera oírla: procurar educación de calidad a las clases más desfavorecidas.

Cuando la mirada del hombre de negocios se desvió hacia la nueva tarea que tenía por delante, sintió que una energía juvenil bullía de nuevo dentro de su cuerpo. Empezó a proyectar cómo invertiría sus recursos para formar a profesores y maestros que impartirían sus clases a colectivos que no tenían acceso a esa clase de educación.

No tardó en tener un programa ambicioso, un equipo de colaboradores, un calendario, objetivos a medio y largo plazo. El empresario estaba ahora en el mejor momento de su vida. Después de años perdido, había encontrado el sentido de su vida, su *ikigai*. Terminó su discurso, que nos tenía capturados, con estas palabras:

—*Ahora puedo decir que soy feliz. Me siento un hombre realizado y útil a la sociedad. Y os contaré un último secreto. Hoy día la gente quiere estar en todas partes, comunicarse con todo el mundo, multiplicar su presencia. Existe la ilusión de que eso es el éxito, pero yo os digo que es absolutamente falso. El éxito se consigue justamente por el camino opuesto: cerrando puertas. Sólo si cierras la puerta a todo lo que no es esencial podrás enfocarte en lo realmente importante y tener éxito como ser humano.*

42

¿QUÉ QUIERES SER MAÑANA?

En un nuevo viaje a la capital de Lituania, conocí a dos autoras invitadas, como yo, a la Feria del Libro de Vilnius. Una de ellas había venido de Finlandia sin utilizar el avión, por motivos ecológicos, lo cual la obligó a tomar un tren, luego un ferry y un sinfín de horas de autobús.

La otra era la novelista china Lijia Zhang, que mientras desayunábamos me contó los dos consejos que dio a sus hijas:

1) *Ayuda a las personas que han tenido menos suerte que tú en la vida.*
2) *Nunca te cases con un hombre guapo.*

Esta segunda me sorprendió, así que le pregunté por el motivo de esta recomendación. Su respuesta fue:

—*Es demasiado estrés ir de la mano de un adonis. Nunca te acabas de sentir bonita a su lado. En cambio, si tienes como pareja a un feo, por contraste te sentirás siempre guapa. Es una cuestión de autoestima.*

Hablando de guapos, la presentación del mediático sacerdote Algirdas Toliatas, a quien había ayudado a hacer un libro, juntamente con Lina Ever, fue todo un éxito.

Con la sala llena, tuvimos una conversación a cuatro bandas –también estaba la directora de la editorial–, que se alargó un poco, con lo que al final sólo quedó tiempo para una pregunta del público. Y doy fe de que fue antológica.

Un hombre sencillo, de unos 60 años, dijo:

—*Padre, soy católico practicante, y debo confesar que hay un tema teológico que siempre me ha preocupado enormemente. Tiene que ver con la resurrección. Entiendo que, como Jesús, después de morir renaceremos, pero mi pregunta es ¿como qué? Me gustaría saber si voy a renacer como un engendro o como Brad Pitt.*

El auditorio estalló en carcajadas que el hombre no entendió, pero el Padre Algirdas supo darle la respuesta oportuna:

—*Hermano, yo de ti no me preocuparía por tu resurrección el día que te mueras. ¿Sabes? Cada noche es una pequeña muerte a la que, con suerte, sigue nuestra resurrección. Nadie de aquí puede asegurar que cuando hoy se duerma, mañana va a despertar. Por eso cada día resucitamos en el mundo. Yo de ti me centraría en decidir qué quieres ser mañana.*

43

EL OTRO FRANCESC MIRALLES

Hace un tiempo, conocí a un administrador de fincas con el mismo nombre y apellidos que un hombre que escribía a menudo cartas a los periódicos. Alguna vez que este último había mandado un mensaje incendiario, le habían llovido los palos al primero, a veces en forma de amenazas de muerte por carta, ya que el administrador de fincas salía en la web y el otro no.

Yo conocí a ambos, ya que uno llevaba el alquiler de un piso que tuve en Gràcia, y el otro había sido alumno de nuestros talleres con Silvia Adela Kohan. Estos dos hombres nunca se han conocido.

De manera menos accidentada, hace años que casi cada mes recibo mensajes e incluso envíos y regalos para un Francesc Miralles que no soy yo. Se trata de un importante crítico e historiador del arte con mi mismo nombre y apellido, especialista en pintura catalana del modernismo y el noucentisme.

Nacido en Tarragona en 1940, es muy conocido en los círculos del arte pero, quizás porque no saben cómo contactar con él, las redes, que las carga el diablo, desembocan en mi correo, donde recibo mensajes del tipo:

«Tengo un cuadro de Nonell y me gustaría que viniera a mi casa a tasarlo. ¿Cuánto me cobrará por ello?».

«Necesitamos que venga a dar una conferencia sobre Anglada-Camarasa».

Yo siempre les digo que no soy yo, y que contacten con *La Vanguardia,* que es un medio en el que el otro Francesc Miralles ha trabajado muchos años como crítico.

A veces, sin embargo, me llegan envíos para él que ni siquiera llevan el contacto del remitente, por lo que el paquete se queda aquí acumulando polvo.

Tuve durante meses uno de ellos bajo mi mesa de trabajo. Incluía un gran libro de arte, así como una nota donde se pedía su participación en un ciclo para cuyos honorarios una fundación de la que nunca he oído hablar iba a contactar para entrar en detalles.

Cada vez que mis pies chocaban con este paquete, me sentía culpable de no haber intentado deshacer esta confusión. Pero, al no haber *e-mail* ni teléfono, tendría que haber averiguado el contacto de la fundación y tratar de dar con su presidente, que fue quien mandó el libro y la invitación.

Tal vez el otro Francesc Miralles nunca haya sabido que querían contar con él para ese ciclo, cuya ponencia solicitaban para una fecha cercana.

Es posible que este historiador del arte, que dirigió la Escuela Massana y fue designado como primer director del MACBA, aunque no llegó a ocupar el cargo, reciba también mensajes y peticiones que son para mí.

En ese caso, debe de estar frito, porque, para él, el otro Francesc Miralles soy yo.

44

SEMÁFOROS ROJOS, SEMÁFOROS VERDES

Tras escribir el primer volumen de mis memorias, *Los lobos cambian el río,* en una de nuestras conversaciones Barcelona-Tokio, Héctor me comentó:

—*Por cierto, Matthew McConaughey ha hecho lo mismo que tú.*

—*¿Quién es McConaughey?* –pregunto.

—*El poli existencial de «True Detective», el prota de «Contact» e «Interstellar».*

—*Ah, el delgado guapo. ¿Qué ha hecho, dices?*

—*Una autobiografía, como tú* –dice Héctor–. *Se ha pasado meses recuperando diarios, notas y fotos, igual que tú. La diferencia es que él las ha pegado en el libro.*

—*Le debía de faltar texto.*

A continuación, charlamos sobre el *leitmotiv* del libro de McConaughey (¿cómo diablos se debe pronunciar?). Aunque la autoficción trate en apariencia de la vida de una persona, siempre hay un tema de fondo que es lo que da sentido a la obra.

Yo detecté el mío cuando llevaba 20 capítulos de los 119 que tuvo al final y lo reflejé en el título, que era el más raro que hubiera puesto yo jamás a un libro.

El título del actor refleja también su *leitmotiv, Greenlights,* «luces verdes». El logo detrás es un semáforo con los tres discos en verde.

Sin haber empezado aún a leerlo, hablando con Héctor interpreté que se trata de las luces verdes que encontramos en la vida y que nos invitan a pasar. Si no lo hacemos, a veces, es porque estamos paralizados ante un disco rojo y no vemos las vías libres que podríamos tomar.

Ahora que ya he terminado mi propio desafío, me voy a dar el placer de circular por los semáforos verdes de McConaughey.

A partir de los 27 años, sobre todo, creo que siempre he buscado los caminos abiertos.

Me he encontrado con infinitos discos rojos –y los que me quedan–, pero siempre he buscado vías alternativas. Antes de conseguir cualquier cosa he fracasado mil veces: en el amor, en el trabajo, en los libros, en todo.

Para mí la vida es como una sala de apuestas. Hay quien juega una ficha, pierde y lo deja estar. Yo siempre he intentado tener muchas fichas en la mano, porque creo de todo corazón que a la enésima va la vencida. Mi secreto, quizás, es que siempre estoy en el casino. Casi diría que vivo allí.

Volviendo a lo que estábamos hablando, ¿qué semáforos dominan tu vida?

45

EL PASTOR SIN VACAS

En un curso que damos cada año en Ayumaya, un hotel en las montañas de la Rioja, por primera vez acudió alguien del pueblo, que cuenta sólo con cuarenta habitantes.

Se trataba de un joven de Laguna de Cameros que había sido pastor, hasta el día que decidió dedicarse al difícil arte de no hacer nada. Poseía 70 vacas, pero se las daba a otro para que las cuidara y le entregara la mitad de lo que sacase.

Durante el confinamiento se compró una bicicleta y dio la vuelta entera a la península para luego seguir por el sur de Francia.

Desde que empezamos el retiro, noté que observaba cada actividad con la curiosidad de un viejo zorro, reticente a decir nada a no ser que le preguntáramos.

Nuestra conversación en el taller de *ikigai* fue:

—*¿Cuál es tu propósito vital?*

—*Ser.*

—*¿Y tu elemento?*

—*El silencio.*

A punto ya de despedirnos, le pregunté:

—*¿Qué haces cuando no estás de viaje?*

—*Estar.*

—*Entonces eres un maestro advaita.*

—*Si tú lo dices…*

Al despedirnos le confesé que de mayor quería ser como él y se limitó a sonreír. Camino de casa, recordé un poema de José Tolentino, un cardenal portugués de onda zen:

> *La historia relata lo que aconteció*
> *el silencio narra*
> *lo que acontece.*

46

AUTORES PRIMERIZOS

Recuerdo que, en una ocasión, un escritor adolescente entró por el privado de Facebook para preguntarme.

—*¿Qué tengo que hacer para que me publiquen?*

—*¿Qué has escrito hasta ahora?* –le pregunté.

—*Tengo dos capítulos de mi primera novela. Me gustaría saber si puede tener éxito.*

—*Mira, te diré lo que puedes hacer: escribe esa novela hasta el final y compártela con tus amigos. Anota sus consejos y guárdala en un cajón. Luego escribe una segunda, y más tarde una tercera. Guárdalas también en el cajón o compártelas en las redes. Cuando hayas escrito mil o dos mil páginas en total, entonces hablamos.*

Nunca volví a saber de él.

En mi humilde opinión, si no estás dispuesto a escribir como un poseso hasta el día de tu muerte, aunque nadie te publique, no tienes madera de escritor. Luchar por ser publicado no tiene nada que ver con ser escritor. La palabra lo dice todo: escritor es quien escribe. Y no puede dejar de hacerlo.

Lo cuenta muy bien Paul Auster en *A salto de mata*, sus memorias de juventud: «*Una vez que se acepta el hecho de que no se vale para otra cosa, hay que estar preparado para recorrer un largo y penoso camino durante el resto de la vida. A menos que se resulte ser un elegido de los dioses (y pobre de quien cuente con ello), con escribir no se gana uno la vida, y si se quiere tener un techo sobre la cabeza y no morirse de hambre, habrá que resignarse a hacer otra cosa para pagar los recibos*».

Puedo dar fe de ello. También de que es extremadamente raro que el primer libro que escribes sea publicado por una gran editorial. Necesitas tener una suerte descomunal y ser ese elegido de los dioses que menciona Auster.

Veamos si no la trayectoria de Stephen King que, además de vender millones de libros, ha sonado muchas veces para el Nobel.

A mediados de los sesenta empezó a escribir sin freno: decenas de cuentos, esbozos de novelas, cualquier cosa que le pasara por la cabeza. En 1971 lo contrataron de profesor en una academia de Maine. Para entonces llevaba seis años escribiendo sin parar y llegó a completar varias novelas que ninguna editorial quiso. Pero Stephen seguía dándole a la máquina de escribir hasta que le ardían los dedos.

Una de aquellas obras, *La larga marcha,* sería publicada más de diez años después bajo el seudónimo de Richard Bachman. Hace unos años la leí y me pareció una maravilla, además de precursora clara de *Los juegos del hambre.* Se nota que hay miles de páginas de trabajo previo, el duro gimnasio en el que se moldea el estilo de un autor.

Cuando en 1973 logró su primera publicación, *Carrie,* llevaba casi diez años picando piedra en todas sus horas libres, pues así se hace un autor.

Con todo, al principio la novela no le había parecido suficientemente buena y la tiró a la basura. Su esposa, Tabitha, la rescató y le animó a que la reescribiera con una perspectiva más femenina de la protagonista.

Sólo entonces recibió el primer ok de una editorial, Doubleday, y 2500 dólares de anticipo. El resto es historia de la literatura contemporánea.

47

HAZ LO QUE NO SABES

Como toda persona con historia, tengo mi lista de cosas que dejé de hacer, muchas veces sin saber por qué.

En mi época de estudiante hice de actor de teatro *amateur*, escribí un par de obras y dirigí otro par. Abandoné aquel mundo cuando empecé a dedicarme a otras cosas, y a menudo pienso que me gustaría volver a probarlo.

Mucho antes en el tiempo, en mi pleistoceno particular, pasé por un único año de formación como pintor. Desde pequeño yo llenaba carpetas de dibujos llenos de monstruos sangrientos que horrorizaban a mi madre. Llegó a llevarme a un psiquiatra para que determinara si aquella imaginería era normal. El buen hombre no supo qué decir.

Influido por un primo artista que era como hermano mayor para mí, hacia los trece años fui a una escuela de pintura de Sant Gervasi. Creo que se llamaba L'Arc. Un día por semana, me plantaba frente al caballete, en un taller con una quincena de pintores, y daba rienda suelta a mis visiones con todos los colores a mi disposición.

De vez en cuando, el maestro se detenía a ver mis obras y me hacía observaciones del tipo:

—*Pinta la segunda montaña de un color distinto, así el cuadro ganará relieve.*

O bien:

—*¿Por qué en tus cuadros hay siempre tipos fumando?*

Pincel en mano, yo iba a lo mío, y aquel curso llegué a meter en una gran carpeta una veintena de láminas acabadas. Por aquella época, mi timidez hacía que no hablara con nadie. Sólo pintaba. Con el inicio del bachillerato, que significó mi entrada en el mundo del punk, no regresé al taller.

Y no volví a tomar los pinceles hasta… 38 años después.

El épico retorno tuvo lugar en un taller especial de una escuela centenaria de Barcelona. Digo especial porque por el precio de la clase recibes una copa, ponen música y tienes dos horas y media para pintar en un entorno como el de una película de arte y ensayo.

Hay un/a modelo y se trata de dibujar al natural siguiendo las indicaciones de la profesora, que va proponiendo distintas técnicas y retos.

Al llegar con mi bolsa de materiales de la tienda Piera, al lado de artistas que llevan años acudiendo al taller, me sentí como un bebé desvalido. Mojar el pincel en el bote de tinta para atacar la lámina era como reaprender a caminar.

Cada nueva instrucción de la profesora era un sobresalto para mí:

«Tenéis tres minutos para dibujar el contorno de la modelo».

«Ahora quiero que plasméis el movimiento, no va a dejar de moverse».

«Vamos a pintar sin mirar la lámina en ningún momento, no apartéis los ojos de la modelo».

«Ahora con la mano izquierda. Sí, quiero que lo hagáis con la mano izquierda».

De vez en cuando, la profesora pasaba por mi lado y comentaba mis engendros. Elogió algunos de ellos, no sé si para animarme, o porque cuando lo haces tan mal puede parecer que estás transgrediendo y, por lo tanto, tienes algo de genio.

En todo caso, pasados los nervios iniciales, a lo largo de la sesión de pintura sentí un bienestar desconocido. Creo que se debe a varios factores:

1. Tras estar todo el maldito día pegado a pantallas, un par de horas de actividad totalmente analógica, marraneando con lápices, pinceles y carboncillos, supone una alternativa de lo más relajada.
2. En mi vida cotidiana suelo ser yo quien enseña a otros. Sea a través de conferencias, cursos, clases o presentaciones, siempre trabajo con cosas que sé hacer. Pero en ese taller de pintura, de repente, volvía a no tener ni idea de nada, como cuando era un cero a la izquierda en la escuela. Es un extraño placer volver a ser el peor de la clase.
3. Dibujar y pintar, como hacen los niños, es divertido y salen cosas inesperadas. La sesión, de hecho, confirmó mi teoría de los gri-

fos creativos. En cuanto abres uno, haciendo una actividad artística concreta, desbloqueas el resto de canales. Tras la clase de pintura, al llegar a casa, de repente se clarificó una trama de novela que llevaba tiempo bloqueada.

Si quieres vivir esta clase de sensaciones, te invito a que retomes alguna pasión del pasado o que hagas algo que no dominas en absoluto, como fue mi caso. La magia de no tener ni idea producirá milagros.

48

EL ARTE DE NO ENFADARSE

En mi etapa de editor de mesa, el jefe supervisaba los encargos que hacíamos a los colaboradores: traductores, diseñadores, portadistas, correctores…

La mayoría eran de confianza y siempre respondían bien, pero de vez en cuando se producía alguna hecatombe. Especialmente con personas nuevas que venían recomendadas, no eran raros los chascos. El trabajo que te entregaban era tan malo que no te quedaba otra que encargarlo de nuevo, con lo que el calendario editorial se iba al traste.

¿Qué hacer con ese colaborador?

Un editor con pocas tablas le cantaría la caña por teléfono, por *mail* o en persona. Habría mal rollo y justificaciones, pero la situación sería la misma. Hay que encargar el trabajo a otro. Fue en una de estas situaciones cuando el editor jefe me recomendó:

—*Cuando te entreguen un trabajo horrible, tú corre a pagar y que no vuelva.*

—*¿Y no hay que decirle qué ha hecho mal?* –yo pregunté.

—*¿Para qué? Si lo ha entregado así es que no lo sabe hacer mejor. Sólo conseguirás herirle y que se revuelva contra ti. Para resarcirse, te acusará de alguna otra cosa que no imaginas. Es mejor para todos no darle más trabajo y que se quede en paz.*

—*Pero… ¿y si llama para preguntar por qué no le damos nada?*

—*Le diremos que no hay trabajo y le felicitaremos la Navidad, la Semana Santa o lo que esté más cerca.*

Con el paso de los años, me he dado cuenta de cuánta razón hay en este planteamiento, que no es cobarde en absoluto. Es inteligente y piadoso para todas las partes. He sido testimonio de ello últimamente en un par de ocasiones.

Un impresor al que conozco encargó un trabajo a un corrector amigo. No quedó satisfecho con el resultado, pero, en lugar de hacer como recomendaba mi editor jefe, cuando el colaborador contactó un mes después para preguntar si había más trabajo, el impresor le dijo lo que pensaba de su anterior tarea, sin ahorrarle palos.

El colaborador se ofendió vivamente y, por supuesto, también dijo qué pensaba del impresor. Se pasaron el día intercambiando mierda por escrito. El pasado no se podía cambiar de todos modos –lo hecho, hecho está–, pero ambos se amargaron el día a base de bien. Para eso sirve expresar el enfado y «decir lo que piensas».

Hay maneras más delicadas de meter la pata, pero igualmente estériles. Voy a poner un ejemplo reciente.

Una persona con la que había tenido amistad casi veinte años atrás me escribió al encontrarme en las redes. Habíamos perdido totalmente el contacto, como le sucede a todo el mundo. Cambias de aficiones, de trabajo, de barrio, de círculo y, arrastrado por esa marea, te desconectas de unos y te conectas a otros. Ley de vidas, pues tenemos más de una antes de morir.

Nos saludamos con cordialidad y yo pensé que todo bien. Al cabo de unos días, la persona reaparecida me vuelve a escribir para decirme que tuvimos una amistad fantástica pero que se había perdido por «falta de reciprocidad». Por esto mismo, quizás, ahora no hemos de llamarnos amigos sino conocidos. Algo así.

Mi primera reacción fue visceral. Estuve a punto de escribir un airado: «¿Me estás acusando?». ¡Error! Si te metes en este fregado, sucederá justo lo que conviene evitar: un furioso partido de tenis en el que las bolas son reproches.

La otra parte ha lanzado su pulla para que yo reaccione. Si lo hago, tal vez se abra la caja de Pandora y acabaremos «cantándonos la caña» como si no hubiera mañana. Para evitarlo, hago como si no hubiera leído ese comentario y me limito a mandarle un abrazo y desearle que se cuide mucho. Acaba siendo lo mejor para los dos.

Sucede lo mismo con el flirteo *online*. A mí me tiran los tejos pocas veces, pero cuando sucede hago igual: paso por alto esa parte del mensaje, como si fuera tan tonto que soy incapaz de pillarlo. Funciona.

Enfadarse, acusar, pedir explicaciones, señalar... nada de eso sirve de nada, a no ser que quieras quedar como un gilipollas.

Para evitar meterme constantemente en líos, muchas veces lo mejor es callar. Si alguien se enfada conmigo, está en su derecho, pero no haré de las películas de otros el guion de mis días. Que cada cual escriba el suyo y, como reza el dicho, aquí paz y luego gloria.

49
LAS CINCO VIDAS
DE PETER YANG

Un vecino artista que compone sus obras a partir de piedras que encuentra en la playa me trajo una tarde un libro y la revista *Integral* n.º 8. Incluía la entrevista a un personaje que conoció de cerca y que me ha fascinado.

Peter Yang nació en una comunidad cristiana en el centro de China, donde a los 26 años se ordenó sacerdote. Ésa fue su primera vida. La siguiente empieza cuando, tras recibir una beca del gobierno de Franco, en 1949 se traslada a España y decide estudiar Medicina. Terminaría la carrera en Barcelona en 1957, aunque nunca llegó a ejercer.

En lugar de eso, su tercera vida consistió en abrir, un año más tarde, el primer restaurante chino de Barcelona, El Gran Dragón, que se encontraba en la calle Ciutat. Para conseguir el préstamo de 1.200.000 pesetas de la época que necesitaba, treinta amigos firmaron un aval bancario.

El obispo no veía con buenos ojos que un sacerdote abriera una «taberna china», en sus propias palabras, pero a la inauguración acabó acudiendo el alcalde de Barcelona, entre otras personalidades. Creo que, de niño, llegué a ir con mis padres un par de veces a este restaurante, que para mí era como entrar en una película de Fu Man Chu.

La cuarta vida de Peter Yang empieza, de hecho, dentro de este mismo restaurante, donde sería el primer maestro en enseñar Tai Chi en el país. Acabaría abriendo un local propio en 1979, llamado El Rincón del Silencio.

Allí acudía mi vecino Emilio Álvarez, que me explica que Peter Yang enseñaba sin decir una sola palabra. Cuando entrabas en el *dojo,* él ya estaba realizando uno de los ochenta movimientos del Tai Chi. Lo único que podías hacer era seguirle.

A su alrededor se fue formando un grupo de discípulos, a los que el maestro decía:

—*Sólo os pido que dediquéis cinco minutos al día a respirar conscientemente.*

Peter Yang estaba convencido de que ese breve espacio diario podía desatar un gran cambio en la vida. Se empieza siendo consciente cinco minutos y, poco a poco, ese estado se extiende a la vida entera.

Hombre de pocas palabras, una vez Peter Yang les dijo:

—*Si tú no sabes adónde vas, cualquiera puede ser tu guía.*

Esta frase tenía dos posibles interpretaciones. Por una parte, si vas perdido puedes acabar siguiendo un camino que no es el tuyo. Por otra parte, lo bueno de andar perdido es que todos los caminos son válidos.

Emilio declara, sin embargo, que no era necesario que el maestro dijera nada para influir en tu espíritu. «El solo hecho de estar a su lado te hacía sentir favorecido por la vida», asegura.

La quinta vida de Peter Yang enlaza con la primera, ya que, desde 1965, además de regentar el restaurante y enseñar Tai Chi, daba misa diaria a las 12 h en una capilla de la Catedral de Barcelona. Podía hablar tanto de la Biblia como del Tao, en lo que él denominaba cristianismo zen.

Hasta su muerte en 2014, Peter Yang organizó convivencias en verano y en invierno, practicando Tai Chi en el exterior bajo condiciones a veces extremas. Sus alumnos aseguran que jamás, lloviera o nevara sobre su cabeza, hizo comentario alguno sobre del tiempo.

50
EL PÉNDULO

Tras un viaje con amigos en Zanzíbar, en el segundo vuelo de regreso sucedió algo terrible.

Nada más tomar asiento, vimos a un hombre muy grueso con el hábito blanco tradicional de Oriente Medio. Caminaba por el pasillo y pedía a las azafatas que le cambiaran de lugar, porque estaba muy estrecho en su asiento.

Dejé de prestar atención y, para convocar el sueño, escuché un pódcast sobre las películas protagonizadas por Vincent Price y dirigidas por Roger Corman, que adaptó decenas de novelas y relatos de Edgar Allan Poe. En la siniestra *El pozo y el péndulo,* por ejemplo, habían logrado hacer una película de 80 minutos a partir de un cuento, mezclado con otros relatos del autor como *El barril del amontillado.*

Estaba yo entusiasmado escuchando todo esto, cuando el horror decidió cruzar la línea de la ficción para instalarse en la realidad. En plena madrugada, se encendieron las luces del avión y los altavoces solicitaron la presencia de un médico. Había cuatro en el Boeing 787, pero ninguno pudo hacer nada.

El hombre grueso había entrado en el lavabo tres horas antes y, al ver que no salía, las azafatas habían desbloqueado la puerta. Llevaba dos horas muerto. Los intentos de reanimación fueron en vano.

Para sacarlo de allí hubo que arrancar la puerta del lavabo, tras lo cual el cuerpo quedó tendido en el pasillo mismo donde estábamos sentados. Aunque hubo varios intentos, por su peso fue imposible levantarlo para tenderlo en la fila trasera de asientos, así que hicimos las últimas tres horas de viaje con el cadáver al lado.

Oí que el fallecido, que en paz descanse, se llamaba Khalifa y se dirigía a Barcelona para una operación de corazón. Lamentablemente, no llegó a tiempo.

Al aterrizar por la mañana, el avión fue tomado por la Guardia Civil, los sanitarios y el forense, mientras esperaban a la juez que levantaría el cuerpo.

Cuando finalmente nos dejaron salir del avión, me dije que la decisión de viajar a Zanzíbar –pese a todo– había sido acertada. Lo sucedido en el vuelo demuestra que la vida puede acabar en cualquier momento. El péndulo con la cuchilla oscila siempre sobre nosotros. Mientras no me llegue la hora, yo elijo vivir la aventura de la existencia sin miedo.

Tal como decía Alan Watts: *«Como el mundo no va a ninguna parte, no hay prisa».*

51

EL SILENCIO

(una especie en vías de extinción)

En la película *Drive my Car*, basada en el cuento homónimo de Murakami, me fascinó el personaje de Misaki, la joven y reservada chófer que le es asignada a un actor de teatro que no puede conducir.

El silencio entre ambos no es incómodo, está libre de juicios y lleno de intimidad. Ella conduce tranquila mientras el actor da la réplica a un casete donde hablan el resto de los personajes de *El tío Vania* de Chejov. Tampoco se inmuta cuando él discute en el asiento trasero con el amante de su esposa fallecida.

Misaki sólo habla cuando cree imprescindible hacerlo y eso hace que sus palabras suenen como un oráculo.

Al igual que otras narraciones de Murakami, el título está tomado de una canción de los Beatles que dice: *Baby, you can drive my car / And maybe I'll love you»* (Nena, puedes conducir mi coche, y quizás te amaré).

Acostumbrado a estar rodeado de personas que hablan y actúan todo el tiempo, el protagonista masculino se siente acogido por el silencio cuidador de su conductora, con quien empieza a desarrollar un vínculo que va más allá de las palabras.

El silencio confortable compartido señala algo profundo: estamos aquí, avanzando en el camino, cualquier cosa que la vida nos pueda deparar. No hay palabras que puedan superar ese sentimiento.

Todos hemos conocido a personas que necesitan llenar constantemente el silencio con cualquier comentario, a veces fuera de lugar. Puro *horror vacui*.

Incluso en el sigiloso Japón se sorprenden a veces del silencio.

En mi primer viaje con la madre de mi hijo, en un barrio periférico de Tokio entramos en una taberna a tomar una cerveza. Creo que el bar se llamaba Samurai. Estábamos apasionados con unas lecturas que queríamos seguir para poderlas comentar, así que delante de nuestra Asahi de barril abrimos nuestros libros y nos pusimos a leer.

Al acercarnos a la barra a pagar, el camarero rompió la discreción nipona movido por la curiosidad:

—*¿Puedo preguntar por qué vienen a leer?*

No recuerdo qué le contestamos, pero ahora acude a mi mente una frase de Mariano José de Larra, un periodista del siglo XIX que leíamos en bachillerato:

«Bienaventurados lo que no hablan, porque ellos se entienden».

52

EL GRAN ANTÍDOTO DEL MIEDO ES EL AMOR

En abril de 2022 se produjo un atentado en el metro de Brooklyn que dejó a treinta personas heridas, diez de ellas de bala.

El día antes yo había viajado por esa misma línea y un par de veces más los días anteriores, ya que una de mis mejores amigas vive en Brooklyn. Fue puro azar que no estuviéramos en el vagón donde tuvo lugar el tiroteo.

Tras saberse esta terrible noticia, observé que mucha gente era reticente a bajar de nuevo al metro de Nueva York. Sin embargo, ¿quién te dice que la muerte no te espera en cualquier otro lugar, como en la fábula de Ispahán?

Nadie sabe cómo, dónde ni cuándo exhalará el último suspiro, afortunadamente.

Esto es algo que aprendí en mi primera estancia como cooperante en los Balcanes, cuando la guerra se extendía por Bosnia y Croacia. Al ir y volver a mi destino, pasé miedo, porque viajaba en transportes llenos de soldados que podían saltar por los aires en cualquier momento.

Otros cooperantes, sin embargo, corrían mucho más peligro que yo: en especial los voluntarios para llevar camiones de provisiones hasta ciudades como Sarajevo, que estaba sitiada por los francotiradores. Como yo no tengo carnet de conducir, mi lugar estaba con los niños refugiados de un improvisado parvulario.

Una mañana, pregunté a uno de esos conductores temerarios si no le aterrorizaba hacer un trayecto que podía ser el último. Nunca olvidaré su respuesta:

—*No tengo miedo. Si una bala lleva mi nombre, entonces será el fin. En caso contrario, me volverás a ver por aquí mañana.*

Me pareció una manera curiosa de describir la situación. Ciertamente, hay personas que se exponen a muchos riesgos y llegan a una edad muy avanzada, mientras que otras en extremo prudentes son arrancadas de la vida por una enfermedad, un accidente o cualquier otra eventualidad.

Puesto que la muerte puede acechar donde menos te lo esperas, no merece la pena vivir con miedo. Ahora estás aquí, eso es lo único que cuenta. Si en lugar de disfrutar del momento, te dejas llevar por el miedo, por lo que podría pasar si…, es como si no estuvieras.

Una existencia así es una muerte en vida.

Esto me ha hecho pensar en una película que me impresionó mucho en mi infancia: *El chico de la burbuja de plástico.* Protagonizada por John Travolta, dos años antes de que triunfara en todo el mundo con *Grease,* narra la historia de Tod, un chico carente de un sistema inmunitario efectivo, que vive aislado del mundo en una burbuja de plástico. Desde su aislamiento conocerá a Gina, una joven vecina que le visita a menudo y de quien se enamora y es correspondido.

Llega un punto en el que el chico deberá decidir si se queda encerrado para siempre en la burbuja de plástico, como le aconsejan los médicos, o si se aventura a abrazar a Gina, poniendo su vida en peligro.

Ese momento de felicidad podría ser el último de su vida. Pero, incluso en ese caso, ¿no contiene más vida esa escapada que una existencia entera atrapado por el miedo? ¿Qué harías si fueras Tod y, al otro lado del plástico, te aguardara el amor de tu vida?

Ahí lo dejo. Mi amigo Andrés Martín Asuero siempre dice que el gran antídoto del miedo es el amor. Amemos, pues, hasta que la bala con nuestro nombre nos encuentre.

53

AYUDA DEL MÁS ALLÁ

Las personas místicas o esotéricas suelen decirme que soy demasiado racional, que sólo doy crédito a aquello que perciben mis cinco sentidos. Ciertamente, aunque la vida está llena de misterio, no me gusta dar por bueno aquello que no se puede comprobar, aunque tampoco niego su existencia.

A medida que te haces mayor, sin embargo, el contacto con la muerte se hace más frecuente. Empiezas a despedirte de seres queridos, y a veces son personas de tu generación –o incluso más jóvenes– las que cruzan la frontera de lo desconocido.

Muchas de estas despedidas van acompañadas de hechos inexplicables, a veces incluso mágicos.

Podría llenar un libro entero con las historias que he escuchado, pero ya hay otros autores que escriben sobre eso, así que sólo compartiré una que conocí recientemente y que me llegó al alma.

En un almuerzo con mi querida prima Mónica, que es maestra, y dos compañeros de profesión, un docente relativamente joven compartió la siguiente vivencia.

Sin sospechar que padecía una enfermedad cardíaca, tras sentirse indispuesto una mañana acudió a un centro hospitalario. Tras unas pruebas, fue ingresado con urgencia y le comunicaron que sería necesario realizarle un triple *bypass* para salvarle la vida.

Muy asustado, el maestro recordó que su padre también había sido intervenido con un triple *bypass*, y que había vivido hasta una edad avanzada tras la operación. Esta coincidencia y el recuerdo cariñoso de su progenitor le dio serenidad mientras esperaba unos días su entrada en quirófano.

En la misma habitación donde estaba ingresado llevaron a un paciente para recuperarse de su operación. No sólo era la misma que le iban a realizar –un triple *bypass*– sino que el hombre, de edad avanzada, guardaba un parecido asombroso con su padre.

Nuestro amigo le observaba boquiabierto, como si de una aparición se tratara. Su padre había muerto años atrás y, por supuesto, se trataba de otra persona, pero era tan parecido… Tenía su misma expresión y, al percibir que estaba asustado, el hombre le empezó a explicar con calma las distintas fases por las que pasaría durante y después de la operación.

Cuando el convaleciente se quedaba dormido, el maestro lo contemplaba con admiración y gratitud. Por extraño que fuera, sentía que su padre le mandaba consuelo y ánimos a través de aquel compañero de habitación. Pero las coincidencias y señales no acabaron aquí.

Poco antes de ser operado, una mañana escuchó una conversación en la habitación contigua. Hablaban de una aldea que poquísimas personas conocen, apenas un grupo de casas con unas decenas de habitantes. Era la aldea donde se había criado su padre.

No pudiendo resistir más, se levantó de la cama y fue hacia esa habitación. Se presentó y dijo que su progenitor era de aquel mismo lugar, a cientos de kilómetros de donde se encontraban. Estuvieron charlando animadamente sobre cada rincón de la aldea y sus vecinos.

Cuando el ingresado regreso a su camilla, sintió que la mano protectora de su padre estaba en todas partes. Ya no tenía miedo. Confiado, entró en el quirófano sabiendo que la operación sería un éxito. Su presencia amable en nuestra mesa de restaurante demuestra que así fue.

54

LA VOZ DEL AMOR

Me emocionó saber la historia detrás del mensaje por megafonía de «Mind The Gap» –cuidado con el hueco– de la estación de Enbankment. Si habéis estado en el metro de Londres, quizás recordéis esta voz masculina, grave y aterciopelada.

La historia la explicó por primera vez John Bull en Twitter.

Cerca de la Navidad de 2012, el personal de Embankment recibió la visita de una mujer muy consternada, que les preguntó:

—*¿Dónde está la voz?*

—*¿La voz? ¿Qué voz?* –preguntó un empleado.

—*La del hombre que anuncia «Mind The Gap».*

—*Sigue sonando* –le explicó el empleado–, *solo que se ha sustituido por una voz digital en todas las estaciones.*

—*Esa voz…* –dijo la mujer con lágrimas en los ojos– *era mi marido.*

Al parecer, la voz pertenecía a Oswald Laurence, un actor de teatro inglés fallecido en 2007. La grabación del «Mind The Gap» se había hecho 45 años atrás y llegó a escucharse a lo largo de toda la Northern Line. Fue sustituida gradualmente por voces robóticas hasta su último reducto, la estación de Enbankment.

La esposa del actor fallecido, Margaret McCollum, se consolaba viajando cada día al trabajo desde esta parada para escuchar la voz de su marido. Durante los últimos cinco años, llegaba incluso unos minutos antes a Enbankment para sentarse en el banco y escucharle más tiempo.

Dentro de su soledad, le hacía feliz que la voz de su marido sobreviviera en aquella estación. Era como si no se hubiera marchado del todo. Si ahora desaparecía, ¿qué quedaría de él?

Margaret rogó al personal de la estación que le consiguieran una copia de la grabación original. Tras mucho buscar en archivos y antiguas cintas, lograron rescatar el corte de tres palabras tan nítidamente pronunciado: «Mind The Gap».

Y no sólo eso, sino que, conmovidos por el amor de su esposa, los empleados finalmente lograron que la voz de Oswald sonara de nuevo.

Si tenéis ocasión de viajar a Londres, sentaos en el andén dirección norte de la Northern Line, en Enbankment, y escucharéis a Oswald, que seis décadas después sigue advirtiendo que tengamos cuidado con el hueco.

55

LLEGAR AL FINAL DEL DÍA

Monage Daydream, acerca de David Bowie, tiene un enfoque mucho más excitante y original que la mayoría de documentales. Es un viaje al alma del artista y a la propia existencia, la suya y la del espectador.

Y lo más bonito es que el hilo conductor, de principio a fin, es la voz del propio Bowie. A través de un hábil puzle con trozos de entrevistas, logra que alguien desaparecido seis años atrás relate con coherencia ese viaje a la creatividad.

Y el Duque Blanco —entre tantos otros personajes que encarnó— comparte tal cantidad de visiones, que toda nuestra troupe coincidió en que hay que volver a ver la película para acabar de asimilarlo todo.

Sentado en la oscuridad del cine esas dos horas y cuarto, me sucedió algo que muchas veces me comenta mi amiga Katinka. A ella le hace muy feliz encontrar en un libro un determinado pensamiento que ella ha tenido previamente. Ese autor lejano, quizás incluso muerto tiempo atrás, se convierte entonces en su amigo. Y se siente menos sola porque alguien, en algún momento y lugar, ha tenido su misma visión. Un cálido hilo invisible les une desde ahora.

Viví eso mismo tres veces a lo largo del documental. Mencionaré una de ellas.

Hay algo raro que me sucede desde hace un par de décadas. Cuando no estoy haciendo algo concreto, con alguien o para alguien, siento que no existo. Como si fuera una cáscara vacía, sólo cuando emprendo una actividad mi vida cobra sentido. Si estoy con un amigo, me lleno de amistad; si estoy escribiendo, adopto la función del escritor; y así con todo.

Si no hay misión o interacción, soy sólo un vacío sin más.

Cuando escuché a Bowie contar que le sucedía exactamente esto, motivo por el que no paraba de hacer cosas —escribir, componer, pintar, actuar…–, me dije: «No estás tan loco como pensabas». ¡Gracias, David!

Entre las muchas perlas que va soltando, una es que, para cualquier ser humano, lo verdaderamente heroico es llegar al final del día. Sobre todo, si has logrado hacer algo que merezca la pena.

Hacia el final del documental, una periodista de la tele le pide que dé un consejo a los espectadores. Con gesto de dandy y su acento británico inconfundible, contesta: «*Simplemente, que aprovechen el día*» –y enseguida precisa–: «*Que aprovechen cada minuto*».

56

LA LUZ DE
LOS CORAZONES ROTOS

Además de visitar cementerios, una costumbre heredada de mi adolescencia gótica, en cada ciudad a la que voy suelo entrar en una librería. Las hay pequeñas y escondidas, como templos reservados al culto de un pequeño grupo de fieles, pero también las hay famosas o incluso legendarias.

Estas últimas tienen más peligro porque, cuando la invasión de curiosos llega a cierto volumen, dejan de ser librerías para convertirse en atracciones turísticas. Lo cual tampoco está mal. Con las dificultades que tienen para sobrevivir la mayoría de las librerías, que alguna se convierta en un circo puede considerarse una buena noticia.

Viví un caso extremo a finales del año pasado en París. No hay viaje allí en el que no haya pasado por Shakespeare & Co a la caza de hallazgos.

La librería es famosa por su historia literaria, pero también por haberse rodado ahí el inicio de *Antes del atardecer*, donde dos antiguos amantes se reencuentran en la firma de libros de uno de ellos, interpretado por Ethan Hawke.

En esta ocasión, el primer intento de entrar en Shakespeare & Co fue en vano, porque había una larga cola de turistas esperando bajo la lluvia. Regresamos a la mañana siguiente nada más abrir. Pudimos meternos, aunque todas las salas estaban llenas de gente que fisgoneaba.

Buscamos el nuevo gato de la librería, al que conocíamos por las redes, pero se había ocultado ante la afluencia de público. Siguiendo el ritual, subí a la primera planta, donde en las escaleras puedes leer, peldaño a peldaño, el siguiente poema de Hazif:

¡Ojalá
pudiera mostrarte,
cuando te sientes
solo o
en la oscuridad,
la asombrosa
luz
de tu propio Ser!

Una vez arriba, toqué un rato el piano ante un pequeño público que hacía ver que ojeaba libros. Al bajar, descubrí en una pared el poema *Path* de Jack Hirschman, que había fallecido hace poco más de un año.

Reproduzco la mayor parte, en su traducción de Frances Simán:

Ve hacia tu corazón roto.
Si piensas que no tienes uno, consíguelo.
Para conseguir uno, sé sincero.
Aprende de la sinceridad de las intenciones dejando
que la vida entre porque eres realmente incapaz
de hacer lo contrario.
Aun cuando intentes escapar, deja que te lleve
y te abra
como una carta enviada
como una sentencia adentro
que has esperado toda tu vida
aunque no hayas cometido nada.
Deja que te eleve.
Deja que te rompa, corazón.
Un corazón roto es el comienzo
de toda acogida real.

Ciertamente es así, pensamos al salir de Shakespeare & Co. ¿Qué sería de las librerías sin los corazones rotos? Y esto no se reduce a los libros. Para entender ciertas películas (de estas que antes llamaban de arte y ensayo), conectar con la música melancólica o penetrar en el misterio de muchas obras de arte, te han de haber roto el corazón una o mil veces.

Sólo así podrás acoger el mensaje. Como cantaba Leonard Cohen, es por la grieta que entra la luz. Porque la luz atrae la luz y, dentro de cada corazón, como decía Hafiz, hay un Sol que nunca se apaga.

57

UN CAFÉ CON ALMA

Tras un viaje de 20 horas para reunirme con Héctor en Okinawa, estuvimos paseando varios días por las calles más bellas y misteriosas de Naha. En unos días nos entrevistarían para la revista *O* de Oprah Winfrey. Mientras tanto, hacíamos planes de futuro.

Puede parecer una paliza cruzar medio mundo para reunirte con un amigo, pero, ¿hay algo que aporte más sentido que eso? Como decía Jay Shetty en una reflexión que me parece brillante:

«Lo que sucede muchas veces es que ignoramos a los que nos apoyan, apoyamos a los que nos ignoran. Amamos a los que nos lastiman y lastimamos a los que nos aman».

En la carta n.º 21 de mi correspondencia con Silvia Adela Kohan, compañera de vida y de talleres de escritura, le contaba lo siguiente:

«Uno de los mayores placeres esta semana que hemos compartido en la otra punta del mundo ha sido escribir juntos en un café con el curioso nombre de *From One to Eight,* es decir, «De una a ocho».

Se encontraba a medio camino entre mi hotel y la casa de sus suegros, donde está viviendo estos meses, y es una cafetería de aspecto anticuado donde acude mucha gente a teclear. No sé si escriben libros, como nosotros, o sólo hacen oficina, pero el ambiente era de *coworking* a la japonesa.

El té que sirven es horrendo (siendo Japón un productor de tés sublimes) pero lo compensa la sonrisa de las chicas que atienden. Al segundo día ya nos conocían y nos trataban con mucho cariño.

Allí nos pasamos dos o tres horas cada mañana. Yo animaba a Héctor a que escribiera, porque eso le sienta bien física y espiritualmente. A veces se paraba y su mirada se extraviaba por algún lugar del techo, pero al ver que yo seguía aporreando el teclado (básicamente, contestaba *mails* atrasados) se volvía a sumergir en la historia.

Tras varias mañanas yendo al *From One to Eight,* mi último día en Naha entramos en un café misterioso. Todo allí dentro parecía detenido en el tiempo, desde el reloj mecánico de pared que iba cantando las horas, hasta la colección de viejos recuerdos y curiosidades que lo llenaban todo.

En una estantería encontramos un libro ilustrado, escrito y pintado a mano por una joven clienta. Era el original, ejemplar único, y contaba una historia preciosa que intentaré resumir.

La mejor mesa del café, que da al ventanal de la calle y es la única que tiene un sofá, está ocupada por una chica que llora. El dueño del local, un hombre con bigote de aspecto antiguo –como todo allí–, se acerca a preguntarle qué le sucede.

La chica le cuenta que ésta había sido la mesa favorita de su amada abuela. Y le explica todo lo que la anciana hacía allí, sola o con sus amigas. En ese libro hecho a mano hay una bella estampa de cada una de esas anécdotas. Pero volvamos a la historia.

El dueño y camarero la escucha con gran atención y amabilidad. Luego va a la barra y a la cocina a continuar con sus quehaceres.

En el libro vemos cómo la chica se queda sola nuevamente en la mesa de la ventana, recordando, con el té en la mano, todo lo que ha significado su abuela para ella.

De repente, el camarero del bigote reaparece con un crep especial con fresas y nata, si no recuerdo mal, y lo deja en la mesa de la chica.

—*Disculpe...* —murmura ella—. *Pero, yo no he pedido esto.*

—*Lo sé* —responde el camarero con una sonrisa amable—, *pero esto era lo que pedía siempre tu abuela. Hoy quiero invitarte a que meriendes lo mismo que ella. Así la sentirás un poco más cerca.*

En la última imagen del libro, dibujado y escrito por su protagonista, se ve a la chica comiendo el crepe con una sonrisa de felicidad y gratitud.

Héctor me había ido traduciendo cada una de las láminas, ya que los textos estaban en japonés, y luego devolvimos aquel libro único a su sitio. El camarero del bigote, que no paraba de trajinar cafés y crepes, para nosotros ya siempre sería un protagonista de esa bella historia.

Este local, que se halla al lado de un río, es para mí la definición de un «café con alma».

58

CONVERSACIONES
TELEFÓNICAS

Sé que a muchos lectores les gusta que cuente vivencias extrañas o directamente frikis. Pues bien, tengo dos de esa especie unidas por el hilo de las conversaciones telefónicas.

Hará un año que me comprometí a presentar el libro de un buen amigo en un pueblo del sur de Cataluña. Se llama *Películas inacabadas* y explica su relación con el arte, la música, el paso del tiempo, los documentales que rodó y los que no ha logrado aún terminar.

Sabedor de que no tengo carnet de conducir, para ahorrarme la hora y media de tren –siendo optimistas–, mi amigo me aconsejó que llamara a su hija. Ella viajaría desde Barcelona a la presentación con su propio coche.

Mientras registraba su teléfono, recordé haberla conocido cuando era una artista plástica emergente. De hecho, como ella misma me recordaría, yo fui quien compró su primera obra: el retrato de un boxeador que aún luce en la pared de nuestra casa.

Desde entonces, me han llegado de vez en cuando noticias de cómo se ha convertido en una artista de gran éxito, pese a su juventud. Ha expuesto en Nueva York, en Tokio y en muchas otras ciudades. Sus pinturas son muy cotizadas y los galeristas pugnan por lograr que acepte encargos.

Una de sus obras colgó ya en el MACBA, el Museo de Arte Contemporáneo de Barcelona.

Algo intimidado tras años sin contacto, hice caso a su padre y me decidí a llamarla mientras hacía recados por la calle. Me saludó con voz dulce al otro lado del teléfono. Se acordaba de mí y estaba encantada de que viajáramos juntos al día siguiente en su coche. Yo le propuse una hora, y ella me dijo que preferiría salir un poco más pronto. Como no tenía la agenda conmigo, le dije que le pondría un wasap al cabo de veinte minutos, cuando estuviera en casa.

Aquí empieza la parte inquietante de la historia.

Tras liberarme de un compromiso para poder salir temprano, como ella deseaba, le escribí que estaba disponible. Sólo tenía que decirme dónde quería que yo estuviera y a qué hora. Su respuesta fue:

Quedemos en Irlanda, si puede ser.

Sobre las 8:30 de la mañana.

No recordaba que fuera una chica bromista, así que deduje que aquello tenía que ser parte de otra conversación –tal vez con un galerista– que se había cruzado con la nuestra.

En mi tono más cauto, le pregunté: «*¿Es para mí este mensaje?*». Y su respuesta fue:

Perdona, es que tengo diarrea.

Quiero joderte.

En este punto, decido abandonar la comunicación mientras pienso qué hacer. Me digo que a la artista revelación se le han subido los humos, y ahora se cree con derecho a decir cualquier cosa y tratar a los demás de cualquier manera. Indignado, grabo un mensaje de voz a su padre, en el que le digo algo así:

«*No sé si tu hija va drogada o le ha pasado el teléfono a algún colega para que se burle de mí, pero paso de ir en coche con ella. Cogeré el tren. Ya te informaré de la hora de mi llegada*».

Dos minutos después, mi amigo me escribe muy preocupado. Dice que su hija me llamará en breve.

Efectivamente, poco después suena el móvil y me llega la misma voz amable y suave con la que había hablado por la calle. Me pregunta qué sucede y a qué hora quiero salir mañana.

Tras explicarle lo de los mensajes, primero se queda en silencio. Luego se ríe y me dice:

«*Ya sé lo que ha pasado… He cambiado de número de teléfono, desde la última vez que nos comunicamos para venderte aquella lámina. Mi viejo número se lo habrán dado a otra persona, y es esa persona quien te ha contestado*».

Misterio resuelto. O al menos uno de ellos, porque me parece incomprensible que alguien suelte mensajes como esos a un desconocido que se ha equivocado de número. Sin embargo, al pensar en el asunto, recordé que no era la primera vez que vivía un caso así.

La madre de mi hijo trabajaba en una empresa cuando, debido a una visita médica, tuvo que avisar a su jefe por SMS (era esa época, sí) de que al día siguiente acudiría a la oficina dos horas más tarde. La respuesta del directivo la dejó helada:

Está usted despedida.

Ella le volvió a escribir para explicarle que no había podido elegir otro horario para la visita médica, pero que intentaría salir lo más pronto posible para ir al trabajo. Esto encendió aún más a su jefe:

¿Es que no sabe leer?

¡Está usted despedida!

¡DESPEDIDA!

Nunca hasta entonces se había discutido con su jefe, así que intentó calmarle con un par de mensajes más, pero las respuestas fueron igual de hostiles.

A la mañana siguiente fue a la empresa a firmar el finiquito y se encontró a su jefe sonriente y de excelente humor. Le pidió hablar a solas en su despacho y el hombre dijo que no había inconveniente.

Cuando le preguntó por qué la había despedido, él no entendía de qué le hablaba. Tras mostrarle los mensajes, se aclaró el caso: uno de los números era erróneo, así que los SMS los había recibido y contestado un desconocido.

Vivimos en un mundo más misterioso de lo que creemos.

59

EL MEGXPERIMENTO

Con mi amigo Ferran Ramon-Cortés hablamos a menudo del contagio emocional, uno de los temas sobre los que ha escrito.

Es fácil de entender. Al igual que se nos pega una gripe si estamos al lado de alguien con el virus, los estados de ánimo también se transmiten de unas personas a otras. Por esto, cuando pasamos demasiado tiempo con alguien negativo acaban apareciendo nubarrones en nuestro espacio mental y nos volvemos apáticos, irritables o incluso pesimistas.

Sin embargo, el contagio no se limita a los contactos interpersonales, como explicaré más adelante.

Cuando me pregunto cuál ha sido el estado de ánimo dominante en mi vida, me doy cuenta de que la melancolía o una suave tristeza ha estado presente en muchas etapas.

Dicho esto, es interesante ver cuál ha sido el alimento que he dado a mi mente por lo que respecta a la cultura. La música de mi adolescencia era sobre todo de aire gótico, composiciones en tono menor sobre la noche, el vacío existencial y la muerte. Mi especialidad en Filología Germánica, en especial cuando estudiaba en Alemania, era Kafka.

En la actualidad, la mayoría de películas «de autor» que veo son europeas, algunas nórdicas, y no precisamente optimistas. En cuanto a las lecturas, últimamente he estado leyendo la obra de autores franceses como Emmanuel Carrère, Delphine de Vigan y Michel Houellebecq, que no son la alegría de la huerta.

Echando la mirada atrás, si la mayoría de lecturas de mi vida están protagonizadas por seres nihilistas o crepusculares, si sigo escuchando música en tono menor y la filmografía que visito no cuenta historias felices, tampoco es raro que mi estado de ánimo haya sido muchas veces melancólico y los sueños a menudo oscuros.

¿Existe también el contagio cultural?

Decidido a dilucidar esta cuestión, me propuse someterme a un experimento friki.

Después de que mi compañera me hiciera ver *Love Actually* y *Notting Hill,* algo a lo que siempre me había resistido, mi pregunta fue: ¿qué pasaría si viera comedias románticas tres noches más?

Es un género que jamás había querido visionar, quizás porque mi formación académica se basa en referentes alejados de esto. Incluso como autor de desarrollo personal, la documentación que necesito leer trata de la depresión, la ansiedad y otros naufragios emocionales.

Manos a la obra, la siguiente noche del experimento tocó *Cuando Harry encontró a Sally,* que no había visto todavía, como el resto de las que mencionaré. El guion de Nora Ephron me pareció genial, así como las actuaciones, en especial la capacidad de Meg Ryan para la comedia.

Siguiendo con otras películas de esta actriz con guión y/o dirección de Nora Ephron, luego vino *Algo para recordar (Sleepless in Seattle)* y *Tienes un e-mail*. Me gustaron bastante menos que la historia de Harry y Sally, pero sirvieron para completar lo que llamo el *Megxperimento,* ya que Meg Ryan y sus enamorados se me aparecieron en sueños aquellas noches.

Aparte de ese efecto secundario, reconozco que descansé más plácidamente que nunca. No tuve una sola pesadilla y mi estado de ánimo esos días era especialmente ligero y optimista.

Aquí terminó el experimento que os relato y que me lleva a plantearme varias preguntas: ¿Por qué la inmensa mayoría de obras literarias narran historias tristes o angustiosas? ¿Por qué, en la música clásica, domina la tonalidad menor y la melancolía? ¿Por qué hay muchas más películas violentas que comedias?

Si vamos más atrás de las películas que he mencionado, en 1960 Billy Wilder fue capaz de denunciar los abusos del poder en las empresas a través de la inteligente y divertida *El apartamento.* ¿Por qué ya nadie hace películas así? ¿Y por qué es tan raro encontrar una novela como *El diario de Bridget Jones?*

En psicología hablamos del sesgo negativo para explicar por qué el ser humano presta mucha más atención a lo negativo que a lo positivo, ya que originalmente esas informaciones eran vitales para nuestra supervivencia. Sin embargo, la inmensa mayoría de gente no se ve atacada por un oso, ni tiene un asesino en serie pisándoles los talones.

¿Por qué, entonces, seguimos eligiendo estos contenidos, que nos roban la calma y nos dibujan un horizonte siniestro, en lugar de optar por el buen rollo?

Una razón es que hay muy pocas películas y libros con ese tono (me siento orgulloso de que mi novela *Coworking* sea una de esas excepciones). La otra es que no nos damos cuenta de hasta qué punto lo que consumimos intelectualmente (y a eso podemos añadir las noticias) condiciona nuestro estado de ánimo y nuestra visión de la vida.

Ser consciente del contagio cultural, además del emocional, nos permitirá cuidarnos mejor y elegir de qué manera queremos sentirnos, pensar y, en suma, vivir.

60

BAJAR LA MONTAÑA JUNTOS

Hay una imagen del psicólogo Joan Garriga que me sirve para explicar muchas cosas. La vida es como una montaña. En nuestra primera mitad, ascendemos y acumulamos cosas, relaciones, éxitos… hasta llegar a la cima y gritar al mundo: «¡Estoy aquí y esto es lo que he logrado!».

A partir de este punto, el camino es de bajada. En la segunda mitad de la vida, ya no se trata de ganar, sino de soltar, de desprenderte del máximo de cargas para caminar ligero.

En su libro *From Strength to Strength,* Arthur C. Brooks añade una importante apreciación para estas dos fases de la vida, como me comentaba un buen amigo: la primera parte de la vida es para brillar; la segunda, para alumbrar a otros.

Sea como sea, los alpinistas expertos saben que es mucho más peligroso bajar una montaña que subirla. Es común medir mal las propias fuerzas en la segunda mitad y despeñarse en el intento.

Aplicado a la vida, muchas personas viven la bajada de la montaña como un infierno que puede tomar numerosas formas (apatía, frustración, adicciones…). Éste es un tema de fondo de *Las ocho montañas,* una bella película que he visto un par de veces.

Si bien es posible ascender solo o con ayudas puntuales, durante la bajada es importante saber quiénes son tus compañeros de cuerda, ya que te sostendrán cuando estés al borde del precipicio.

La película narra la amistad a lo largo de la vida entre Pietro, un chico de ciudad, y Bruno, que está enamorado de las cimas de las que no quiere bajar.

Dejando de lado ahora las metáforas, reconozco que soy un pésimo montañero. Así como en plano puedo andar durante horas, odio caminar cuesta arriba. Tal vez por eso, el ritual de despedida de un amigo inglés con quien compartí aventuras en Barcelona empezó en lo alto del Tibidabo, la montaña que custodia nuestra ciudad.

Giles y Florence eran mis vecinos en el barrio de Gràcia, aunque nuestra relación era casi de hermanos. Nos veíamos todas las semanas, viajábamos juntos, charlábamos de libros, de proyectos de vida. Primero fue ella quien dejó la ciudad y luego su pareja.

Yo quería hacer una despedida memorable a este *gentleman* y amigo, así que le reté a una partida de billar con la siguiente apuesta: el perdedor suministraría bebidas y comidas, el próximo día, durante todo el camino a pie desde el punto más alto de Barcelona hasta el mar.

Tras perder yo la partida, a la mañana siguiente llené una mochila de cervezas y aguas, y preparé bocadillos diversos. Me la cargué a la espalda y tomé metro, tranvía y funicular hasta la cima del Tibidabo, a 512 metros sobre el mar. La bajada sería a pie y sin prisas para cruzar la ciudad que, tras muchos años, mi amigo estaba a punto de dejar.

Nos encontramos en la iglesia que corona la montaña, desde donde los días claros se dice que puede verse Mallorca (reconozco que yo nunca lo he visto). Ahí charlamos un buen rato con Barcelona a nuestros pies y el mar que marcaría el fin de nuestro camino.

Ya en marcha, abandonamos el parque de atracciones que ocupa la cima para empezar a bajar por sinuosos caminos a través de los bosques de Collserola. Yo le iba proveyendo de cerveza cada vez menos fresca y de bocadillos recalentados, mientras buscábamos llegar a la ciudad sin mapa ni GPS de ningún tipo.

Tras una parada técnica en el Observatorio, seguimos caracoleando montaña abajo hasta lograr salir de las pinedas, cerca del Museo de la Ciencia. Desde allí proseguimos el trekking en territorio urbano, por la elegante Avenida Tibidabo, flanqueada por mansiones ocupadas por consulados y agencias de publicidad.

Esta muere en la plaza Kennedy, donde abordamos la calle Balmes hasta el centro de Barcelona. A ese trecho dedicamos una hora más que pasó volando. Desde allí bajamos por las Ramblas entre hordas de turistas, rodeamos el puerto y llegamos por fin a la playa de la Barceloneta.

Sudados y felices, nos desnudamos y corrimos al agua, dejando la mochila ya vacía en la arena. Mientras flotábamos en el mar, echamos una mirada a la iglesia del Tibidabo, donde había empezado la andadura. Nos pareció increíblemente lejana.

Tras asistir a su boda, pasaron más de quince años sin que volviera a ver a Giles. Hasta que el año pasado, con motivo del Primavera Sound, recaló en Barcelona y pudimos reencontrarnos un par de días. Y, tal como les sucede a Pietro y Bruno en la película, desde el primer momento fue como si todo ese tiempo nunca hubiera pasado.

Con más kilos (yo) y más canas (él), sentí que éramos los mismos que bajaban por la montaña charlando sin cesar, entre cervezas y bocadillos. En lo esencial, nada había cambiado.

Fuimos a varios conciertos y le organicé una fiesta en mi casa donde estaban mis amigos del instituto (felizmente reencontrados) y amistades de nuestra época en Gràcia. Todo el mundo estaba radiante y parecía rejuvenecer por momentos.

Tal vez este sea el secreto de la eterna juventud: recuperar los viejos amigos para seguir bajando la montaña. Hasta la muerte y más allá.

61

ESA INCREÍBLE CITA
CONMIGO MISMO

El año pasado viajé a Londres para celebrar el cumpleaños de un viejo amigo. Su pasión son los restaurantes, y había elegido su favorito en el mundo para la cena de sus 52 años.

Como vivimos en continentes distintos y a veces pasan años sin que nos veamos, le prometí que volaría para reunirme con él esa noche en The Jugged Hare. Al saber que era un restaurante especializado en caza, con cabezas de animales en las paredes, me entraron todos los males, pero, aun así, tomé un avión para acudir a la cita.

Por la mañana recibí instrucciones muy precisas por su parte acerca de lo importante que era llegar puntualmente a las 21:00 en The Jugged Hare, cerca del Centro Barbican, para no perder la mesa. Yo le dije que no se preocupara, que si mi avión se retrasaba, como sucedió, iría directo al restaurante.

Finalmente llegué a las 19:30 a un hotel eduardiano donde, tras tomar el ascensor al segundo piso, había que abrir hasta 11 puertas distintas en un laberinto de pasillos para llegar a mi pequeña habitación (a precio de oro).

Tras avisar por WhatsApp a mi amigo, que se alojaba allí mismo, de que a las 20:15 estaría en el hall para ir juntos al restaurante, hice un poco de oficina (contesté una decena de los mil *e-mails* que debo de tener en cola). Luego me puse una camisa para ir al mejor restaurante del mundo, según el cumpleañero.

No le encontré en el hall del hotel ni me había contestado al wasap, así que supuse que, ansioso, se habría puesto ya en camino hacia The Jugged Hare. Tal vez no tuviera una SIM británica, me dije, y no podría comunicarse conmigo por el camino. Nos veríamos allí, por lo tanto.

Eran ya las 20:25 y calculé que, si iba en metro, corría el peligro de llegar tarde. El lugar se encontraba muy lejos de nuestro hotel, así que me subí a un taxi y pagué unas cincuenta libras para cruzar la ciudad en unos 35 minutos.

A la hora en punto, entraba en el restaurante, que se halla en un edificio moderno de la zona del Barbican. Yo había imaginado una vieja posada inglesa, con chimenea y cuadros antiguos, pero nada más lejos de la realidad. Sí que colgaba algún animal muerto del techo, pero el local era diáfano con una cocina a la vista.

Di el nombre de mi amigo a una camarera con acento griego y ella me anunció que era el primero en llegar. Luego me condujo hasta una pequeña mesa arrimada a una pared.

—*No creo que él quepa aquí* –le dije–. *Es un hombre corpulento que necesita más espacio.*

A regañadientes, me llevó hasta la única mesa de cuatro que quedaba en el restaurante, justo en medio del local. A mi alrededor, varios grupos se apiñaban estrechamente alrededor de sus mesas.

A las 21:05 me dije que mi amigo había faltado a su recomendación de ser puntual. A las 21:10 le escribí «*Oye, que ya estoy aquí. ¿Tardarás mucho?*». A las 21:15 no había aparecido ni había mandado mensaje alguno. Su WhatsApp no daba signos de actividad.

A las 21:20 la camarera con acento griego se acerca a mí y tenemos esta conversación:

—*¿Dónde está tu amigo?*

—*No lo sé...* –respondo preocupado–. *Me temo que le haya pasado algo. Llevaba meses hablando de esta cena y es un hombre muy puntual.*

—*Pues si quieres cenar algo, te recomiendo que pidas ya. En diez minutos cierra la cocina y no podremos servirte.*

Apurado, miro la carta de vinos y la de comida, evitando los platos de caza. A las 21:25 pido una copa de espumoso inglés –gracias al cambio climático, ahora hacen vino–, una tostada con cangrejo marrón y un pollo con arroz salvaje.

A las 21:30 mi amigo sigue sin dar señales de vida. El camarero indio encargado de mí me trata con especial cariño y me pregunta varias veces si me gusta cada cosa que me está sirviendo. Creo que se compadece de mi situación, al igual que los clientes que me observan de reojo desde las otras mesas.

El tonto de la gran mesa al que han dejado plantado.

A las 21:45 devoro el primer plato y, tras beber con mucho placer el espumoso inglés, me pido una *cask ale,* una cerveza elaborada de manera natural que me encanta. Luego llega el pollo, que resulta ser una delicia.

Tomo conciencia de que lo estoy pasando de maravilla. Por mi trabajo estoy casi siempre reunido con gente, así que descubro el extraño placer de cenar solo sin tener que dar conversación a nadie. Presto mucha más atención a cada sabor, mientras escucho con curiosidad lo que habla la gente a mi alrededor.

A las 22:15 sigue sin aparecer el cumpleañero, que tampoco manda mensaje alguno. El camarero indio me ofrece, con una gran sonrisa, una carta de postres y otra de licores. Pido un Suntory Toki, un *whisky* muy apreciado en Japón. Feliz como la perdiz que no he pedido, abro en mi Kindle un libro de Murakami y leo y bebo como si no hubiera mañana.

En mi fiesta para uno, sin embargo, cada vez estoy más preocupado por mi amigo. No es alguien que te deje en la estacada, así que lo único que se me ocurre es que haya tenido un accidente. Tal vez lo han ingresado en el hospital a causa de un infarto. O quizás ha muerto. Eso explicaría que su estado de WhatsApp siga sin actividad.

Tras pagar 100 libras por el festín, salgo del restaurante y le expreso a la camarera mi preocupación.

—*Oh... espero de todo corazón que no sea eso.*

Con la mente nublada por la mezcla de alcoholes, subo a otro taxi y cruzo la ciudad de vuelta sin parar de pensar en mi amigo. Le he llamado a sus dos teléfonos, pero me salta el contestador. Pienso en telefonear a su hermana para decirle que puede haber sucedido una desgracia, pero es tarde y no quiero asustarla. Decido que la llamaré por la mañana.

Después de atravesar el laberinto de pasillos y puertas para llegar a mi habitación, ya estoy entrando cuando suena el teléfono. Aliviado, escucho la voz de mi amigo, que dice apurado:

—*¡Me he quedado dormido! Ayer pasé toda la noche volando y esta tarde me he tumbado con la idea de dormir una siesta de media hora... pero he abierto los ojos a las diez y media. Estoy yendo en Uber a The Jugged Hare.*

—*Ya puedes dar media vuelta* –le digo–. *Está cerrado.*

Luego me acuesto con una extraña felicidad. Esta insólita cita conmigo mismo ha sido una de las mejores veladas de mi vida. Como decía Gustavo Adolfo Bécquer, la soledad es muy hermosa cuando se tiene alguien a quien contársela.

¡Gracias por escucharme!

P. D. El título de este texto lo he robado a Xenia Vives, que contaba una velada solitaria –buscada, en su caso– en *Tener suerte en la vida depende de ti.*

62

LA VIDA EN TRES PALABRAS

Tras terminar la última novela de Murakami —antes de que hubiera publicado *La ciudad de los muros inciertos*—, el pasado mes de agosto me dediqué a las novelas de John Green que aún no había leído.

Todo el mundo lo conoce por *Bajo la misma estrella,* pero a mí me gustó más su primera novela, *Buscando a Alaska.*

Su protagonista es un chico que memoriza las últimas palabras de grandes personajes y que va en busca de su «Gran Quizás», cualquier cosa que eso signifique. Cuando se traslada a estudiar a Alabama, allí conocerá a Alaska, una chica tan fascinante como autodestructiva.

Como sucede con Murakami o Auster, con quienes tienes la impresión de estar siempre en el mismo libro, el que estoy leyendo ahora de John Green, *Ciudades de papel,* tiene también una protagonista loca e irresistible. Tras desaparecer, su amigo y enamorado la busca a través de las pistas que ella le ha ido dejando.

De las novelas de John Green me gusta la agilidad de sus capítulos breves y la crisis existencial que viven sus personajes. ¿Quién no ha sentido, en su adolescencia, que andaba perdido en un laberinto mientras buscaba su Gran Quizás? También en la edad adulta, muchas veces sentimos que los caminos se borran o que nuestra vida va directamente cuesta abajo.

La crisis existencial es muy dolorosa porque se toma la parte por el todo. Cuando estás en la miseria crees que nunca saldrás de ella, al igual que cuando la vida nos sonríe pensamos que ese resplandor ha llegado para quedarse.

Tomar distancia y ver el cuadro completo, como la ilustración de la página que sigue, ayuda a relativizar lo malo y lo bueno. Cada subida o bajada son sólo un capítulo del libro completo y, como en las novelas más emocionantes, nadie sabe qué pasará a continuación. Ahí reside la magia de vivir.

El protagonista de *Buscando a Alaska* recoge las últimas palabras de los grandes literatos para tratar de comprender la existencia, y yo termino este artículo agregando una reflexión crepuscular del poeta Robert Frost:

«En tres palabras puedo resumir todo lo que he aprendido de la vida: La vida continúa».

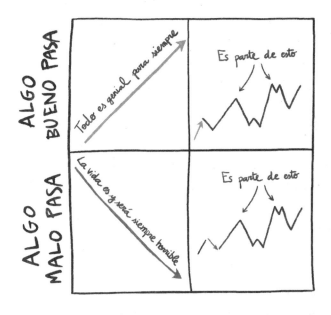

63

LOS CINTURONES DE UNA META

Quiero hablar de la magia de pensar a medio plazo.

Vivimos en la cultura de lo instantáneo, que en un artículo de 2010 denominé Generación Nespresso, pues existe la ilusión de que todo se consigue con un «clic»: un café, una amistad en las redes, una compra, un amor fugaz en Tinder.

Con ello, algunas personas cultivan la ilusión de que se puede conseguir cualquier cosa sin esfuerzo. Sin embargo, aquello realmente importante sólo lo alcanza quien se enfoca a medio y largo plazo.

Para aprender bien un idioma nuevo se necesitan miles de horas de estudio y práctica, al igual que para dominar un instrumento musical o completar una carrera universitaria que te abra otras puertas. La regla de las 10.000 horas de Maxwell, para ser excelente en algo, es un peaje que pocos aceptan pagar. Pero eso es lo que diferencia a los maestros de los eternos principiantes.

Reconozco que es difícil no desanimarse cuando un objetivo se encuentra a 4 o 5 años vista de trabajo constante. Yo mismo tengo actualmente una de estas metas, y he ideado un método algo «friki» para motivarme. Y digo friki, porque me he inspirado en las artes marciales.

Cuando practicaba Taekwondo, en mi adolescencia, los cinturones cambiaban de color muy lentamente. Llevé el blanco quizás siete u ocho meses, hasta que pasé examen y recibí el amarillo. El naranja lo obtuve un año más tarde, y algo parecido tardé en conseguir el verde. Ahí terminó mi carrera en las artes marciales, pues era un auténtico patán.

Ningún aprendiz de Judo, Kárate o Taekwondo piensa que llegará a negro de hoy para mañana. Si ése es tu fin, sabes que vas a tener que trabajar duro media década a base de interminables horas en el *dojo*, donde correrás, practicarás infinitas flexiones, golpes y patadas, aprenderás nuevas katas, y entrarás en combate con luchadores mejores que tú que te zurrarán de lo lindo. No hay atajos en ese camino.

En este proceso, el cambio de color del cinturón se contempla con paciencia, trabajo duro y esperanza.

Para motivarme en mi objetivo a 5 años vista, he decidido aplicar el sistema de los cinturones marciales a mis progresos:

- Hasta que no alcance el 10 % de mi meta (que es cuantificable), sería cinturón blanco.
- A partir de eso hasta el 20 %, cinturón amarillo. Aquí es donde estoy ahora.
- Hasta el 40 % del objetivo, cinturón naranja.
- Al rebasar este logro y hasta el 60 %, verde.
- Azul hasta el 80 %.
- Marrón a partir de este punto, hasta alcanzar el 100 % de lo que quiero lograr.

Sólo entonces seré cinturón negro en lo que me he propuesto.

En el archivo donde consigno los avances en mi misión, voy actualizando cualquier cambio en el porcentaje, marcado con flúor el color de mi cinturón. Como he dicho, ahora mismo ostento el amarillo.

Mi objetivo es llegar a negro antes de los sesenta. Para ello, como decía Bruce Lee, no bastará con saber lo que debo hacer; tendré que llevarlo a la práctica cada día. Sólo así se convierte uno en un artista de la vida.

¿Cuál es tu objetivo a 4-5 años vista? ¿En qué quieres convertirte? ¿Estás dispuesto a practicar diariamente y a luchar contra la pereza y la procrastinación? Si tu respuesta es afirmativa, ¡felicidades! Ya estás en el camino, pequeño dragón.

64

MI GUERRA
CONTRA UNA MOSCA

Esta anécdota mínima, pero con muchas resonancias, sucedió en Atacama, donde estaba acompañando a mi pareja en un congreso de terapeutas.

Mientras los participantes se provocaban temblores neurogénicos (son facilitadores de la técnica TRE) para descargar las tensiones y traumas acumulados, yo me estresaba intentando ponerme al día de mis tareas en nuestra casita en medio de un desierto a más de 3150 metros de altura.

El motivo de mi tensión era un moscardón de tamaño King Size que no paraba de zumbar en el espacio que me servía como oficina de escritor. Siempre que pasaba cerca de mí, yo le abría el ventanal para que saliera de una puñetera vez, pero el gordo bicho rechazaba la propuesta, dando media vuelta para enseguida regresar en vuelos rasantes alrededor de mi cabeza.

Algunos seres parece que sólo han venido al mundo a molestar.

Harto de este insecto incordioso, abrí todas las ventanas y la puerta con la esperanza de que se largara. Ninguna de las salidas parecía interesar al moscardón, así que decidí ayudarle a marcharse persiguiendo al bicharraco con una toalla como látigo.

Este hábil volador esquivaba todos mis golpes de toalla –mi intención era echarlo, no matarlo– y seguía evolucionando por el cuarto, obviando todas las aperturas para irse a otro lugar.

Cuando llevaba demasiado tiempo perdido ridículamente, me di por vencido y volví al escritorio. El moscardón estaba ahora encima de una viga, desde donde entendí que me contemplaba con la sorna del vencedor.

Cerré la puerta y las ventanas para que no entraran más bichos. Luego me sumergí de nuevo en mi tarea, convencido de que hay guerras que no vale la pena librar –¿Quién dijo aquello de «elige tus batallas»?–. De hecho, la inmensa mayoría de conflictos en los que nos metemos no merecen un ápice de nuestro tiempo y energías.

Prueba de ello es la resolución de esta microhistoria. Cuando llevaba un largo rato escribiendo, me di cuenta de que no había oído más ese zumbido, ni había vuelto a revolotear a mi alrededor ese ser absurdo y cansino.

¿A qué se debía el milagro?

Al levantarme para estirar las piernas descubrí lo sucedido. Justo cuando yo había dejado de perseguirle, el moscardón se posó sobre aquella viga donde –ahora podía verlo– una araña tenía su red. El enemigo de la escritura estaba ahora embalsamado en la trampa de un bicho más paciente y poderoso que él.

La minúscula lección estaba clara: no pierdas el tiempo con problemas o enemigos pequeños. Deja que se ocupen de ellos seres de su propia dimensión. Los chinos, que son muy pragmáticos, lo expresan así en un proverbio clásico: *«Siéntate pacientemente junto al río y verás pasar el cadáver de tu enemigo flotando».*

¿Cuáles son las «moscas» de tu vida? ¿Por qué no dejas de batallar contra ellas para ocuparte de lo importante?

65

LA ATENCIÓN

Hay una novela de Alberto Moravia cuyo protagonista vive una existencia distraída y fantasmal hasta que decide prestar atención. Entonces se da cuenta, horrorizado, de lo que sucede en su vida. No haré spoilers. Quien quiera saber qué pasa puede leer la novela, que se llama justamente *La atención*.

Estando en París los últimos días, gracias a mi hijo tuve un ejemplo perfecto del poder negativo del foco para hacer invisible todo lo que está fuera de él. Se trata de algo que hacen todos los ilusionistas para que nadie repare en sus trucos.

Era la primera vez que le traíamos a la capital francesa, con lo que había visitas casi obligadas para un adolescente de trece años interesado por el arte. Una de ellas es el Louvre. Costó Dios y ayudas conseguir una entrada para el domingo por la mañana, ya que la ciudad está a reventar de turistas.

Finalmente, pudimos entrar gracias a un *tour* privado con una guía que explicaba una breve selección de piezas. La última que vimos, antes de tener que correr al aeropuerto, fue la Gioconda, como no. Y aquí es cuando mi hijo, que tiene fuentes de información muy distintas a las mías, nos contó una historia asombrosa sucedida en la galería 711, que alberga la pintura más célebre del mundo.

He podido verificar la historia viendo en YouTube el video pertinente del personaje en cuestión.

Todo empieza con el desafío aparentemente imposible que se pone hace dos años un *youtuber* llamado Niko Omilana: colgar en la sala donde se exhibe la Gioconda un cuadro grotesco traído por él, con su marco dorado, y que pase desapercibido, como parte de la colección.

Para ello debería superar tres pruebas:

1. Pintar un retrato con el careto del propio *youtuber* emulando a la Mona Lisa, y enmarcarlo como los cuadros que cuelgan en esta sala. Esto era lo más fácil de la misión que se fijó este chaval; la obra la hizo una suscriptora de su canal.

2. Introducir la pintura en el Louvre, teniendo en cuenta que cada visitante es escaneado al entrar. La táctica de Niko fue llevar el cuadro intruso sin ocultar, en una bolsa de papel, como un *souvenir* cualquiera comprado en una tienda de Montmartre. Prueba superada. Ya está dentro del Louvre con su obra enmarcada.

3. Aquí viene el reto que parece imposible. Se trata de colgar en la sala de arte más vigilada del mundo el engendro que ha llevado desde su país. El *youtuber* tiene una hipótesis que resultará dolorosamente cierta: es tal la obsesión de proteger la Mona Lisa por parte de los vigilantes, que no verán nada de lo que está sucediendo en el resto de paredes. Su foco está en un único punto, y lo mismo sucede con los cientos de visitantes que luchan por acercarse a la obra de Leonardo.

El resultado es que el *youtuber* no sólo logra colgar el cuadro en un trozo de pared libre, al lado de otras reliquias de valor incalculable, sino que el engendro permanece allí casi dos horas sin que nadie se percate.

Para colmo, el perpetrador de esta broma va azuzando a los visitantes e incluso a los guardias, a los que pregunta cosas como: «¿Quién es el autor de esta pintura? No veo el panel con la información». No obstante, sólo obtiene respuestas vagas mientras se encogen de hombros. Siguen sin verlo.

No es hasta que el museo cierra y él sigue allí incordiando que un grupo de empleados del Louvre se reúne alrededor de la pieza, que canta como una almeja. Sólo entonces se llevan al intruso y su cuadro.

Más allá de la gamberrada, esta experiencia demuestra cómo, cuando nos enfrentamos a un problema, obsesionarse con un solo foco puede excluir cosas muy importantes que están pasando en otros lugares. En creatividad se llama pensamiento lateral, y el filósofo Ludwig Wittgenstein lo explicaba a través del ejemplo de la habitación cerrada:

Un hombre puede hallarse prisionero en una habitación con una puerta que no está cerrada, sino que se abre hacia dentro; y no saldrá de ella hasta que no se le ocurra tirar de ella en lugar de empujarla.

66

RITUALES FRIKIS

Con Hector García tenemos un seudónimo, Nobuo Suzuki, con el que hacemos libros más raros o de nicho. El tercero de ellos se titula *Maneki Neko: el libro japonés de la buena suerte*.

La pregunta a la que responde a través de medio centenar de capítulos es: ¿De qué manera creen los japoneses que se puede incidir en la fortuna? La curiosa historia sucedida en Osaka, de la cual compartiré un fragmento, es un ejemplo.

«En 1985, los Hanshin Tigers, equipo de béisbol de Kansai, quedaron primeros en la Liga Central. Para celebrarlo, los fans se aglomeraron en el canal de Dōtonbori, en Osaka, y los que se parecían a alguno de los jugadores del equipo fueron saltando al río.

Consiguieron parecidos razonables con los jugadores y se fueron tirando al río, pero no encontraron a nadie que se pareciera a Randy Bass, un bateador barbudo estadounidense de los Hanshin Tigers. Embriagados por la euforia, llegaron a la conclusión lógica de que una estatua del Coronel Sanders, el fundador de la cadena de restaurantes KFC, también barbudo como Bass, sería el candidato perfecto.

Los fans robaron la estatua del Coronel Sanders de un restaurante KFC cercano y la lanzaron al río.

Según la superstición, este acto de vandalismo hizo que una maldición cayera sobre los Hanshin Tigers. Durante los siguientes años siempre perdían los campeonatos y se comenzó a extender la leyenda urbana de que: «hasta que no sacaran la estatua del Coronel Sanders del fondo del río, los Hanshin Tigers no podrían ser campeones otra vez.

A finales de los años ochenta, un grupo buzos intentó encontrarla, pero no tuvieron éxito. Durante los años noventa, el equipo de béisbol siguió sin conseguir la victoria.

En el 2009, durante la construcción de una pasarela sobre el río, los trabajadores municipales de Osaka encontraron por casualidad los restos de la estatua.

Después de 24 años hundida en el río, había perdido el color, pero aun así la limpiaron y la purificaron en un santuario sintoísta para eliminar la supuesta maldición. Luego fue devuelta y expuesta en la entrada de un restaurante KFC cercano al estadio de los Hanshin Tigers».

Quien quiera saber cómo continúa la historia, puede leer el libro, pero, dado que he compartido parte de la historia friki del Coronel Sanders, me permito dar mi opinión al respecto.

¿Puede una estatua arrojada a un río hacer perder a un equipo ganador? Por supuesto. Y no es una cuestión de magia, sino de creencias.

La mente trabaja con símbolos e historias. Desde el momento en que alguien dijo que la tremenda gamberrada de los fans «traería mala suerte» al equipo, esa creencia fue calando entre los aficionados y acabó llegando también a los jugadores.

Así, la estatua del coronel bajo el agua empezó a pesar como una losa en la conciencia de los jugadores y de la afición. Cuando algo salía mal, la culpa ya no era de los deportistas ni de la afición, que tal vez no animaba suficiente, sino de la maldición del Coronel Sanders.

Con eso quedaba todo explicado.

Por eso «la suerte» no pudo cambiar hasta que la estatua fue rescatada y, con este acto simbólico, se activó de nuevo el permiso para ganar.

Esta anécdota estrafalaria tiene su correspondencia en muchas de las creencias que rigen nuestra vida cotidiana.

Quien mentalmente se convence de poder conseguir algo, encuentra siempre un camino para ello y, además, su confianza hace que no deje de insistir hasta lograr aquello que cree merecer.

En el extremo opuesto, quien cree estar negado para algo, multiplica de forma inconsciente las dificultades y desiste a las primeras de cambio. Dicho de otro modo: la persona se programa para el fracaso y busca, sin darse cuenta, cualquier ocasión para confirmar su hipótesis.

Todos tenemos alguna estatua que otra hundida en el río de las creencias inconscientes. Y podemos cambiar nuestra fortuna si logramos sacarla de ahí. ¿Cuál es el Coronel Sanders de tu vida?

67

LA FORTUNA NO ES CUESTIÓN DE SUERTE

Continuando con el tema anterior, Héctor me hablaba de un libro publicado hace un par de décadas por James H. Austin. En *Chase, Chance and Creativity*, que podría traducirse como «Captura, suerte y creatividad», este neurólogo y estudioso del zen afirma que en la vida podemos encontrar cuatro clases de suerte:

1. SUERTE CIEGA. Es la única que no está bajo nuestro control, porque es 100% accidental. Algunos ejemplos de este tipo de fortuna: nacer o no en una familia rica, sufrir o no un cierto tipo de enfermedades congénitas, que te toque la lotería, que haga buen o mal tiempo durante un viaje, etcétera.
2. SUERTE POR PERSEVERANCIA Y MOVIMIENTO. Es la suerte que sonríe a quienes «pican piedra» y no paran de moverse. Woody Allen decía sobre eso que «el 80% del éxito es estar ahí». La fortuna no vendrá a buscarte al sofá de casa. Si eres constante y tienes mentalidad de explorador, tus posibilidades se multiplican. De esto va el tercer tipo de suerte.
3. SUERTE A TRAVÉS DE LA CAZA DE OPORTUNIDADES. Al igual que un don esencial de un escritor es «saber mirar», hay personas que detectan un tesoro allí donde otras no ven absolutamente nada. Sacan petróleo incluso de los «accidentes felices», como el empleado de 3M que encontró un uso inesperado a una partida de pegamento defectuoso, que empezó a usar para fijar papelitos de quita y pon en su Biblia. Su compañía se forró gracias a eso.
4. SUERTE POR INVITACIÓN. Es la fortuna que llama a nuestra puerta cuando alguien nos abre la puerta a una oportunidad única. Visto desde fuera, puede parecer un golpe de suerte, y

muchos se preguntan con rabia: «¿Por qué él/ella y yo no?». En realidad, hay mucho trabajo previo a recibir esta clase de invitaciones, y la pregunta que deberíamos hacernos es: «¿Qué ha hecho él o ella para conseguir esta oportunidad que no me ha llegado a mí?».

El primer tipo de suerte depende del azar, por eso es absurdo y deprimente basar nuestro destino en ella. Los otros tres tipos de suerte, en cambio, dependen en gran parte de nosotros y podemos provocarla...

- Insistiendo en aquello que deseamos y que nos apasiona.
- Moviéndonos continuamente para conocer a otras personas y hacer nuevos descubrimientos.
- Estando atentos a las oportunidades que surgen en el día a día.
- Cultivando nuestro talento y *networking* para, cuando llegue el momento, ser invitados a oportunidades que pueden cambiar nuestra vida.

¿Quién dijo que la fortuna es cuestión de suerte?

68

LA MAGIA ES LO ÚNICO REAL

Recuerdo que, un día de invierno especialmente frío, acudí a una terraza de la zona alta de Barcelona con mi amiga Ángeles Doñate para un club de lectura sobre nuestra novela *Un té para curar el alma*.

El acto duró más de dos horas. Con una temperatura que rondaba los tres grados, ya no nos sentíamos las piernas, como Rambo, cuando la conversación derivó hacia las sincronicidades y otros fenómenos más cercanos a la magia.

Olvidando por un instante que estaba congelado, seguí fascinado la historia que contó una de las participantes del club.

Muy unida a su abuela, desde su muerte siempre llevaba un medallón antiguo que ella le había regalado. Por eso, se lo colgó sobre el vestido al acudir a una boda a la que la habían invitado.

Después de la ceremonia, el banquete y el baile, sintió el deseo de regresar ya a casa, aunque la mayoría de los invitados seguían en la fiesta. Fue entonces cuando se dio cuenta de que había perdido el medallón.

Asustada, empezó a buscarlo bajo la mesa donde había cenado, en la pista de baile y por otras partes del restaurante. El resto de invitados y los camareros se pusieron también a buscar, pero el medallón no apareció.

Totalmente desolada, fue hacia el *parking* para regresar a casa. Al abrir su coche y sentarse al volante, dejó ir un grito de alegría. El colgante estaba en el asiento del copiloto. Había estado casi segura de llevarlo durante la boda, pero el medallón estaba allí. Afortunadamente. Dedujo que se le habría caído antes de cerrar el coche para ir a la ceremonia.

Una semana más tarde, le mandaron las fotos de la boda y la celebración.

En todas, llevaba el medallón.

Tras explicar esta historia en una cena de nuevos autores de desarrollo personal, les pregunté a todos si creían en la magia. Xenia Vives dio la respuesta más rotunda:

—*La magia es lo único real.*

69

INSTRUCCIONES PARA CUMPLIR UN SUEÑO

Según un estudio mencionado por Richard Wiseman en su libro *59 segundos,* aproximadamente el 90 % de las resoluciones de año nuevo fracasan estrepitosamente.

A partir de mi experiencia, he elaborado este decálogo para que eso no suceda:

1. *Asegúrate de que satisfacer este propósito depende de ti.* Desear que te toque la lotería o que alguien ajeno a ti se enamore de tu persona no cumpliría ese requisito.
2. *Pregúntate si realizar ese deseo es lo que realmente necesitas.* La mente inconsciente sabe distinguir perfectamente un capricho de una necesidad vital, con lo que la energía que utilizará para llevar a cabo tu resolución será muy distinta.
3. *Plásmalo por escrito.* Las ideas «en abstracto» tienden a disolverse pocos días después de haber sido alumbradas. Al escribir en un papel aquello que te dispones a hacer, la idea adquiere un carácter real y concreto, especialmente si lo pones en un lugar la vista.
4. *Traza un plan realizable.* Por mucha motivación que tengas, si no has establecido de forma realista los pasos que te llevarán a lograr tu propósito, este pinchará a las primeras de cambio. Tiene que suponer un esfuerzo diario modesto (por ejemplo, asimilar una nueva palabra al día, si te propones aprender un idioma) ya que el plan debe resistir a días en los que tendrás menos tiempo y energía.
5. *Ponle una fecha de inicio.* El periodista y escritor Luis Coloma (curiosamente, creador del Ratoncito Pérez) decía que *«Por la calle del Después se llega a la plaza del Nunca».* Empieza cuan-

to antes y sé exigente con los compromisos que adquieras contigo mismo.

6. *Establece gratificaciones.* La motivación es un combustible que debe alimentarse regularmente. Fija pequeños premios personales (no tienen por qué ser materiales) para cada etapa que cumplas en el camino hacia tu meta.

7. *Busca un testimonio.* Un amigo o familiar que esté al corriente de tu resolución puede ser de gran ayuda para llevarla a cabo, ya que se convierte en la voz de tu conciencia. Por eso es importante compartirlo con personas de confianza. Según un estudio de la Dominican University of California, comunicar por escrito a un amigo nuestro propósito dobla las posibilidades de cumplirlo.

8. *Prepárate para los contratiempos.* Sobre todo si son planes a largo plazo, habrá tramos que no serán un camino de rosas. Si eres consciente de las dificultades, no te desanimarás cuando se presenten y seguirás adelante. Robert Eugene Delacroix tenía el lema: «*Desear lo mejor, recelar lo peor y tomar lo que viniere*».

9. *No pierdas de vista el gran objetivo.* Cuando sientas que todo te cuesta o que las cosas se ponen más complicadas, devuelve a tu conciencia la misión que te has propuesto, y piensa en cómo te sentirás cuando la hayas realizado.

10. *Hazlo divertido.* El mítico futbolista Charly Rexach decía que «*lo que se hace sufriendo no puede salir bien*». Aplicado a los partidos cotidianos, aquello que nos propongamos tiene muchas más posibilidades de cumplirse si lo planteamos como un juego y un reto emocionante.

Y DOS COSAS MÁS PARA EMPEZAR

Stefani J.A. Germanotta —hoy Lady Gaga— cuando se burlaban de ella en el instituto, donde participaba en musicales, soñó que un día su escenario sería el mundo entero.

Para iniciar tu propia andadura, sólo hay dos cosas que debes saber y que requieren de honestidad por tu parte:

1. Dónde estás ahora.
2. Dónde quieres estar.

La senda que lleva de lo primero a lo segundo es la quintaesencia de la aventura humana.

70

MENTE DE DESPEDIDA

Hay un concepto del budismo japonés muy bello, *Shoshin,* que popularizó Shunryu Suzuki en su clásico *Mente Zen, Mente de principiante* y que el actor Peter Coyote grabaría, ya en el 1992, como audiolibro.

Este maestro que, desde su California de adopción, contribuyó a divulgar el zen en Occidente afirma que *«En la mente del principiante hay muchas posibilidades, en la mente del experto hay pocas».*

Una actitud *Shoshin* ante la vida sería experimentarlo todo con los ojos de un niño, sin expectativas ni prejuicios, sin pensar que sabes nada, lo cual te libera además de querer llevar la razón. O sea, lo contrario a un político que arroja su bilis contra los supuestos oponentes.

Ésta es una cualidad indispensable en la buena escucha y en la exploración artística, ya que el mejor tesoro lo encuentra quien no sabe qué está buscando.

Sin embargo, desde hace un tiempo estoy elaborando –y siguiendo– un concepto opuesto y a la vez complementario. Lo podría denominar *mente de moribundo,* pero lo he bautizado más poéticamente como *mente de despedida.*

Cada vez que organizo un viaje, lo hago con la idea de que podría ser el último. Eso me lleva a poner toda la carne en el asador. Lo mismo sucede si, cuando escribes un libro, te dices que bien podrías morir justo después. ¿Qué no puede faltar en ese legado? Éste es el motivo que me ha llevado a incluir tres libros en uno en *Escrito en la Tierra.*

¿Cómo sería la conversación con un buen amigo, si supieras que es la última?

Pensar en la muerte de esta manera no produce miedo, sino una urgencia de vivir que despierta los cinco sentidos y todos los que pueda haber ocultos.

Joan Garriga, de quien ya hemos hablado, me dijo una vez que le daban pena las personas que están bajando la montaña de la vida, pero siguen con actitud de ganancia. Es decir, las que luchan por seguir brillando, cuando lo que les corresponde es alumbrar a los demás y dejar un legado para ser recordadas con cariño.

Estoy en sintonía con esta idea, que me hace pensar en una película muy violenta, *Samaritan Girl,* de un director coreano al que admiro.

El protagonista es un padre que ejecuta una brutal venganza contra quienes han abusado de su hija menor. Antes de que se le eche la policía encima por tomarse la justicia por su mano, el hombre lleva a su hija a un descampado, donde le enseña a conducir. Luego se marcha.

Es un momento bello y extraño, de gran carga simbólica: antes de despedirse, el padre le enseña cómo conducirse por la vida.

Con este mismo espíritu, ¿qué podemos hacer hoy por la posteridad? Tener mente de despedida no significa que vayas a morir pronto, sino que estás dispuesto a hacer una fiesta memorable cada día que te quede por vivir.

Esto me hace pensar en una reflexión muy bella de Rabindranath Tagore, quien fuera el primer premio Nobel de la India:

> *Quizás no deje ningún rastro de alas en el aire,*
> *pero me alegro de haber tenido mi vuelo.*

III

EL CUADERNO NARANJA

—Diario de un retiro
espiritual—
(Junio de 1998)

NOTA PRELIMINAR

El cuaderno que he transcrito para la tercera parte de este libro son las notas de un viaje –exterior e interior– realizado por mí hace 26 años.

Me faltaban entonces un par de meses para hacer los treinta y viajé al sur de España para un retiro budista. Iba cargado de prejuicios y de ignorancia. El Francesc de entonces, en muchos sentidos, era peor aún que el de ahora, por lo que encontrarás una mirada bastante cáustica sobre las experiencias que se van dando.

Yo mismo, al leerme más de un cuarto de siglo después, me he caído mal en algunos pasajes. Aunque tenía mucha sed de saber, en aquel entonces me comportaba a menudo como un auténtico gilipollas, como queda registrado en este cuaderno.

Después de la transcripción de las 138 hojas escritas del cuaderno, me he limitado a eliminar algunas repeticiones o comentarios –muy pocos– que no se entendían. En esencia, es el relato íntegro de aquella aventura.

Utilicé una pequeña parte de estas memorias en la novela *Barcelona Blues,* pero ésta es la primera vez que ve la luz el libro completo.

Por respeto a su intimidad, he cambiado los nombres de algunas personas y omitido el nombre de otras cosas.

Antes de que empieces, debo confesar que me ha causado rubor y sorpresa leer mis andanzas de 1998. Dado que, fuera de los fragmentos utilizados en *Barcelona Blues,* nunca releí el resto del cuaderno tras aquel viaje, lo he percibido como algo nuevo.

No recordaba casi nada de lo que se cuenta. Es como si lo hubiera vivido y escrito otro. Y de algún modo es así.

Si he decidido compartirlo ahora es porque creo que el testimonio tiene valor para cualquier buscador y, ya puestos, porque me parece divertido. Como decía la pequeña Olivia, al mundo también venimos a pasarlo bien.

¡Gracias por acompañarme en esta aventura!

20 de junio, sábado
GRANADA

(9:10 de la mañana)

Nunca me ha gustado la luz del fluorescente. Es fría, inconcreta, con ese zumbido de fondo que impide el silencio. Pero aquí, en la pequeña habitación de la residencia Antares (sin C) no tengo otra luz.

Por fin he llegado a Granada. Tengo esta habitación gracias a un golpe de suerte, y escribo estas líneas antes de irme a dormir un par de horas, para recuperarme de un viaje bastante castigador.

Mi tren de Barcelona salió ayer con una hora de retraso. En el compartimento de ocho personas, estábamos siete, así que era difícil estirar las piernas o salir al lavabo.

No hay apenas nada que explicar de ese trayecto. No encontré conversación: allí había una madre andaluza con sus dos hijas pequeñas y un crío. Parecían realmente una familia ejemplar, viendo el respeto de los hijos a su madre y la educación de todos ellos al hablar. La niña más pequeña me dio dos cerezas.

También había un hombre joven que bajó en Valencia y un tío que escuchaba todas las conversaciones con extraño interés. Me ha sido muy difícil dormir, ni siquiera un rato. Ha habido un momento en el que, de puro agotamiento, se me han cerrado los ojos.

Cuando me he despertado, corría a través de la ventanilla un paisaje maravilloso, desértico, con una luz crepuscular de amanecer, una franja roja que ocupaba todo el horizonte; al fondo, montañas pedregosas y peladas, y la Luna que aún se dejaba ver.

Pero dejemos ya el capítulo del tren. A las siete y cuarto ponía el pie en Granada por primera vez en mi vida.

—¿Cuál es la estación de Granada más cercana al centro? —he preguntado a la mujer andaluza.

—Sólo hay una estación.

Así era, además de ser realmente pequeña. Cuando el tren ha abierto puertas, he saltado con la mochila a la espalda. Luego he salido por mi propio pie de la estación.

No me he aclarado con los autobuses, así que al final me he pateado todo el paseo hacia el centro. Primero he hecho varios rodeos inútiles hasta que un grupo de estudiantes me ha orientado.

Una vez en la Gran Vía, he recordado que al final de ésta hay varias plazas a cuyo alrededor se agolpan las pensiones, según me han dicho. Dudando de si tomar un autobús o no, he preguntado a un currante que pasaba por allí:

—Oiga, ¿falta mucho para el ayuntamiento?

—Uy, uy, uy… Está bastante lejos. Para llegar ahí tendrás que cruzar toda la Gran Vía, que es muy larga. Son unos 200 metros.

Sorprendido por esta información, he seguido caminando hasta llegar a las plazas. Al ver desde abajo el inicio del Albaicín, el barrio árabe, he intuido que el viejo refrán no exageraba en absoluto.

Dale una moneda al pobre cieguito
Que no hay cosa más triste en el mundo
que ser ciego en Granada

He tenido que esperar hasta las ocho para poder llamar al timbre de un hostal.

Una cosa me ha llamado la atención: en el centro de la ciudad está todo cerrado a cal y canto, como si fuera una hora intempestiva. Ciertamente, es sábado. Puede que, por eso, cuando me he dirigido a las pensiones nadie me ha abierto la puerta.

A las ocho y media me he quedado a gusto llamando al timbre de una de ellas. Al final se ha abierto una ventanita y una mujer ojerosa con rulos me ha gritado:

—¡¿Qué quieres?!

—¿Hay habitación individual?

—No hay, no hay. Sólo doble. Sólo doble.

Y «¡BRUM!», ha cerrado la ventanita.

He hecho tiempo en el Café Lisboa, que ya había abierto. Luego he vuelto a probar suerte.

Ni caso. ¿Será verdad el tópico de que en Andalucía no puedes quedar temprano porque «las calles no están puestas aún»?

Ya de mala leche, he vuelto a tomar la Gran Vía buscando otras posibilidades. Por fin he tenido la suerte de mi lado, porque en la otra acera he visto un hombre con gafas que me hacía señales con la mano para que me acercara.

Después de cruzar, me ha preguntado:

—*Do you speak English?*

—*Yes, but* también español. Usted es de aquí, ¿no?

—Sí, chico, ¿quieres una habitación? Tengo una residencia de estudiantes y esta semana han quedado algunas vacías.

—¿Cuánto vale?

—1.500 pesetas. Está ahí mismo.

—Bueno, vamos.

El casero ha resultado ser una persona amable y refinada. Me ha explicado cómo funcionaba todo varias veces, y me ha rogado que no haga ruido porque algunos residentes preparan la selectividad.

Y así he llegado a esta habitación pequeña donde estoy escribiendo, deslumbrado por el fluorescente.

Antes de que se marchara, le he preguntado dónde está la parada de autobús para ir a Padre Eterno.

—¡Ah! En Pampaneira. ¿Vas donde los budistas, tú?

Así pues, debe de ser conocido ese centro, que está más alto de lo que me pensaba.

Ahora tengo más curiosidad y ganas.

Lo último que ha hecho el casero ha sido arrancarme el mapa de las manos y señalarme todo lo que él considera importante: estación de autobús, calle de las teterías, subida a la Alhambra, paseo de los Tristes (donde hay que ir de noche).

Mientras tanto, ya se escucha algún que otro cante jondo de los «duchistas» que se han despertado.

Voy a la cama a planchar la oreja un par de horas. Creo que cuando me despierte, Granada aún seguirá aquí.

*　*　*

(5 de la tarde)

Vuelvo a estar en la habitación, donde bajo una agradable sombra retomo la escritura de este cuaderno.

Esta mañana, tras dormir largamente, me he duchado y he salido con la intención de ver algo cuando ya serían las dos. Caía un Sol de justicia.

Pese a que aún faltan unas horas para que empiece oficialmente el verano, los rayos me calentaban la cabeza como hacía tiempo que no recuerdo. Con todo, me he dirigido a la catedral y a la capilla real para echar un ojo.

Estaba cerrado hasta las cuatro.

No obstante, me he adentrado por esas calles, llenas de gente y de oportunistas. Una gitana me la ha intentado jugar con la «buenaventura», en la que he caído sólo en parte.

Yo pasaba por delante de un mercado, cuando se me ha abalanzado para ofrecerme una ramita de romero:

—No, gracias. Que no…

—No te va a costar nada, sol. Te lo regalo.

—Venga.

—¿Me dejas que te lea la buenaventura?

—Vale, va.

—Dame la mano derecha… —Me la ha cogido sin esperar a que la estirara–: Tendrás mucha suerte, buenas noticias, llega una persona nueva…

Acabada la diestra, pidió la izquierda. Entonces siguió: «Eres de esta manera y de esta otra y blablablá». Su detallada adivinación de mi personalidad venía a decir que prefiero estar bien que mal, mejor comido que en ayuno, rico que pobre…

—Bueno, gracias. Adiós –he murmurado para concluir.

—¡Espera! Me has de pagar la buenaventura. Luego dejas la hierba dos días en casa, piensas un deseo y se cumplirá.

Lleno de fatiga, he sacado una moneda de veinte duros. A fin de cuentas, el teatrillo no ha durado más de tres minutos.

—No, corazón… No me des moneda, que la moneda trae muy mala suerte.

—Pues es todo lo que le voy a dar, no tengo dinero.

—Dame un billete. No te preocupes, tengo cambio.

—O esto o nada.

Al final la ha cogido y se ha ido despechada. Me ha sorprendido que al final no me lanzara una maldición.

Siguiendo mi camino, me he adentrado en el barrio de los mercados, donde me he comprado el almuerzo: pan, queso, dos peras y agua.

Me disponía a sentarme a comer en un banco, cuando un niño con la camiseta del Barça me quiere dar la mano. Esta vez no le hago ni caso y me deshago de él con un gesto.

No recuerdo tanto cazaturistas desde que estuve en Marruecos. Allí, quien no corría, volaba. Granada está (no sólo físicamente) a medio camino entre Barcelona y Fez. Hay más diferencia con mi ciudad de la que me esperaba, lo ves en cada detalle: la decoración de las tiendas, el enlosado de las calles, o el tipo de fauna humana. Eso por no hablar de este clima de junio abrasador, al que no estoy acostumbrado.

A pesar de eso, es deslumbrante la belleza de esta ciudad, que esconde tantas sorpresas.

He subido por la famosa «calle de las teterías», que se encuentra al principio del barrio árabe. Los ojos se me iban de un lado a otro, observando los saloncitos de té que, oscuros, dan refugio al caminante que huye del Sol; todos de piedra y madera labrada, lamparitas de colores y asientos de cuero teñido.

Al final de esta calle hay una iglesia de planta alargada. A la sombra de una de las paredes se refugiaban, tirados por el suelo, un nutrido grupo de hippies centroeuropeos llenos de mugre (pero seguro que con las espaldas cubiertas), fumando porros y bebiendo litronas de Alhambra, la cerveza local.

Girando casi por inercia, he vuelto a tomar la calle hacia abajo y he entrado en una de las teterías, donde yo era el único cliente en aquella hora de calor.

He tomado dos tés fríos deliciosos recostado en un sofá, al lado de un ventilador. Allí dentro, fresco y contemplando por la ventana apuntada los personajes que iban pasando (muchos musulmanes con chilaba), he pensado en una frase que me dijo mi primo Eloi tras un viaje a Marruecos: «Después de haber visto muchos sitios, llego a la conclusión que hay mucho más arte árabe en el sur de España que en el mismo Marruecos, que no ha conservado tantos edificios de valor».

Ahora que empiezo a conocer el Albaicín, sospecho que esta afirmación tiene mucho de verdad. Mirando por la ventana de la tetería, me doy cuenta de cómo sería el Magreb si hubiera tenido verdadera prosperidad económica, de modo que no tuvieran que mirar a Occidente y a las sobras que les tira.

En la época en la que todo esto fue construido, este barrio formaba parte del mundo árabe que iba por delante de las otras culturas. La ciudad de Granada muestra con orgullo este tesoro histórico, lo cuida y mantiene lo más fiel posible a su esencia: la música, los colores, la exquisitez.

Mientras tanto, en las ciudades del norte de África se aferran a la subcultura de Occidente y sueñan con ropa de marca y coches sofisticados, como si asumir esta cultura te acercara al poder adquisitivo.

Sin dejar de controlar la calle por el rabillo del ojo, me he sumergido en *El silencio del Buddha,* un libro de Raimon Panikkar.

Es un ensayo muy complejo porque quiere abarcar el tema desde muchos puntos de vista. Al leer un párrafo, a veces tengo que acudir siete u ocho veces a las notas a pie de página que se agrupan extensamente al final del libro. El autor tiene mucho interés en las diversas traducciones que se han hecho de cada término original en sánscrito o pali.

Eso es muy positivo en términos de erudición, pero no ayuda demasiado a conseguir una comprensión de las ideas. Pienso que Buda habría elegido un lenguaje mucho más fácil, donde todo hubiera quedado totalmente explicado.

Pondré un ejemplo.

Buda creía que la persona no se tenía que preocupar en absoluto por saber si hay Dios o no, qué viene después de la muerte o cuál es la transcendencia de la humanidad. Él creía que nuestro campo de acción se encuentra solamente en la esfera humana. En este sentido es una religión ateísta, pues, aunque no niega a Dios explícitamente, al menos lo ignora.

Pues bien, esta preferencia para llevar la lucha al universo del individuo podría explicarse filosofando de forma compleja para complicar el asunto. No obstante, el iluminado encuentra una alegoría perfecta para hacerse entender. Lo citaré a continuación:

*SOBRE LA INUTILIDAD DE BUSCAR SOLUCIONES
EN LA ESPECULACIÓN TRANSCENDENTE*

Este tipo de hombre es el que, herido por una flecha, quiere saber antes de nada qué clase de arma fue, de dónde vino, quién le disparó y por qué motivo, etc.

Este «metafísico» morirá antes de haber encontrado alguna respuesta satisfactoria, cuando lo primero que tendría que hacer es sacarse la flecha.

El hombre herido por la flecha del dolor lo tiene que eliminar antes de todo, y salvarse.

Este bello ejemplo me hace pensar en un capítulo de *El mundo de Sofía* donde el filósofo explica a la niña la diferencia básica en captación de la realidad entre un ser humano y un animal. La cosa va más o menos así. El filósofo pregunta a la niña:

F. —*Hay un gato que está sentado. En aquel momento pasa una pelota por su lado. ¿Qué hace el gato?*

S. —*Se lanza a atraparla.*

F. —*Ahora imagina que eres tú quien está sentada. Aparece una pelota rodando. ¿Qué haces?*

S. —*Miro de dónde viene.*

Gaarder cree que es por este motivo que nuestra comprensión se encuentra limitada, porque el ser humano todo lo ve a través de la causalidad. Si en algún punto no puede encontrar la causa que provoca el efecto, se siente perdido y desconcertado.

Volviendo al gato, el felino no tiene este problema porque su mundo es muy coherente. El gato necesita la presa y quiere atraparla, no le preocupa nada más, porque la causa no es esencial en su sistema, donde la supervivencia está por encima de todo.

¿Será por eso que las personas sufrimos tanto? ¿Es por este motivo que no podemos parar de analizar y buscar respuestas?

¿Cuánta inteligencia tenemos que añadir a la nuestra para arrancarnos la flecha?

* * *

(12:10 de la noche)

Estoy muerto. He dedicado toda la tarde a explorar el Albaicín, que ha resultado ser muy bonito, pero también muy grande y lleno de subidas y bajadas pedregosas.

He llegado hasta un mirador desde donde se podía disfrutar de un amplio panorama sobre la Alhambra y el Generalife. Había mucha gente, así que no he estado demasiado rato.

Ahora tocaba bajar, así que he rambleado un buen tramo hasta llegar a una esplanada al lado de un río. Sentados en las terrazas, mucha gente bien vestida. En una mesa junto a la mía, un «señorito» chasqueaba los dedos cada vez que quería alguna cosa del camarero. Este venía corriendo como si fuera un perro bien adiestrado. Me ha sorprendido con qué autoridad le pidió una porción extra de pan, indicando exactamente cómo tenía que estar cortado.

Yo me he tomado un par de cervezas mientras seguía estudiando el libro, llegando al punto de una discusión sobre si la realidad existe o no.

Cuando he tenido suficiente, me he levantado para tomar «el paseo de los Tristes» que me ha recomendado mi improvisado hostalero. La magia de la que me ha hablado no la he sabido encontrar porque, siguiendo la calle del río, una fila inacabable de coches se dirigía a toda máquina a ocupar los mejores sitios de los restaurantes.

O quizá sea que yo ya estaba cansado. Es increíble cómo se estiran los días cuando viajas solo y no te entretienes a hablar con nadie. Hay tiempo para hacer mil cosas, quién lo hubiera dicho. Me parece llevar una semana aquí y no han pasado ni veinticuatro horas.

He vuelto. He salido. He regresado de nuevo con una cena frugal: un tarro de zanahoria rallada en vinagre, un yogur de limón y una pera. El problema era que no tengo cubiertos y me las he tenido que ingeniar para comerme todo eso.

Por primera vez desde que me decidí a hacer el retiro, he tenido cierto miedo. ¿Cómo será esa semana en el templo? ¿Estaré solo todo el día, más solo que ahora? ¿Podré hablar con alguien del *sangha*?[1] ¿Tendrá el lama ganas de enseñarme? ¿Podré participar en la vida de la comunidad? ¿Qué se debe sentir haciendo una cura de silencio a 2000 metros de altura? ¿Seré capaz de meditar todo el día? ¿Cómo se anima uno, si le baja la moral, dentro de una celda?

Demasiadas preguntas.

Creo que ya no doy para más, de modo que el diario de hoy acabará en esta línea.

---

1. La comunidad budista.

21 de junio, domingo
Granada

(9:30 de la noche)

Ha pasado todo el día hasta que he podido volver a abrir este cuaderno.

Me he levantado a las nueve y media, decidido a cumplir con una visita a la Alhambra que ha tenido mucho de pesadilla. Durante toda la subida me he tenido que zafar de decenas de gitanas que me salían al paso con la cosa del ramito.

Tras todo el esfuerzo, cuando he llegado a las puertas, me han dicho que allí no vendían los *tickets* de entrada. He preguntado dónde podía conseguirlo, y me han dicho que bajase por donde había subido, que lo vendían en el *parking*.

Vuelvo a deshacer el camino y me dicen abajo que no, que es justo al otro lado de la montaña: vuelvo a subir la misma cuesta. A todo eso, ya llevaba hora y pico dando vueltas.

Al final he logrado sumarme a la cola reglamentaria. He pagado 700 pesetas para entrar en el recinto, donde he visitado todo lo incluido en el «pack»: Generalife, Alhambra y Alcazaba. El Sol picaba más que nunca, por lo que han sido una auténtica penitencia las tres horas de recorrido.

¿Qué puedo decir sobre la belleza de la Alhambra?

Es innegable, pero cuando te ves rodeado de fotógrafos de pacotilla por todas partes, que te hacen parar a cada momento y te obligan a detenerte hasta que la Dolores o el Jordi de turno se retrate ante la Fuente de los Leones, acabas dudando de la misma maravilla.

¿Por qué tiene tanta afición la gente a inmortalizarse delante de los monumentos? ¿Es que tienen miedo de que la familia o amigos duden de que han ido?

En fin, de cualquier manera vale la pena haberlo visto, pero una calle solitaria desconocida o un paisaje en calma tiene para mí mucho más encanto que la Alhambra y el Generalife juntos.

Tras volver escaldado a la residencia, me he tumbado en la cama y he echado una siesta de tres horas que me han permitido recuperarme totalmente.

Pasadas las seis de la tarde, el calor seguía siendo sofocante.

He tomado un autobús hacia la estación de autocares. Me he informado sobre el viaje de mañana: hay que coger un bus que tarda más de dos horas en llegar a un pueblo de montaña que se llama Pampaneira. Allí funciona una furgoneta que va recogiendo gente por aquellos pueblos que me llevará al Padre Eterno. Desde allí llamaré al templo para que me recojan en coche.

Todo eso tiene pinta de ser una auténtica epopeya; bien, mañana lo sabré.

A las siete de la tarde he hecho la primera comida decente desde que llegué a Granada: un plato combinado que me ha servido de almuerzo y cena. De todos modos, aquí siempre comes algo, porque si tomas cualquier cosa te dan una tapa.

Desde el bar donde escribo, una de las muchas terrazas del Albaicín, me han servido una rebanada con salsa de tomate y una tapita de gambas después. Desde que he empezado a escribir, un hilo musical de flamencos, sevillanas y bulerías suena a mi espalda, pero ahora ya ni lo noto.

Es curioso cómo se distorsionan las culturas fuera de su sitio natural.

He necesitado llegar a Andalucía para comprobar que la mayoría de las personas son altamente refinadas y con muy buen gusto. Tienen una elegancia natural que allí desconocemos.

Me llama la atención, además, la buena disposición de todo el mundo para charlar. Cualquier persona que se siente sola en una plaza no tardará en encontrar alguien que le hable. De los temas más diversos, además.

Eso mismo me ha pasado esta tarde, cuando me he visto llevado a una divertida conversación de la mano de un abuelo con su nieto. Todo ha empezado casualmente, como siempre, cuando el hombre me ha hecho un comentario acerca de la suciedad de los hippies que dormían en la plaza con unos perros sarnosos. En un acento profundamente andaluz ha dicho:

—Eso en una capital como ésta no se puede permitir. Lo que no se quiere en Europa nos lo mandan para aquí...

Pero enseguida ha pasado al tema del futbol y la selección española, cuyo papel le parecía una vergüenza, cuando «De sus clubs ya deben de tener una paga de 300.000 pesetas como mínimo», más lo que cobran en el combinado nacional.

La conversación ha derivado, luego, en un largo discurso del viejo sobre el mundo de la construcción y como él había conseguido hacer cálculos muy atinados sobre la cantidad de peso que podía aguantar cada viga. Como ha visto que le seguía el rollo, se ha explayado en el tema entrando en detalles técnicos de muchas obras pasadas, ejecutadas en diversos sitios de España y del extranjero.

Al llegar a este punto, mis vigas mentales ya no soportaban más peso y me he despedido cordialmente, tomando el camino hacia este bar.

Es muy de noche ya. Quiero pasear un poco más y avanzaré en el ensayo del budismo, que hoy no lo he leído aún.

Mañana me espera un panorama totalmente distinto. Me tengo que preparar.

Cuando llegue al monasterio en la Alpujarra, me he propuesto hacer una síntesis muy clara de cada punto importante del Dharma budista. Usaré los libros que tengo, los suyos y las cosas que llegue a aprender.

La religión de la sencillez debe encontrar una sencillez también en su exposición.

Ése es mi plan y apuntaré mis conclusiones y ejemplos en este cuaderno.

Escribo todo el rato en primera persona y eso no me gusta, aunque cuando se va solo a todas partes es inevitable.

Y el tiempo llega íntegro para quien camina solo.

22 de junio, lunes
Pampaneira

(*2 del mediodía*)

Ya estoy en la Alpujarra, pero no donde debería estar. En la estación de autobuses me informaron mal, porque el autocar sí paraba en Padre Eterno, pero en este pueblo no hay ninguna furgoneta ni nada que se le parezca.

La verdad es que, curiosamente, yo he visto cómo el autocar paraba en el lugar donde debería haber bajado: una casita de tocho en medio de la montaña desierta, incluso tres niños han bajado allí. Sobre la puerta de la casita ponía «PADRE ETERNO» aunque nunca habría pensado que pudiera ser un sitio así.

Además, si llego a bajar, ¿desde qué teléfono público habría llamado? Allí no había absolutamente nada. Parecía un lugar abandonado.

De modo que me he pasado de parada y he llegado a Pampaneira, un pueblo a gran altura, donde parece que la principal industria es el queso de cabra y el pan de higo.

Es todo blanco y escarpado, con calles estrechas.

Tras comer un bocadillo en una taberna, me queda el dinero justo para pagar la estancia en el centro budista y el autobús de vuelta a Granada. Espero que no falle nada, o me quedaré tirado a casi mil kilómetros de casa.

Ahora escribo desde la terraza del bar, donde haré durar mi copa de vino tanto como pueda. Quizá luego me haga un harakiri y visite el pueblo bajo el Sol.

He de esperar hasta las cuatro de la tarde, cuando el autocar vuelve a bajar de Pampaneira a Padre Eterno.

Ya he hablado con los del monasterio para decirles que estoy aquí. Se ha puesto al teléfono la misma mujer simpática. Cuando he dicho que estaba aquí ha exclamado un «¡Oh!» divertido. Me ha dicho que, una vez en Padre Eterno, me espere al lado de la ermita. Yo he dicho:

—¿Qué ermita? Ahí sólo hay una caseta de ladrillo.

—Hay dos.

No me había dado cuenta.

Mientras hago tiempo para el autobús de las cuatro, abriré de nuevo el libro sobre el mito de Shambhala que empecé ayer, de un tal Chögyam Trungpa.

De buen comienzo el autor se quiere desmarcar del Budismo o de cualquier otra religión. Intenta buscar una disciplina propia que llama «tradición Shambhala» con la intención de enseñar un camino de vida a la manera de los manuales de autoayuda americanos.

Según el mito, Shambhala es un lugar paradisíaco que los tibetanos creen que existe o que existió, donde la sociedad era justa y el dolor no existía, porque todo el mundo había alcanzado la iluminación. A pesar de los grandes cambios sufridos en el mundo, que nos hacen dudar de que pueda haber un lugar así en alguna parte, Shambhala sigue brillando como símbolo espiritual, como dirección, y a partir de aquí son muchas las lecturas e interpretaciones que se pueden hacer.

Algo bueno que tiene el libro de Trungpa es una descripción muy comprensible de la meditación zen (sentado), al menos en cuanto a su iniciación. Esto va de maravilla a un principiante como yo, pequeño saltamontes.

La meditación básica tiene como objetivo que la persona se dé cuenta de su lugar en el mundo, de su integración en el conjunto, un ser humano ni más ni menos. Para eso se siguen los siguientes pasos:

Sentarse sobre un cojín o banco de meditación con la espalda bien recta.

La espalda recta reivindica la dignidad del individuo como ser humano, en cuanto al plano simbólico; en el plano físico, facilita una respiración correcta, cosa muy importante en este ejercicio.

Se flexionan las piernas en forma de tijeras, da igual si no tocan el suelo. Las manos, con las palmas hacia abajo, ayudan en la posición.

Se inicia una respiración de relajación (empezando por el estómago), expulsando con el aire a nosotros mismos y dejando que el cuerpo recupere el aire naturalmente.

Con esta práctica se pretende tomar conciencia del propio cuerpo, intentando sincronizar al máximo cuerpo y mente.

Al iniciar la meditación seguro que «¡Bing!» (así lo describe el autor) aparece un pensamiento. Entonces nosotros le ponemos la etiqueta de «pensamiento» y seguimos respirando. Al cabo de unos segundos se produce otro. Nosotros lo volvemos a etiquetar como «pensamiento» y seguimos con la respiración. Y así sucesivamente.

Es importante no dejarse intimidar por los pensamientos, sean los que sean; se han de aceptar como a reverberaciones espontaneas de la mente, que vienen a miles. Da igual que pensemos que matamos a nuestro padre como que comemos cualquier cosa. Todos los pensamientos son iguales, ni más ni menos morales, sólo pensamientos. No es bueno oponer resistencia, darles importancia. Hay que dejarlos fluir despreocupadamente. Sólo la acción cuenta.

*   *   *

(*4 de la tarde*)

Estoy sentado en una escalinata a la sombra, esperando el autobús. Me dicen que los últimos dos días en Granada hemos alcanzado los 40 grados. Mejor no haberme enterado hasta ahora. De haberlo sabido, habría pasado más calor.

*   *   *

Padre Eterno / Centro de retiros O Sel Ling

(5:30 de la tarde)

Al llegar a Padre Eterno ya había un coche esperándome. Me ha salido a recibir un chico muy serio que después me ha dicho que era de Madrid.

La subida, por un camino de tierra, se me ha hecho interminable. Todos los signos de vida humana iban quedando lejos, pero el centro tibetano no aparecía por ningún lado. Al final he divisado unas torres con algo de color encima. Allí estaba.

Hemos bajado del coche y, mientras caminábamos, el joven me ha explicado que ahora mismo viven siete personas ahí, aunque a lo largo del verano vendrán más. También me ha dicho que el lama que regía el centro ha muerto hace poco tiempo y que el próximo llegará en unos dos meses. Ahora mismo hay una monja budista a cargo de todo eso. Es la que me puede dar alguna indicación espiritual.

Antes de nada, me ha enseñado mi cabaña.

Es una casita cuadrada de piedra oscura con una chimenea. Delante tiene una terracita, también de piedra, que da directamente al precipicio donde se alzan montañas muy altas. El interior de la choza es simple pero bonito: una cama en un extremo con una estantería de piedra y dos velas, un banco de meditación con una imagen del Buda delante, un pequeño fogón de cocina, una estufa de leña y una mesa que ahora estoy usando para escribir.

La cabaña no tiene electricidad, por lo que tendré que vivir como las gallinas, levantándome y yéndome a dormir con el Sol. Menos mal que es verano y los días son largos.

Delante de la mesita hay un ventanal abierto desde donde veo la terraza y la silueta de las montañas.

A la izquierda de la cabaña hay una ducha que no tiene agua caliente (se calientan los tubos) y un WC ecológico, donde me han dicho que tendré que tirar serrín.

Visto mi refugio, nos hemos encaminado al centro. Aquí he visto que la cabaña estaba lejos del templo o de la cabaña más cercana. Esta sensación de aislamiento me ha causado cierta impresión.

De camino al corazón de O Sel Ling, me he llevado todavía otra sorpresa. El chico me ha señalado un matojo de flores al lado del sendero y me ha dicho:

—Aquí te dejaré cada día una cesta con el almuerzo, la cena y el desayuno del día siguiente. Eso lo haré a la una. Un cuarto de hora antes, tú me habrás dejado la cesta del día anterior con los platos limpios.

Así pues, he pensado, no sólo se trata de no hablar en todo el día, sino que está organizado de tal manera que no vea a nadie en toda la semana. Sólo yo, mis comidas, la ducha fría, la escritura, el libro y la meditación. Así pues, este cuaderno tan gordo que llevo será una bendición.

Finalizando el recorrido, que ha pasado por una especie de tótem de colores al que se le da vueltas para propiciar la iluminación, hemos llegado al templo. Estaba extremadamente silencioso.

Me he fijado en la sala donde el *sangha* medita al empezar y acabar el día. He preguntado por diversas fotos de lamas que estaban colgadas allí. Luego hemos pasado por la cocina, donde un hombre me ha saludado con la mano, para llegar finalmente a la biblioteca.

La monja, que ha pasado fugazmente delante de mis ojos, me ha hecho saber que me recibiría a las ocho menos cuarto. A las ocho cenaré con ellos. Sólo esta vez, me ha aclarado.

He vuelto lentamente hacia la cabaña que me ha sido asignada. He echado otro vistazo a la casa y me he sentado al escritorio, donde estoy ahora.

Ahora pienso que, si esta comunidad aboga por el silencio y la meditación, yo aún he hecho más puntos para que sea así:

No tengo casete ni radio para escuchar música o noticias, mi típica radio de bolsillo que me acompaña a todas partes quedó olvidada en el tren.

No he pensado en traer ningún libro que no sea de budismo, por lo que se me hará imposible dedicarme a ninguna otra cosa, ni que sea para descansar.

No tengo un duro para llamar por teléfono o comprar incienso, por ejemplo, lo cual sería una distracción, pues me obligaría a salir de aquí e ir a la biblioteca, donde venden pequeñas cosas.

Tengo conmigo lo que ya he citado, además de un paquete de mate (que quizá será demasiado excitante para un santuario como éste) y un paquete de té chino *gunpowder* (pólvora de cañón) que tuve la feliz idea de comprar en Granada antes de venir.

Sólo una cosa he olvidado comentar en este primer largo relato del centro de retiros. Al abrir la puerta de la caseta he visto cuatro arañas, de esas que tienen las patas larguísimas. Están todas en la pared, una de ellas en el cabezal de la cama. He intentado expulsar dos de ellas con una escoba (nunca se me ocurriría matar una en un sitio así), pero mientras iba a por las otras dos, han vuelto a entrar rápidamente, por lo que al final me he dado por vencido.

De cualquier modo, deben de ser las verdaderas propietarias de esta casa. Ahora estudiaré un poco mis libros, acompañado por un té y después acudiré a la cena.

Hay ahora mismo tres personas más en otras casitas que quizá no he visto. Será muy difícil que me las encuentre o las llegue a ver, ni siquiera de lejos.

Las moscas, eso sí, están bien cerca y hacen un zumbido escandaloso. No deben ser budistas.

*   *   *

(*9 de la noche*)

Vuelvo a estar en mi celda. Aún queda algo de luz para escribir sin necesidad de encender una vela.

Muy interesante y sobre todo instructivo todo lo que he visto a última hora. Me he encontrado con Mercedes, la monja, no sin antes tropezar con los dioses materiales, o sea, el dinero, que está siempre allí donde se encuentra el ser humano; o al menos en la que ha sido siempre mi experiencia.

Parece ser que el chico que me recogió lleva las finanzas de la comunidad. Me ha dicho que la subida en coche (lo mismo vale para la bajada) cuesta 800 pesetas extras. Yo le he dicho que me quedaba justo la cantidad que valía la estancia. Le he prometido que, si no le importa, le enviaré un giro desde Barcelona a mi vuelta.

Ha aceptado amablemente, qué remedio.

Entonces me he encontrado con Mercedes o «Mer», como la llaman en la comunidad. Le he contado los libros que he leído, que no había meditado nunca, etcétera.

Ella me ha advertido que me lo tendría que haber pensado mejor, que muchas personas vienen sin estar iniciadas y han huido al cabo de uno o dos días. Yo le he dicho que estaba dispuesto a afrontar la experiencia, pero que necesito saber y aprender cosas para poderla aprovechar.

Se ha quedado pensativa y entonces ha dicho:

—Bien, creo que lo mejor es que hoy y mañana estés con nosotros. Así verás cómo hacemos la meditación y, además, comerás con el grupo. Después podrás iniciar tu retiro.

He aceptado esa idea y le he agradecido que me quiera enseñar, pues ha prometido estar por mí después de las meditaciones para responder a mis dudas.

Hasta aquí bien. Entonces he ido al comedor donde empiezan a llegar los miembros del centro y algún invitado venido para mucho tiempo. Había dos hombres jóvenes y un tercero más mayor, muy agradables todos ellos. También he encontrado a una chica de expresión tímida y, con todos ellos, un inglés y una inglesa (lo digo así porque no venían juntos).

Ella tiene un porte serio y traga como una lima. No parece prestar atención a su alrededor. El inglés, sin embargo, es más rudo. No ha parado de dar vueltas a un mapa de Granada, preguntando de vez en cuando dónde está tal o cual plaza.

Entonces ha salido el tema de que este grupo tiene previsto ir, dentro de unas semanas, al *Kalachakra* de Denia. La monja le ha preguntado al inglés si pensaba asistir. Con cara de fastidio ha respondido que sí, pero sólo el primer día; no tiene interés en ir más allá de la introducción.

Por lo que yo sé del «Kalachakra», es una ceremonia espiritual de varios días. La celebra el Dalai Lama una vez al año, cada vez en un país. No hace mucho la hizo en Barcelona, así que me extraña que la haga ahora en un lugar como Denia, que es un pueblo de veraneo.

No he podido evitar preguntar:

—¿Quién va a oficiar el Kalachakra?

—Su Santidad «Chim-Pam-Pum» (*lo escribo así porque ha dicho un nombre que no había oído nunca*).

Yo pensaba que sólo se dirigían al Dalai Lama como Santidad, puede que para equipararlo con el Papa, y ahora me sacan a relucir otra santidad. No he podido dejar de reírme mentalmente. Entonces ha acudido a mi cabeza esta reflexión: Si bien Buda era un sabio, un verdadero maestro, los hombres somos idiotas y no hay que hacernos caso. Por eso hay que buscar la luz sin intermediarios o acabarás comulgando con ruedas de molino.

Precisamente recordaba que, en una conferencia del Dalai Lama pronunciada en Münster, recalcó que él era un simple monje, ni más ni menos. Si lo dijo en serio, ¿a qué vienen estas formalidades que parecen copiadas de la Iglesia Católica?

Más allá de mi vena hipercrítica, que debería limar, ha habido cosas muy positivas esta noche. Me he dado cuenta de que tengo que estudiar mucho para saber y entender. Confundo términos que no tendría que confundir. Le he preguntado a Mercedes:

—¿Qué significa exactamente Kalachakra?

—Rueda del tiempo.

Me he quedado pensativo unos segundos:

—¿Se refiere a la iluminación de Buda en el parque de los ciervos?

—No, eso fue la rueda del Dharma.

Me avergüenza haber cometido un error tan grande. De todas formas, la mirada de la monja se ha aseverado y he notado que no quería más preguntas.

He decidido mostrarme humilde y sólo preguntar generalidades a partir de ahora. No quiero ofenderla y perder la oportunidad de que me enseñe.

Antes de volver a mi redil, le he comentado las dificultades que estaba teniendo con el libro de Panikkar. Para mi sopresa, Mer me ha respondido:

—Si te digo la verdad, lo tuve en mis manos, y cuando lo empecé a leer lo dejé enseguida porque no entendía nada.

Veo que he escrito mucho por hoy. Demasiado, quizá. Voy a sentarme un rato en el balconcito a tomar el fresco y después leeré un poco antes de dormir (si logro ver algo con las velas).

Mañana a las siete y media iré al templo, ya que me dejan meditar con ellos y me introducirán en una ceremonia de saludo al día.

Estoy contento de estar aquí. Creo que descubriré cosas interesantes y que podré conocer de cerca conceptos que, hoy por hoy, son muy inconcretos para mí. Por ejemplo, la iluminación.

Quiero entender para saber.

23 de junio, martes
O Sel Ling

(9:50 de la mañana)

Ya hace casi tres horas que estoy en pie. Hoy veo la realidad y los humanos con unos ojos mucho más amables, mucho más condescendientes.

A las siete ha sonado el despertador y he saltado de la cama. He roído un par de nueces diminutas, que es lo único que hay aquí para comer fuera de horas. Me he sentado en la cama con mucho sueño.

Antes de las siete y media ya llegaba al templo, donde aún no podía entrar porque hacían postraciones. Éstas empiezan a las siete y cuarto y duran unos veinte minutos. Me he sentado sobre una piedra. Delante tenía una ventana desde donde podía ver al inglés de la noche anterior haciendo postraciones. Ya no me cae tan mal; al menos pone entrega en lo que hace, no como yo. Cuando han dejado de cantar mantras, las postraciones han acabado.

Entonces han abierto la puerta y me han invitado a participar.

Están todos sentados en postura de meditación, la monja delante con la túnica roja de los tibetanos. Me hace sentar a su lado y, muy delicadamente, me indica cómo he de adoptar la postura para hacer la meditación básica, que es la de la respiración.

Todos empiezan a meditar y se hace el silencio absoluto.

Al principio me ha costado mantener la espalda recta, lo cual es muy importante. Después tenía dificultad para cruzar las piernas cómodamente; noto que el cuerpo oscila y no me puedo concentrar. Poco a poco, y poniendo mucha voluntad, he conseguido una posición estable y me he centrado en la respiración, cosa nada fácil, ya que me distraigo fácilmente.

El ejercicio habrá durado media hora. Entonces la monja me ha indicado que vaya recuperando mi postura natural poco a poco, y así lo he hecho.

He salido de la sala con los demás.

La monja ha seguido meditando durante otra media hora.

Nos hemos sentado en el comedor, donde caben unas diez personas. Allí hemos desayunado pan tostado con mantequilla y mermelada o, simplemente, aceite y sal. Los demás comían también una especie de gachas, cosa que yo he desestimado.

Al abrir yo un pote de mermelada de melocotón y maracuyá, ha salido un «¡Pshhh!» fuertísimo, como si fuera un sifón. Me dicen que debe estar en mal estado. He vuelto al pan con aceite.

Al final del desayuno, la monja ha salido de detrás de las cortinas. Yo he esperado a que todos acabasen y nos quedásemos solos para dirigirme a ella. Le he explicado mis impresiones sobre la meditación. Ella ha asentido y ha dicho que lo he hecho bastante bien, quizá porque por naturaleza tengo los hombros separados.

No quería robarle más tiempo, así que me he sentado en una terracita cerca del comedor. Allí siempre hay uno o dos gatos y cuatro perros lanosos, uno de los cuales ha tenido un ataque de estornudos. También se sientan los miembros después de las comidas.

Afinando la oreja, he podido oír que uno de los hombres de la terraza le decía muy flojito a la inglesa:

—¡Pssst! ¿Tienes un cigarrito ahí arriba?

Yo le he mirado con cara de alarmado y, como buen gilipollas, le he dicho:

—¿Cómo? ¿Os saltáis las normas?

En aquel momento ha salido la monja en su defensa, un tanto *embarrassed*, como diría un inglés, quizá porque ella también lo hace:

—Bueno, lo importante es que no se fume en la cabaña o en el templo. Hay un espacio a doscientos metros de aquí donde la gente va a fumar de vez en cuando.

—Yo pensaba que no fumar era una condición *sine qua non*.

Ella se ha encogido de hombros, como queriendo expresar «ya ves», y ha ido a buscar algo. Yo he iniciado una conversación con la inglesa, que me ha explicado que vive hace dos años en un centro budista en Inglaterra, cerca de Carlisle, con setenta y cinco miembros fijos y una media de cincuenta invitados.

En eso estaba cuando ha bajado la monja y me ha hecho una señal:

—Vamos, «Francés», ahora me ocupo de ti.

Con lo cual me he despedido y la he seguido sigilosamente hacia la biblioteca.

Antes de entrar en este tema, no quiero olvidar hacer reseña de los preceptos de obligado cumplimiento que encontré en mi puerta al entrar en mi cabaña. La parte central dice:

Como centro budista te rogamos que durante tu estancia con nosotros respetes los siguientes preceptos:

NO MATAR (ni siquiera un insecto)
NO ROBAR (tomar algo que no haya sido ofrecido[2])
NO TENER UNA CONDUCTA SEXUAL
NO MENTIR
NO TOMAR INTOXICANTES (tabaco, alcohol o drogas)

La reunión con Mercedes ha sido muy agradable; ella me ha dedicado todo el tiempo que he necesitado. Le he pedido libros para entrar de lleno en la materia. Primero me ha dado tres: uno sobre consejos y principios generales, otro más teórico sobre el budismo y un tercero sobre prácticas de meditación. A eso le hemos añadido una biografía de Buda, *La luz de Asia*, y un librito sobre

_____

2. Entre este «algo» los budistas incluyen el tiempo del que uno dispone. Un buen concepto, pienso.

esta especie de tótem que vi y al que se le da vueltas en el sentido del reloj recitando mantras. «Estupa» se llama, acabo de descubrirlo.

El final de la reunión ha sido más informal y me ha comentado sobre la Casa del Tíbet de Barcelona y el primer lama tibetano que vino a España, que vive allí cerca. Casualmente está a cinco minutos de mi casa, en el mismo Paseo Sant Joan.

Antes de acabar me ha dicho que, como ve que tengo mucho interés en saber, quizá sería bueno que viniera siempre a la meditación de grupo de la mañana y la noche, y que dedique el resto del día al retiro espiritual. Cada noche, después de la ceremonia, ella supervisará lo que he estudiado y meditado en la cabaña, y podré formularle mis dudas.

Me ha hecho un plan de trabajo que intentaré cumplir en cierta medida, porque la redacción de este diario solapará alguna de las actividades. Es el siguiente:

7 ½-8: MEDITACIÓN EN EL TEMPLO
8-9: DESAYUNO
10-11: ESTUDIO
11 ½-12: MEDITACIÓN
12-13: LIBRE
13-14: ALMUERZO
14-14 ½: PASEO Y RELAJACIÓN
16-17: ESTUDIO
17-18: ESTUPA Y PASEO
18-18 ½: MEDITACIÓN
19-19 ½: ESTUDIO
20-21: CENA
21-21 ½: MEDITACIÓN EN EL TEMPLO

Bien, ahora voy a ducharme y a zambullirme en la meditación y el estudio, a ver si saco algo en claro. Qué silencio; parece que hasta las moscas callen.

* * *

(3:30 de la tarde)

Ya he empezado. He dedicado una hora al estudio de este libro semi-biográfico sobre Buda. Aunque el autor es un poco cursi, he sacado algunas ideas muy interesantes de las que he tomado nota aparte.

La mayor parte de las cosas en las que me fijo no se las podré comentar a Mercedes, porque las tomaría como subversivas o, como mínimo, provocadoras. No es este mi ánimo, me interesa separar el grano de la paja para llegar a una verdad sólida, no a una práctica convencional.

En la biografía de Buda el autor señala que Siddhartha Gautama desaprobó expresamente cualquier ritual, ya que no se creía superior al resto. Simplemente, había llegado a un sitio diferente del camino que los hombres tenían que recorrer.

He considerado interesante este comentario del autor:

Las extravagancias que desfiguran los anales y el culto del Budismo deben atribuirse a la degradación inevitable que siempre hacen sufrir los sacerdotes a las grandes ideas que se les confían.

Después de indagar un poco más en el libro, que también va cargado de paja, he intentado la primera meditación yo solo, como estaba previsto. Casi ha sido más fácil que esta mañana en el templo. Creo que me he sentado mejor y he podido concentrarme más allá, aunque a menudo me dolían las piernas por esta posición inusual.

Es demasiado pronto para describir qué he sentido, porque noto que aún no he atravesado la puerta principal del edificio de la meditación. Como son cuatro al día, de media hora cada una, las que tengo que hacer, supongo que notaré los avances bastante pronto. Lo que sí sé es que cuando he acabado me he sentido muy bien

(¡puede que por el mismo hecho de haber acabado!) y he subido hacia el comedor muy feliz.

Todavía no había nadie, así que he paseado un poco por los alrededores, y he encontrado el lugar de los fumadores, que es un banco en la punta del precipicio desde donde se contempla un panorama fabuloso. Bajo el banco había un discreto pote lleno de cigarros y paquetes de tabaco aplastados.

He fijado nuevamente la vista al frente. Muy lejos se divisaba un pueblito de montaña con sus casas blancas; más allá, dos pueblos diminutos colgados de la montaña.

«Quién puede tener ganas de fumar, ante este espectáculo», he pensado.

Espero que cuando vuelva a Barcelona mantenga este espíritu y no me deje llevar por las distracciones básicas de fumar y beber, que enturbian la cabeza más que dar placer.

Cuando he vuelto a la puerta del comedor, he oído una discusión entre cocineros sobre si monjes y monjas pueden tener relaciones sexuales, incluso vivir juntos. Uno decía que sí, el otro que no. Al final han llegado a la conclusión de que es en una de las ramas del Budismo Zen donde se puede hacer todo eso y más.

El que afirmaba eso ha salido al patio y me ha explicado su experiencia hace muchos años, cuando vivió en un monasterio de este tipo. Ha venido a decir que la disciplina Zen, que es la más moderna que hay (aunque arranca del 1200 d. C.), no pone casi preceptos de ningún tipo. No es sólo que niega en muchos casos la transmigración de las almas, sino que casi toda la ceremonia está suprimida.

Siento que este concepto es más cercano a mí, ya que el esfuerzo se dirige a las cualidades internas y no a la ceremonia ni a la apariencia.

En un futuro, quiero examinar esta vertiente racional del Budismo, que tiene sus principales centros en Japón.

A pesar de ello, pensaba hoy mientras comía con los compañeros, dudo que mi relación con cualquier religión o rama vaya más allá del interés, la simpatía o el estudio.

Hay algo que me echa atrás cada vez que veo a gente reunida compartiendo una idea. Las relaciones, las conversaciones, incluso las bromas entre unos y otros pueden volverse extremadamente convencionales. Incluso el buen humor en un grupo llega a parecer una necesidad impuesta.

Otro factor que me mantiene distanciado de cualquier religión es la inefabilidad. En toda estructura organizada, las verdades básicas o los representantes superiores no son discutibles; es más, la prudencia dicta no cuestionarlos en lo más mínimo.

Todos saben que yo no soy budista, en el sentido oficial de la palabra, pero como vivo con ellos y hago lo que ellos hacen, se espera de mí que no cree una situación desagradable criticando algún punto sensible o de dogma.

Es una suerte para mí, no obstante, que me hayan aceptado entre ellos, de modo que pueda ver más allá del balconcito de mi cabaña (donde, a pesar de todo, estoy la mayor parte del día).

Después de comer, el inglés me ha invitado a tomar un té que le ha mandado su madre. No hay nada como las madres para mimar a sus hijos, allá donde estén.

En aquel momento ha entrado la monja y hemos hablado de cuestiones variadas, no demasiado serias en principio. Después la conversación ha ido derivando hacia la situación política del Tíbet. Mercedes acompañó al Dalai Lama en su venida a España y recibieron todo tipo de presiones y amenazas del gobierno chino para que no tuviera ningún tipo de recibimiento oficial.

De las crueldades de los chinos en el Tíbet se ha pasado a las hechas a su propio pueblo durante la Revolución Cultural.

La monja me ha recomendado una novela de una escritora china que se titula *Cisnes salvajes*, donde se narra la vida de tres mujeres de una misma familia (abuela, madre e hija) y cómo pasan y les toca sufrir las consecuencias de cinco regímenes diferentes: el de la China de los emperadores (donde a la abuela la hacen trabajar de concubina), el de la guerra bajo invasión japonesa, el del gobierno chino nacionalista de postguerra, el del comunismo y el de la Revolución

Cultural (donde eliminaron a la gran mayoría de cargos del propio partido). Todo eso en apenas tres o cuatro décadas.

Tras esta conversación, bajo el camino lentamente, con intención de tomar algunas fotos antes de volver a mi refugio. Aprovechando que no hay nadie, entro en el recinto donde está la estupa, cosa que no había hecho hasta ahora.

Me he quedado maravillado por la magia del lugar y por la construcción misma. He avanzado por la subida flanqueada por las banderolas verticales de color hasta llegar a esta curiosa punta de lanza blanca, con un discreto Buda de piel oscura en su interior.

En el misterio y recogimiento del lugar se ha añadido un detalle en el que no había reparado antes. Una ligera música cambiante impregna todo el aire. En medio de este silencio y del suave viento, parecer venir de un sueño. Es una melodía extraña y exquisita, como de cristales que resonaran en el aire. «¿Quién puede hacer una música tan maravillosa?», he pensado.

Al llegar arriba lo he sabido, pero no por ello he salido del encantamiento. Un juego de campanas tubulares, como las que hay en algunas casas, cuelga fijado en una roca. Según por dónde sople el viento, suena una u otra campana con una delicadeza indescriptible, formando melodías que se combinan entre ellas, evolucionando como si obedeciesen a un plan premeditado.

Disfrutando del descubrimiento, hago un recorrido circular a la estupa. Como hipnotizado, camino bajo la influencia del viento y la música, porque realmente es música, y me siento en la gloria.

Me digo que, si querían idear un sitio para favorecer la iluminación, no podían haberlo hecho mejor; ésta es, como mínimo, la impresión estética que me llevo. Después, la iluminación se presentará o no en un lugar y momento imprevisible.

Cuando bajo a la cabaña, me viene a la cabeza una conversación que el antropólogo Nigel Barley tuvo con un «jefe de la lluvia». Recuerdo que le decía:

—¿Pero usted no cree que serán los dioses los que harán que llueva?

—Sí —le responde el jefe—, pero a los dioses se les tiene que ayudar.

*   *   *

Esta tarde he pasado mi peor momento desde que llegué aquí. Inmediatamente después de haber escrito mi diario, he querido ponerme a estudiar.

Como por la mañana había leído la vida del Buda, he cambiado a uno de los tres libros que me había recomendado la monja. Son libros de la editorial Dharma, centrada en la publicación de textos de budismo tibetano y de la tradición Mahayana, que es la que se practica aquí.

Pues bien, me había propuesto tomar apuntes de un manual de psicología de una monja norteamericana que se ha puesto un complicado nombre tibetano, aunque se llama Cherry Green.

Parecerá una tontería, pero nada más ver la foto me ha intimidado la escritora. Me ha causado cierto malestar que no sabía de dónde procedía.

Quizá tendría que explicar antes cómo es una monja tibetana, por ejemplo, como nuestra Mercedes. Básicamente son como los monjes; la misma túnica rojiza tirada por encima, una blusa de un color similar debajo, sandalias y, eso sí, el pelo también corto como un hombre.

Sólo añadir que llevan un rosario de bolitas de madera colgando que, además, hace exactamente la misma función que los rosarios de curas y beatas. La única diferencia es que en lugar de contar «credos» y «avemarías» cuentan mantras, que son esas frases-oración breves en sánscrito.

A menudo me pregunto por qué una tradición como la budista tiene que copiar todos los tics de la Iglesia Católica, ya que son elementos de forma sin ningún sentido primordial. Me he fijado en otro detalle: la mayoría de los budistas que viven aquí recitan una oración silenciosa levantando las palmas antes de comer lo que tienen en el plato (curiosamente, la inglesa, la que zampa más y vive en una comunidad budista, no lo hace nunca). ¿Es una adaptación de la costumbre cristiana de bendecir la mesa o viene de su propia tradición?

Sigo tomando en consideración que el budismo se origina 500 años antes de Cristo. Pero mi duda es si estas costumbres ya estaban en el sangha original, con los seguidores de Buda, o si son incorporaciones anteriores.

Pero ya me he apartado demasiado del tema. Volvamos a los oscuros hechos de hoy. Como he empezado a explicar antes, estaba leyendo el manual de psicología budista, con unos consejos y reflexiones que me han dejado mal cuerpo, pero a pesar de ello le he puesto voluntad y me he obligado a acabar el capítulo, tomando las notas pertinentes.

Ahora sé que forzar el estudio es contraproducente, sobre todo con una materia tan densa como el budismo. El caso es que he sentido un malestar y un mareo que me han obligado a salir de la cabaña.

Entonces ha sido como si mi cerebro estallase y viera budas, monjes y símbolos por todas partes. Me ha entrado un auténtico pánico y he tenido ganas de abandonar el proyecto y huir de aquí. A la vez sabía que no era posible escapar —no tenía coche ni carnet de conducir—, con lo cual este súbito miedo no ha hecho más que incrementarse.

Rebelándome contra las sensaciones que me dominaban el cuerpo y el ánimo, he puesto la cabeza bajo la ducha, he cerrado la puerta tras de mí y he empezado a caminar con furia montaña arriba, mucho más arriba de lo que ya estaba.

Cuando hacía más de media hora que ascendía y casi estaba en la cima, me ha bajado la adrenalina y me he tranquilizado. Me he sentado y, secándome el sudor, me he sorprendido al ver el monasterio allí abajo, tan pequeño.

Me he dicho que primero había escapado de la ciudad, después de los monjes, y ahora sólo quedaba yo, allí arriba. De mí no podría huir tan fácilmente.

He bajado poco a poco, disfrutando del camino bajo el Sol tórrido. La lógica también iba volviendo allí de donde se hubiera escapado antes. Sin hablar solo, de algún modo me he echado la bronca a mí mismo: «A ver, Francesc, ¿qué te crees que haces? ¿No tenías tantas ganas de venir y de aprender? ¿No llevas ya meses dándole vueltas al tema? Pues ahora te aguantas; si no te gusta, te jodes. Si te sientes solo o no te puedes concentrar más, tanto da, aquí te quedas hasta el final, que será el lunes que viene».

Cuando he llegado de nuevo al templo, me sentía ya mucho más tranquilo. He sido consciente de lo que ha pasado. Llevo un empacho de caballo de libros sobre el mismo tema (tampoco tengo otra cosa). No creo que los miembros de la comunidad hayan leído en todo el mes la mitad que yo los últimos días. Sumando a eso las meditaciones, imágenes y símbolos por todas partes, al final he colapsado y, lo que al principio resultaba amable y atractivo, se ha acabado girando en mi contra. Era el típico pensamiento: «Si me quedo una hora más aquí, me vuelvo loco».

Por suerte, no me he dejado llevar por la cobardía como algunos antecesores míos en el retiro.

Reconocido el problema, también he visto la solución: por hoy se suspende toda lectura teórica y toda meditación. Sólo descansar y serenarse. Mañana será otro día para empezar de nuevo.

He cenado rápidamente y le he comentado a la monja lo que había pensado. Ella ha confirmado mis suposiciones:

—Francesc, estos libros hay que cogerlos veinte minutos y después cerrarlos.

Le he pedido si me podía dejar de la biblioteca alguna «novelita» que no tuviera nada que ver con el tema, algo fácil para entretenerme en la cama antes de dormir (ten en cuenta que, si aquí no lees o escribes, no puedes hacer absolutamente nada, más allá de meditar).

Creo que no me ha entendido bien porque me ofrecía una biografía del Dalai Lama y después unos cuentos budistas para niños.

—No, Mercedes –le decía–. Necesito desconectar un rato, quiero algo ligero, muy ligero.

Me ha dado un cuento para niños sobre la bajada de un extraterrestre con un mensaje para la humanidad. Lo he aceptado, pero he seguido tanteando:

—¿Y el libro de las mujeres chinas del que me hablaste…? *Cisnes salvajes*, ¿lo tienes?

—Sí, es precioso… El problema es que está en inglés.

—No importa. Lo leo bien.

Me lo ha dado, advirtiéndome:

—Pero ve con cuidadito, que este libro engancha mucho y no vas a estudiar.

—Ya verás como sí, Mercedes.

Antes de salir, he capturado un tercer libro, una recopilación de cuentos fantásticos de Italo Calvino.

Por suerte, hoy se ha suspendido la ceremonia de la noche porque llega una caravana con material.

La monja se ha puesto un *walkman* y ha bajado la escalinata de piedra.

—¿Qué escuchas? –le he preguntado.

—Aprendo tibetano. Repito palabras. No lo hago por mí, lo hago por el lama que ha de venir.

Y ha desaparecido por el camino. En aquel momento la he admirado porque tenía lo que a mí me faltaba: dedicación y sacrificio.

Pero aún me esperaba un último lance antes de encerrarme en la cabaña. He oído gritos en la estupa, que está muy cerca de mi cabaña.

He mirado a lo lejos y he visto que era Mercedes, con su túnica roja, que intentaba ahuyentar los cuatro perros lanosos del monasterio, que le iban detrás y no la dejaban dar la vuelta a la estupa.

Como le estaba agradecido, he querido ayudarla. He subido a paso ligero y he gritado:

—¡Mercedes! ¿Quieres que te quite a los perros?

—Si puedes…

De una patada he hecho huir a tres, pero el último se ha quedado en medio del recorrido, mirándome estúpidamente. Lo he cogido del lomo para encararlo hacia la bajada y entonces «¡Ñac!», mordisco en la mano.

La monja ha gritado:

—¿Te ha mordido?

—No te preocupes. No ha sido nada. Sólo se ha asustado.

—Es que es ciego de un ojo. No te habrá visto llegar.

Cuando ya me había dado media vuelta y caminado unos diez pasos, me ha dicho levantando la voz:

—Además, éste no molesta. ¡Pasa de estupas!

He cerrado la puerta pensando: «Ya os apañaréis».

Por cierto, que gracias al boli negro veo mejor con la luz de la vela. Lo he pedido porque mi bolígrafo se había roto hoy. También es de la monja.

24 de junio, miércoles
O Sel Ling

(*9:30 de la mañana*)

Un día perfecto. El Sol, que aún no clava sus rayos directamente, las montañas, que se extienden azuladas hasta donde mis ojos pueden alcanzar...

Esta mañana me he levantado a las siete y he acudido religiosamente al templo, nunca mejor dicho. He esperado a que acabasen las postraciones y he entrado, olvidando quitarme los zapatos, por lo que he tenido que salir y volver a entrar.

La meditación me ha salido bastante bien esta mañana, sobre todo por lo que respecta a la posición. Casi no he movido ni un dedo en toda la media hora. La atención... eso es otra cosa. Me distraía a menudo y tenía que centrarme de nuevo en la respiración. No es necesario forzarse, la perfección (relativa) llegará con el tiempo y la práctica.

Cuando he ido a desayunar, esperando en el pequeño patio a que llegasen los otros, me sentía relajado y optimista. Todas las paranoias del día anterior ya se me habían pasado. Gran verdad la que dice que no hay que preocuparse, que las cosas se arreglan solas (para bien o para mal, pero se arreglan). Y ahora reflexiono por un momento sobre el miedo y la valentía. No son términos opuestos, aunque lo puedan parecer. Más bien van juntos en una misma dirección.

La cobardía es otra cosa.

Uno no se ha de sentir cobarde por el simple hecho de reconocer su miedo. Todo lo contrario: el cobarde ignora el miedo y lo evita, apartándose anticipadamente de toda situación que pudiera provocarlo. Es un vivir sin miedo aparente, una seguridad ficticia, porque esconde un monstruo que crece en la sombra.

La valentía no es rehuir el miedo, sino superarlo. Si en una primera instancia fracasas, no tienes que echarte atrás. De hecho, te habrá reforzado por el simple hecho de salir a su encuentro.

Krishnamurti tiene un libro muy interesante sobre este tema. Su tesis es que para desactivar el miedo hay que observarlo y observarnos a nosotros mismos dentro de ese estado. Sólo así desaparece. También hace una buena clasificación de los diversos miedos que acechan al hombre dentro de nuestra sociedad.

Una afirmación muy brillante de las que hace es que la comparación está detrás de muchos de nuestros miedos, y del conflicto humano en general.

Jiddu dice: «comparación es violencia». Porque compararme con otro es querer ser mejor que el otro o, como mínimo, igual. Si eso no se da, intentaremos dar un paso en firme en una cierta dirección para superarlo.

Una vez conseguido (en el caso que sea así), el competidor queda distanciado, se reafirma nuestro «ego» y creemos haber alcanzado una cierta autoridad, la cual nos provoca orgullo. Pero en ese mismo momento, otro nos está tomando ya la delantera, humillando nuestro orgullo. Y todo el proceso vuelve a empezar. Esta lucha para alimentar la propia vanidad es el germen de la violencia.

Creo que lo he explicado de un modo muy *sui generis,* no sé qué pensaría el «Sr. K.» de todo esto, pero creo que la esencia del problema queda reflejada.

Hoy me gustaría describir a los miembros del *sangha* (comunidad) que cohabitan en el monasterio. Aparte de la monja y de una directora, que ha vuelto hoy, y del lama, que está por venir, hay siete personas que viven aquí permanentemente. Trabajan en el centro (cocina, limpieza, mejoras, organización, seminarios) a cambio de su estancia, que tiene una duración indeterminada. Con lo que pagamos los residentes como yo compran la comida y cubren otras necesidades de la casa. También tienen ingresos por los seminarios. De todos modos, dudo que naden en la abundancia, más bien todo lo contrario.

Empezaré entonces. Sin los nombres, porque no los sé. Vamos con la clasificación, que espero no sea demasiado irreverente:

«Taxista». A este le llamo así después de cobrarme 800 pesetas –que pagaré a mi vuelta– por venirme a buscar a Padre Eterno. Es el más antipático de todos y raramente se para a hablar, aparte de con la monja. Siempre está muy ocupado.

«Tomasillo». Creo que se llama así. Es calvo, de unos 35 años, muy de pueblo y un tanto desconfiado. Dudo que yo sea muy de su agrado, pero cuando le pido algo o le hago una pregunta es amable y correcto. Me hace regar cada día los árboles que hay alrededor de mi cabaña.

«La Riojana». La llamo así porque es de Calahorra (segunda ciudad después de Logroño). Es joven y muy simpática. Todo el día se ríe y está de buen humor. Descubrió el budismo en un libro sobre el pequeño Dalai Lama en la biblioteca de Calahorra.

Con ella he discutido hoy por primera vez algunos preceptos. Se ha mostrado muy cortés y receptiva, aunque enseguida ha cambiado de tema.

«Señor blanco». Éste es un espécimen de lo más curioso. Tendrá unos 50 años, y aparte de las canas, siempre va vestido de blanco inmaculado: zapatillas, pantalones y camisa. No sé cómo se las apaña «para lavar tan blanco» en un lugar tan rústico.

Aunque creo que es *gay*, es único haciendo comentarios obscenos cuando menos toca. El otro día, durante el almuerzo, comentó con una patata en la boca: «Fijaos en Mercedes, que no lleva sostenes de tirantes».

Aquí sólo hace de cocinero, y muy bien, por cierto. Su procedencia es bastante rocambolesca: ha nacido en Andalucía, como «Tomasillo», se ha criado en el País Vasco, pero ha vivido muchos años en Tánger. Lo que haya hecho allí es un misterio.

«El camarero zen». Es el más enrollado de todos. También de mediana edad, delgado y siempre sin afeitar. Trabajó muchos años de camarero y también estuvo metido en el Budismo Zen. Le va mucho la broma y siempre tiene cosas que explicar.

Ayer me explicaba que un lama muy importante se reencarnó en un niño de un pueblo cercano. Al niño se lo llevaron y ahora ya hace ocho años que lo tienen en India o Nepal. Se llama Osel en honor al monasterio.

También me explicó por qué este año Leonard Cohen no podrá venir a Fuentevaqueros, aunque lo han invitado por sus adaptaciones musicales de Lorca. Hace varios años que es monje zen en un monasterio de California, y no hace vida pública. En el sangha hace de cocinero. Cuando le pidieron que actuase por el año Lorca, se disculpó diciendo que le era imposible venir, porque, entonces, ¿quién daría de comer a sus compañeros? No tenía a nadie para sustituirlo.

«La inglesa». Es muy alta y seria. Lo único que conozco de ella es su apetito indomable y las revistas de budismo que lee. Durante los desayunos, en lugar de alargar el brazo, hace trabajar a todo el grupo: *Pass me the milk – Pass me the bread – Can I have the tea, please?* Y así sucesivamente, lo que es muy británico por otra parte.

«El inglés». De primeras me cayó «como un ladrillo», pero después vi que me había equivocado. Es muy bondadoso y abierto con todo el mundo. Debe de ser el más joven de todos.

Hoy hemos hablado un buen rato y me ha dicho que lleva aquí cinco meses y que no tiene fecha de salida. Aprende español a marchas forzadas, pero le falta un libro de verbos. Quizá le envíe uno desde Barcelona.

Su madre vino a visitarlo hace unos meses. No sé por qué, pero he sentido cierta tristeza cuando me ha explicado esto.

* * *

(6:15 de la tarde)

¡Dos horas durmiendo! Es la primera siesta que hago desde que llegué aquí arriba.

He leído uno de los cuentos seleccionados por Italo Calvino. En este caso «El elixir de la larga vida» de Honoré de Balzac, cuyo final es curiosísimo y divertido.

Al despertar, me ha embargado un cierto sentimiento de culpa por haber dormido tanto. Debo de estar influido por el ritmo austero de vida que se lleva aquí, donde a las siete de la mañana todo el mundo está en pie (incluso yo) y ya no se para de hacer cosas, vayan dirigidas al interior o al exterior, hasta que se pone el Sol.

A menudo me pregunto qué debe de haber llevado a estas personas a una vida tan retirada. No es que les falte el contacto humano, al contrario: casi todo lo hacen comunitariamente (aquí quien no ve a nadie durante 21 horas al día soy yo). Me refiero más bien a la pérdida del contacto con la sociedad, los amigos y la familia.

Ciertamente, la mayoría no son monjes y podrían hacer, en principio, lo que quisieran, pero en la práctica se ven abocados al retiro de su microcosmos. Muchos de ellos hace meses que no han bajado a la ciudad y, si se desplazan, muchas veces lo hacen para asistir a algún acto relacionado con el budismo de su tradición, donde todos se conocen.

En la mesa se ensalza y venera a lamas grandes y pequeños que copan sus revistas. Los libros también van en esa dirección. Prácticamente todo el tiempo gira entorno a este pequeño mundo suyo, que deben ver como el único válido o, al menos, el único satisfactorio para ellos.

No puedo evitar pensar que estas personas estarían muy descontentas con su vida para elegir un cambio tan radical.

Un aspecto negativo (hay muchos positivos) que veo en este tipo de comunidad es su opacidad hacia otras influencias, sobre todo si son religiosas o filosóficas. Aunque no lo reconozcan, se respira un ambiente de verdades absolutas. Un camino tan interesante como el que propone Buda podría dar lugar a muchas discusiones, dando la vuelta a cualquier cosa para contrastarla desde el punto de vista que fuera. De aquí podría partir una reflexión profunda y espontánea que no estaría sujeta a esquemas fijos.

Además, cuando se pierde la relación con el resto del espectro humano, se pierde también la noción del mundo donde estás viviendo.

«El hombre sólo se puede entender en relación con los otros», decía Krishnamurti. Y no es casual que me venga a la memoria este pensador hindú por segunda vez aquí, porque ha sido objeto de una interesante conversación.

Estaba yo sentado en el patio del comedor cuando ha salido la inglesa, que tiene mucho más coco de lo que yo pensaba. Todo ha empezado cuando le he hecho algunas preguntas sobre el objeto de la meditación con la respiración. Le he comentado que, aunque mi técnica mejora, no soy capaz de abstraerme de los pensamientos que cruzan mi conciencia.

Ella (E) ha respondido (*traducido del inglés*):

E. –Es normal. A mí me pasa lo mismo; es muy difícil no pensar.

F. –¿Crees que, a pesar de ello, es positivo el ejercicio?

E. –Seguro que sí. De eso se trata, de identificar tus pensamientos. Ver que los pensamientos son algo que no somos necesariamente nosotros. Son independientes de ti. Existe el ser y el flujo de pensamientos.

F. –¿Pero ese flujo no es producto del ser?

A partir de aquí creo que he perdido el hilo de lo que me decía, y diría que ella también. He podido reconducir la conversación para plantearle una duda muy simple que había «fluido» unas cuantas veces por mi cabeza:

F. –Una cosa: ¿qué es lo que se espera que tienes que sentir después de media hora de meditación?

E. –Es que no tendrías que sentir nada. La meditación tendría que continuar mientras vuelves a tu actividad normal.

F. –¿De qué manera?

E. –En el sentido de percibirte a ti mismo, a tu cuerpo y a tus actos, y a tu pensamiento. Se trataría de mantenerte despierto una vez acabada la meditación, y que este estado perceptivo no pare.

Para «estar despierto» ella usa una palabra inglesa difícil de traducir, el *awareness*.

Muchas cosas, me ha dicho, ni ella misma puede explicarlas porque le resulta difícil entenderlas.

Me ha gustado mucho que en ningún momento ha declarado sentirse segura de una cosa u otra. Creo que en su pensamiento entraba un considerable caudal de dudas, igual que en el mío. Y eso es señal de que no hemos recalado en ningún puerto, que podemos seguir avanzando. El privilegio del marinero.

Entonces, para finiquitar el *brainstorming* espiritual, hemos llegado a Krishnamurti. Se ha sorprendido de que yo lo hubiera leído y ha sonreído. Ha dicho que le parece muy interesante todo lo que escribió, aunque le encontraba un *pero:* que revela los problemas, sin decir cuál es la solución; o que si da la solución a un problema no nos dice cómo se hace para aplicarla.

Le he comentado que yo he tenido siempre la misma sensación, pero que quizá ésa es la esencia del pensamiento de Krishnamurti: «tirar de la manta», como se diría vulgarmente, para que el lector pueda sacar sus propias conclusiones y actúe en consecuencia.

Eso va contra la comodidad del mundo.

La gente necesita saber qué hay que hacer, si puede ser con pelos y señales. Cómo hemos de actuar, vestir, pensar. En el trabajo nos sentimos más seguros si las instrucciones son claras. Queremos saber dónde están nuestras cosas, sentirnos seguros en casa y que todo quede en su sitio. Exigimos saber cuál es exactamente nuestra relación con el amigo, la pareja, quien sea: saber qué piensa, cómo ve la relación y dónde estamos nosotros en esta relación.

Este enfoque niega una característica primordial de la realidad: su carácter dinámico. Somos movimiento constante (ya lo decían los filósofos griegos) pero queremos analizar y entender el mundo como si fuera algo estable, un bloque de hormigón.

Entonces, si por accidente el hombre tropieza con su libertad, no sabe qué hacer con ella y es presa del pánico.

Es más fácil obedecer órdenes.

Quizá por eso mucha gente no entiende a Krishnamurti, pero entiende muy bien que le digan: «Reza diez avemarías», «Canta el sutra cuarenta veces», «Revisa las facturas y apunta los totales», etcétera.

Un último detalle sobre Krishnamurti, y dejo ya esta retórica sin fin. Lo quiero comentar porque me ha parecido divertido. La inglesa me estaba explicando cómo empezó la educación de Krishnamurti:

—Una mujer inglesa estaba haciendo un viaje por la India y descubrió este niño cuando era muy pequeño; al mirarlo allí en la calle, vio una aureola de luz que envolvía su cuerpo. Se lo llevó a Inglaterra, donde le dio estudios, apoyado en la *Theosophical Society*. Cuando fue adulto, esta sociedad religiosa lo quiso erigir como un gurú casi caído del cielo. Pretendían hacerlo líder de una nueva religión. Jiddu vio el percal y los dejó a todos plantados. Se dedicó toda la vida a escribir y dar conferencias, desentendiéndose de toda organización o sistema.

Además de en la India, sus textos y charlas están recogidos en una fundación al sur de Inglaterra donde, cinco años después de su muerte, hay una escuela de niños y otra de bachillerato.

La inglesa visitó esta fundación y me ha explicado algo que le extrañó: todos los chicos y chicas que caminaban por los jardines iban vestidos exactamente como Krishnamurti: ropa ancha, colores claros, con un diseño muy simple pero elegante a la vez. Era como una escuela de pequeños y sobrios príncipes.

Para cerrar este capítulo y este tema, quiero hacer reseña de un comentario muy agudo de Henry Miller sobre esta figura, con el que coincido plenamente. Venía a decir:

Jiddu Krishnamurti es un hombre sabio y sus enseñanzas son altamente valiosas. Sólo le encuentro un pequeño defecto, algo que le falta: sentido del humor.

25 de junio, jueves
O Sel Ling

(10:15 de la mañana)

Aycr por la noche no escribí en mi cuaderno, como tenía previsto, porque volví de la meditación con el ánimo muy relajado. Preferí sentarme en el borde de la terraza hasta que cayera la oscuridad.

Después, aunque era temprano, me tumbé en la cama para leer otro relato de la colección de Calvino, uno de Hoffman: «El hombre de la arena». No quiero negarle su valor, pero está lejos de la frescura y contundencia del Balzac que había leído la víspera anterior.

Al acabar las cincuenta páginas aún no tenía sueño, así que leí los comentarios de Italo Calvino a algunos de estos relatos, así como toda la introducción del autor a este primer volumen que se titula *Cuentos fantásticos del XIX*.

Por lo que llevo leído, este compendio es una auténtica joya, tanto por lo que respecta a la selección del autor como por su presentación y comentarios. Sólo un pequeño consejo: la breve introducción a cada narración es preferible leerla al acabar la lectura, pues Calvino no evita descubrir el final de cada historia.

A menudo tengo sobresaltos aquí cuando leo de noche, porque siempre hay un par de ratas de campo que rondan alrededor de la casa y de vez en cuando provocan estrépito al tirar alguna cosa o rascar la puerta. Otro motivo de espanto al que ya me he acostumbrado son los sustos que provocan las arañas con la luz apagada. Dos o tres veces por noche se descuelga una sobre mi cabeza o pasa por mi cara.

De día no se mueven ni un milímetro, pero han resultado ser muy activas por la noche.

Regreso, sin embargo, al día de ayer. Después de cenar, fue la primera vez que asistí y participé en la meditación de la noche, que es la del Buda de la Compasión. Dura unos tres cuartos de hora y es totalmente diferente a la que se realiza durante la mañana. Se aparta de ésta, básicamente, en que esta otra meditación incluye la «visualización». Eso quiere decir que, mientras se medita o cantan los mantras, se ha de visualizar la imagen del Buda de la Compasión, cosa que fue altamente complicada para mí porque no lo he visto nunca (ni en foto).

Todo el ritual del Buda de la Compasión va dirigido a impregnarse de la Luz que desprende este Buda, que se dice que son rayos de bondad hacia todos los seres. A través de la visualización, el canto y la oración, hay que dirigir este bienestar a nuestros seres más cercanos (familia, amigos…) y en última instancia a toda la humanidad.

Sé que puede sonar a empresa imposible, pero es un ejercicio muy bello. Ha de ser forzosamente una práctica post-Buda, seguramente ideada por los monjes de sanghas posteriores que, especialmente en el Tíbet, elevaron el Buda a la categoría de Dios y a los lamas a la de santos, haciendo un símil con la Iglesia Católica.

Resumiendo, la ceremonia empieza repitiendo tres veces diversas oraciones (traducidas al castellano) para propiciar esta compasión de la que se quiere beneficiar al mundo. Se pide el poder para hacerlo y se empieza la visualización, que los iniciados afirman percibir con gran claridad y brillantez.

Yo, evidentemente, poco o nada vi, aunque hice el esfuerzo de llevar a mi mente alguna imagen de Buda que había visto (aunque desconozco si era o no de Compasión). Mientras se hace eso, se canta el clásico mantra en sánscrito: «OM MANI PADME HUM».

El canto combina una melodía ascendente con otra descendente. Es realmente harmónico y relajante. Para mí fue una experiencia curiosa, habituado a tanto silencio.

«Mantra» quiere decir «protección de la mente» y sirve para conseguir fijar la concentración mientras se canta.

Conmigo eso no funcionó, porque mientras lo cantaba no pensaba en otra cosa. El único inconveniente fue que, cuando el ritual acabó y volví a la cabaña, el mantra y su melodía siguieron retumbando en mi cabeza un buen par de horas.

Me inquieta pensar cuánto tiempo necesitaré para despegarlo de mi cabeza el día que me marche de aquí, pues habré hecho unas cuantas sesiones.

Este mantra se canta un buen rato en grupo y después se hace internamente, en total no menos de una media hora (ésta fue mi impresión, pues allí el tiempo es muy relativo). Después de eso, se pronuncia una breve oración y acaba el ritual.

«¿Por qué participar en esto?», puede pensar más de uno. Por un motivo muy concreto: si he venido aquí a conocer el budismo, eso incluye tanto los textos como la vida diaria del sangha, con sus prácticas. Compartiendo con ellos las comidas y los rituales puedo entender mucho su universo: con su parte teórica, el Dharma (enseñanzas de Buda), y la práctica real de los pobres humanos.

Para asimilar este lado real del mundo budista hay que meterse dentro de su cabeza, pensar como ellos y actuar en consecuencia. Por eso he insistido en participar en todos los actos religiosos donde me aceptaran, incluso a costa de mi silencio mental.

Esta mañana, después de la meditación y el desayuno, he oído que la monja hablaba con algunos miembros de la comunidad sobre la traducción de algunos artículos (de inglés a castellano) para una revista. Sale cada dos meses en inglés y da noticias sobre el budismo tibetano.

Mercedes ha comentado que solamente quedaban diez días para hacer la entrega, pues son unos textos que han de aparecer en la distribución española de esta revista. Como filólogo de anglogermánicas, me he ofrecido a echar una mano en lo que pueda. La monja me lo ha agradecido y me ha pasado un ejemplar, asignándome un artículo.

Me ha parecido una experiencia divertida, y aquí el tiempo no me falta. Al volver a la cabaña, he pasado largo rato hojeando la revista, que no dejaba de sorprenderme por toda clase de motivos.

Aquí hay tanta tela que cortar, que eso merecerá un apartado de honor en mi próximo informe.

Voy a ducharme.

*   *   *

(*7 de la tarde*)

Otro cambio de color en la letra manuscrita de mi cuaderno. El bolígrafo que me dejó la monja ha dejado de escribir. Con un poco de imaginación, se podría decir que hay un complot de bolígrafos para que yo no escriba.

A ver si el que acabo de conseguir dura hasta el final.

Ya he traducido el artículo de la revista, que era interesante, pero muy repetitivo. Era de una conferencia de un lama y venía a decir que un esfuerzo grande aislado no sirve para nada, pues es preferible el esfuerzo pequeño y regular.

Eso lo decía en el contexto de la práctica budista, más en concreto, en relación con la bondad. Él propone cada día por la mañana, después de la meditación, hacerse el propósito de actuar aquel día de una manera virtuosa, intentando no herir a nadie y ayudar a los demás. Por la noche se hará una comprobación de si se ha actuado según ese propósito y, si no ha sido así, habría que practicar una purificación para corregirnos.

Es un texto sencillo y bienintencionado. Recorriendo la revista, me parece uno de los artículos más profundos. Muchas páginas parecen un supermercado de ofertas del budismo tibetano.

A continuación, haré un rápido repaso a las cosas que más me han sorprendido de la revista bimensual de mayo-junio del 98:

Un anuncio a media página pidiendo aportaciones para construir la que ha de ser la estupa más grande de Occidente (creo que en Australia). Proponen dos tipos de aportaciones: «Amigo de por vida de la Estupa», para lo que hay que enviar 1000 dólares; recibes a cambio una miniatura de la estupa e inscriben tu nombre en ella. En un segundo nivel, puedes ser «Protector de la Estupa», enviando 100 dólares, aunque no recibirás nada ni te inscribirán en ninguna parte.

Artículo sobre los niveles de azúcar en la sangre de un importante lama. El asistente del Rinpoche (reencarnado) da datos médicos bastante concretos, pero lo más sorprendente son los datos adicionales del texto. Se cuenta, a 13 de abril, cuando se cerró la edición de la revista, el número de prácticas realizadas hasta la fecha dedicadas a la larga vida de Rinpoche: a) Han liberado 1.356.819 animales (*me pregunto cómo lo sabrán*), lo que incluye palomas, tortugas, ranas y gusanos. b) Se han cantado 635.405 mantras de Maitreya (*ídem, ¿cómo lo sabrán?*). Sigue un largo etcétera, donde se hace recuento de todo tipo de mantras y oraciones que no conozco.

Hay un gran reportaje sobre el «Proyecto Maitreya», que prevé erigir una descomunal estatua de Buda de más de 150 metros de altura en Bodh Gaya, en la India. El Dalai Lama está de acuerdo, aunque parece que el proyecto costará una millonada impresionante. Se están buscando fondos por todas partes. Más adelante en la revista, aparece un reportaje con el viaje de Richard Gere y un lama. Al preguntarle por la gigantesca estatua que se intenta erigir, el actor se muestra crítico. Aduce que la tremenda cantidad de dinero que requiere este proyecto podría emplearse en escuelas, hospitales y medicinas.

También el Lama Osel (el niño reencarnado de las Alpujarras) tiene dos entradas en la revista. En la segunda, se lamenta la muerte de su perro, tras caerse de un árbol.

Hay una sección sobre las personas de los centros budista de todo el mundo. Está ordenado por países y en *Spain* se habla de toda la gente que he conocido aquí: se menciona el retiro de quince días de uno de ellos, las vacaciones de un mes de otro, quien se queda a finales de verano y quien se dispone a marcharse.

Entre estas secciones, todas las páginas están llenas de publicidad para vender toda clase de productos: figuras, banderas, cursos, etc. Es lógico: todas las organizaciones necesitan dinero para sostenerse, y las budistas no son una excepción.

Con todo, mientras hojeo la revista, me pregunto: ¿Quién leerá estas noticias?

La respuesta no es tan difícil. Se trata de una revista corporativa que recoge el universo concreto de esta comunidad espiritual, al igual que hay publicaciones destinadas a banqueros o a adiestradores de caballos.

Mi chafardeo termina cuando suena el gong para cenar. Ahora que ya tienen mi traducción, llevaré la revista de vuelta.

26 de junio, viernes
O Sel Ling

(9:30 de la mañana)

Esta mañana, la posición de tijera de la meditación me ha producido un dolor terrible. Me hacía tanto daño que no he logrado concentración alguna. Tendría que ser al revés, pero parece que voy hacia atrás como los cangrejos.

Quizá contribuye a mi falta de concentración el ambiente tenso que los últimos dos días estoy notando aquí. El regreso al centro de la directora, también monja, tiene mucho que ver con lo que pasa actualmente. Las razones concretas se me escapan y, por otro lado, tampoco quiero saberlas.

Con la directora, llegó un equipo de televisión que hacía un reportaje sobre el centro para un gran canal. A eso se sumó un pequeño accidente que sufrió una chica que ha venido para un curso. Debido a un golpe, se hizo un corte en la cabeza y se desmayó.

En la terracita del comedor coincidieron la chica accidentada, la directora, los periodistas, los residentes y yo que, para rematar, me senté en el último sitio libre y tiré una pequeña maceta que cayó al otro lado, rompiéndose en añicos.

Se armó un buen revuelo: «¡La albahaca!», «¡La albahaca!», «¡Tomasillo te va a fusilar!», «¡Es la niña de sus ojos!».

Intentamos replantarla con urgencia, porque la planta se había salido de la maceta y sólo una pequeña parte había quedado con la raíz. El resto fue directo a la cocina. Servirá para hacer pesto.

Cuando llega «Tomasillo» le explico lo que ha pasado, pidiéndole disculpas.

—Era del Lama –dice con voz compungida–. Creemos que parte de él pervive en esa planta.

Así pues, me he cargado la reencarnación del lama.

Siento lástima por el accidente, pero ya volverá a crecer.

Entre la alumna accidentada y el drama de la albahaca, los periodistas que llenan la terraza me informan de las noticias de los últimos días, algo que aquí me era imposible saber en medio de esta desconexión. Así me entero de la eliminación de España de los Mundiales, de un atentado en el País Vasco, y de otras cosas que no quiero saber.

Entro en el comedor, donde hablo por primera vez con la directora.

Es unos años mayor que Mercedes. Lleva el mismo pelo corto y la túnica, claro. Tiene un rostro severo e inteligente. Enseguida entiendo que es una persona acostumbrada a tener autoridad.

Me sorprendo cuando me dice que es de Barcelona, donde nació y vivió hasta los dieciocho años. Me explica que de joven trabajaba de fotógrafa y hacía reportajes con Candel y otros escritores de la época. Todo el rato que la escucho me gustaría saber cómo y por qué esta persona cambia de vida y se retira, tomando votos en la religión budista. Pero es una pregunta que no haré.

A esta comida acuden personas nuevas, que acaban de llegar para hacer un curso de shiatsu (masaje japonés). Este tipo de talleres se hacen en unas instalaciones que hay casi en la cima de la montaña. Constan de dos carpas gigantes y un comedor al aire libre. Se espera la llegada de cincuenta participantes, algunos de los cuales ya están aquí. Cuando se hacen este tipo de cursos, los residentes budistas trabajan a tope, sobre todo cocinando.

Pero volvamos al almuerzo de ayer: estábamos todos conversando con los talleristas, cuando me di cuenta de que Mercedes no estaba en la mesa. Me dije que estaría en el templo, o en su habitación. Vino cuando ya acabábamos, muy seria y ausente.

Por primera vez desde que estoy aquí se hizo una sobremesa (cosa que odio, por otro lado) en la que se hablaba de lo divino y de lo mundano. La monja Mer casi no hablaba, aunque tampoco se levantaba de la mesa. Me pareció que cada vez que hablaba la monja directora se le endurecían las facciones.

La tensión casi se podía cortar con un cuchillo.

En un momento de la conversación se levantó y se fue sin decir nada.

Por la tarde, el mal rollo se manifestó en otros puntos que no llegué a entender. A la meditación de la noche nadie quiso ir. Así que estábamos allí, con la sala en penumbra, sólo la monja y yo. Más tarde se sumó el inglés, que llegaba corriendo del campo.

Entono el mea culpa, porque, además de destruir el tiesto del lama, en aquella sobremesa al parecer metí la pata hasta el fondo. Quizás por lo animado del ambiente, entre periodistas y gente del taller, bajé la guardia, olvidando el principio de infalibilidad del que ya he hablado.

Estaba charlando con la riojana sobre la entrevista que había leído sobre Richard Gere y la polémica construcción de la gigantesca estatua del Buda de Maitreya. Ésta se mostró muy interesada en conocer los detalles y le expliqué que el actor de Hollywood, a diferencia del Dalai Lama, se había mostrado (al menos en parte) en desacuerdo.

Entonces la directora, que estaba bastante cerca, intervino con mucha agresividad, aunque evidentemente no había oído bien lo que había dicho:

—¡No es verdad! ¡Su Santidad sí está de acuerdo con el proyecto! ¡Va a ser algo magnífico, que va a dar mucha luz! Se va a levantar en una zona muy pobre de India, por lo que muchas personas van a tener trabajo varios años.

Su expresión delataba una furia no contenida.

Asombrado, pensé rápidamente qué había que hacer. No tenía ganas de discutir, porque entonces habría salido todo y me habrían expulsado (eso ha pasado al menos una vez). Tampoco quería ofender una fe tan ciega, así que, muy a mi pesar, decidí darle la razón, rompiendo por primera vez el precepto de NO MENTIR. Donde no se acepta la verdad, se tendrán que conformar con la mentira. De manera que dije:

—Tienes razón. No me había parado a pensar en ese aspecto.

—¡Hay que tener todo en cuenta!

Y su ira bajó como un ascensor sin pasajeros.

Por la tarde, yo seguía dándole vueltas a la cuestión. Al encontrarme con el camarero zen en el santuario de fumadores, murmuré:

—Puede que sí dé trabajo, pero ¿qué tipo de trabajo y con qué sueldo?

—Con sueldo de indio –me dijo el otro, que opinaba lo mismo que yo.

Mientras regresaba a mi cabaña, me acordé de un reportaje que había escuchado hacía años en la radio. Presentaban un libro de ficción escrito por un periodista que relataba el regreso de Jesucristo a la Tierra. Haciendo una hipótesis de cuál sería su reacción al contemplar el estado de nuestras cosas, el autor venía a decir:

Si volviera Jesucristo y viera el mundo, lo primero que haría sería condenar al Papa, obispos y la mayoría de los curas. Viendo que ellos viven en la opulencia y que la pobreza no hace sino aumentar, diría: *«Os condeno porque me habéis adorado, pero no me habéis seguido».*

* * *

(6:15 de la tarde)

Después de una larga siesta, mientras me hacía el té, he recordado que hace dos noches fue la verbena de San Juan. Casi se me había olvidado, aunque aquí el tiempo corre como si no existiera y no es fácil saber qué día es, o si ese día es especial por algún motivo.

De hecho, cuando escribo por la mañana en este cuaderno, he de consultar la fecha anterior que anoté para saber en qué día estoy.

He dormido muy profundamente, quizá porque la comida era más pesada de lo habitual: una especie de *pasticcio* vegetal, además de sopa y croquetas de arroz. El cocinero, el señor de blanco, sorprende cada día con sus platos. Es una comida vegetariana integral en la que tampoco ponen ajo, pero prepara cada día auténticas delicias. No sé dónde debe de haber aprendido una forma de guisar tan refinada.

Y mis arañas, ¿qué comen?

Yo pensaba que aquí dentro no encontrarían combustible, aparte de las nueces que están cerradas, pero el otro día las arañas me sorprendieron, demostrándome que no era así. Me encontré una en la basura que sí había descubierto algo bueno: las hojas usadas del té.

Por la noche, las dos ratas siguen visitando mi terraza, investigando el terreno. A veces hacen tanto ruido que llego a dudar de que sean animales pequeños los que hacen esto.

Ya que hablo de animales, me gustaría hacer inventario de los bichos más o menos domésticos que tienen aquí, pues reflejan el pensamiento de la comunidad budista y no dejan de tener un lado divertido.

Lo primero que llama la atención cuando llegas aquí es una vaca, de una raza inusual para nosotros, que está atada a un árbol cerca del templo. Cómo acabó aquí es curioso. Un residente inglés de cierta edad que vivió en O Sel Ling un tiempo, al volver a su país vio por casualidad cómo unos hombres hacían subir una ternera a un camión. Iba seguramente al matadero.

El hombre quedó compungido al observar el miedo en los ojos del animal, que no sabía adónde lo llevaban, pero debía intuir algo. En un arrebato, el inglés en cuestión decidió comprar la ternera para salvarla, después de una discusión con los conductores y con el propietario. Finalmente, se llevó el animal con una cuerda.

Una semana después hizo enviar esta ternera en avión hasta aquí. Increíble, ¿no? El transporte debió de costarle una fortuna.

Ahora, cada vez que paso por su lado, me acerco. Es cómico ver esa enorme cabeza bondadosa, siempre llena de moscas. No sé si será por afinidad nacional, pero el inglés que reside aquí es el encargado de llevarle la comida y limpiar el campo.

Hace unos días, al pasar por el templo lo vi. Bajé las escaleras de piedra hasta el árbol, y le pregunté:

—¿Qué come la vaca?

—Basura. Los residuos orgánicos que tiramos en la cocina. Observé pieles de naranja, fideos, alguna patata…

—¿Y le gusta?

—Depende –respondió–. Si lo que tiramos es bueno, le gusta. Si no, no le gusta.

Muy lógico. Le toqué la cabeza a la vaca y casi me mete la lengua en el ojo.

Siguiendo con el inventario, tenemos los cuatro perros lanudos: tres de mediana edad y la madre de dos de ellos, que tiene ya diecinueve años. Para un perro es una edad avanzadísima. La «abuelita», como la llaman, la trajeron directamente de Nepal y tiene tantos años como el centro O Sel Ling, incluso algunos meses más. El camarero comentaba:

—Esa se ha chupado toda la construcción.

Haciendo un inciso, el otro día eché un ojo al álbum de fotos donde se recoge la fundación del centro, con su edificio principal, la estupa y las diez casitas. Viendo que este sitio está casi incomunicado y que todo ha sido construido de piedra maciza, levantar todo esto debe de haber sido una epopeya, porque lo hicieron voluntarios a pico y pala.

En una de las fotos vi al Dalai Lama. No pude evitar exclamar:

—¡Anda! No sabía que había estado aquí.

—Claro, quillo –me dice el camarero zen–, ¿no va el Papa a muchas iglesias y parroquias y yo qué sé? Pues él también.

Volviendo a los animales, esta perra nepalesa es tan vieja que no ve ni oye nada, y apenas tiene olfato. Suele descansar en un cojín que hay especial para ella en la terracita. A veces se aventura y se da de morros contra alguna pared hasta que la recogen y la devuelven a su cojín, que es el hábitat que conoce. A la hora de comer y beber, hay que acompañarla hasta los recipientes. En este caso es a la inversa de como suele ser: el lazarillo es el hombre y el perro el asistido.

Ésta es una cosa muy bella de la manera de vivir y pensar de los budistas: su sensibilidad y cuidado de los animales. Se practica una auténtica compasión, tal y como se entiende en esta religión. A veces, sin embargo, la compasión va tan lejos que se cae en el absurdo. Un buen ejemplo es el que me dispongo a relatar a continuación:

Aparte de la vaca y de los perros, hay dos gatos que vienen a horas fijas. Uno es un macho blanco. Se sabe cuándo llega porque se sienta cerca del comedor y maúlla muy fuerte. Ayer, a la hora de desayunar, como siempre, salí a acariciarle. Al verme, maulló aún más fuerte.

A su lado estaba sentada la directora. Le pregunté:

—¿Pide comida?

—¡Qué va! Si ya le hemos dado. Está lleno.

—¿Y por qué maúlla?

—Él es así. Habla, habla mucho. Siempre lo hace.

Me explicó que antes corría su padre siempre por aquí. Le llamaban Cabezón porque tenía la testa muy grande, evidentemente. El gato que habla, sin embargo, lo echó, igual que a todos los demás felinos.

Parece que no quiere competencia, sólo le gusta estar con las personas. Únicamente tolera a una gata siamesa que pertenece a la casa.

Esta otra es muy menuda, y suele presentarse por la tarde, situándose a cierta distancia de nosotros.

Sobre esta gata, la directora me dijo una cosa que me dejó perplejo.

—Esta gatita, aquí donde la ves, cada día se vuelve más salvaje.

—Ah, ¿sí? Parece muy dócil.

—Y lo es, pero con las personas. Tiene un instinto muy fuerte y siempre quiere cazar ratones. El otro es más tontaina y no lo suele hacer.

—Pero es normal que cace ratones, ¿no?

—Nosotros la encerramos por la noche en la casa para que no pueda salir.

—¿Por qué?

—Porque no queremos que mate.

Esta última afirmación la hizo con gran vehemencia y determinación. Yo enseguida pensé: «¿Y los animales del campo? ¿Quién los controla para que no sigan su instinto?».

No entiendo cómo se pretende hacer cumplir preceptos budistas, que son humanos, a una bestia salvaje.

27 de junio, sábado
O Sel Ling

(*9 de la mañana*)

Éste es un día brillante, y no sólo por la luz exterior, sino por los pequeños soles que se encienden de vez en cuando dentro de las personas que viven aquí. En este santuario entre las montañas, a menudo veo mucha fuerza y paz en los residentes. Hubiera sido una lástima no darme cuenta de eso hasta llegar a Barcelona, cuando todo pase a los compartimentos del recuerdo.

Hoy he pensado en la bella ciudad donde he vivido la desgracia y la alegría. ¿Cómo será volver ahora? Qué difícil será mantener esta serenidad allí, esta pequeña claridad sobre las cosas.

Ahora entiendo por qué a los budistas les resulta difícil vivir en una gran ciudad. No es sólo la falta total de silencio, de naturaleza, de espacio. Va más allá de todo esto. Como allí vivimos amontonados y en una lucha continua, nos olvidamos de la compasión hacia el resto de seres.

¡Es tan fácil invadir el espacio del otro! Yo mismo recuerdo haber puesto a menudo música a altas horas de la noche, haber gritado por las calles o armado escándalo sin razón, alentado por el alcohol.

En la ciudad, el trabajo y la posterior diversión son el centro de todo, y si algo va mal buscaremos la culpa en los otros.

Es por eso que, en medio de las prisas, pisotones y gritos, cuando encuentras a una persona amable que te sonríe o tiene una palabra considerada hacia ti, o te dedica unos segundos de su tiempo con gentileza, te sientes bendecido. Hay un gran desequilibro en nuestro orden de cosas. ¿Ser amable no debería ser la norma, y la excepción, la grosería?

Tal vez el error sea que vivimos como si estuviéramos solos. Los otros son una realidad que queda muy alejada de nuestro pensamiento cotidiano.

Buda contemplaba la humanidad como si navegara en una gran nave que cruza los océanos de los años y los siglos. En este barco todos dependemos de todos y la felicidad de unos se ve afectada por la manera de hacer de los demás. Si no se toma conciencia de eso y cada cual rema por su cuenta, cómo y cuándo quiere, la nave acabará bajo el agua.

Si queremos salvar el mundo y nuestras pequeñas felicidades, es necesario trabajar para extender la amabilidad.

* * *

(*11:30 de la mañana*)

He estado leyendo un poco más la biografía de Buda y el libro de Panikkar. Este último quiere ser tan riguroso que a veces su lectura me resulta lenta y difícil. Estudia la figura del iluminado desde un prisma filosófico, apuntando a cuestiones como el silencio, la visión ateísta de la realidad, la sustancia y la no-sustancia.

Previamente al estudio de los textos budistas, hace una clasificación de las diferentes tradiciones, lo cual me ha resultado muy útil. Existen básicamente cinco tradiciones, aunque la primera y la última son las que han tomado más peso. Éstas son:

THERAVÂDA: La más antigua. A esta escuela pertenecen textos a partir del siglo v a. C. escritos en pali. Entre éstos están los famosos «sutras», que son los discursos de Buda y sus discípulos. Se estima que son más de 80.000 los sutras que se recogieron[3].

---

3. No es extraño, entonces, que los textos sagrados del budismo no ocupen un libro, como en otras religiones, sino una biblioteca entera.

SARVÂSTOVÂDA: Contiene fragmentos en sánscrito del canon original (traducciones sólo en chino y tibetano).

MÛLASARVÂSTIVÂDA (*toma palabrita*): Parte de los textos originales conservados en Cachemira.

MAHÂSÂNGHIKA: Incorpora al canon muchos sutras y varias leyendas. Se conserva en Nepal.

MAHÂYÂNA: Textos posteriores, la mayoría del siglo II d. C. Es la tradición del budismo tibetano actual.

Simplificando mucho, podríamos escindir el budismo de nuestra era en Theravâda, en el caso del zen, por poner un ejemplo, y Mahâyâna, que sería la escuela del Dalai Lama, por citar sólo la cabeza visible para la mayoría.

Se dice que los seguidores del original Theravâda buscan, sobre todo, un conocimiento de la realidad y de ellos mismos. A través de la propia felicidad se facilitará de manera natural la de los demás.

El Mahâyâna se centra más en la compasión, haciendo de la ayuda a la humanidad el punto de partida de su doctrina. No sé hasta qué punto estas distinciones se corresponden con la realidad, ya que incluso cada escuela presenta divisiones y subdivisiones.

De aceptar esta simplificación, un seguidor zen estaría más orientado al autoconocimiento y al camino analítico hacia la iluminación, mientras que un budista tibetano daría más importancia a la iluminación de la sociedad, lo cual requeriría, si no un proselitismo, sí al menos un darse a conocer.

En mis escasos días aquí, lo que sí he observado es que esta última tradición, quizá por ser posterior, da mucha importancia a las visualizaciones, a la devoción por las imágenes, a los rituales y a la creencia en la transmigración de las almas, algo que otras tradiciones budistas ignoran.

Paralelamente, casi como curiosidad, leo una versión novelada de la vida de Buda. Aun siendo sencilla, aporta informaciones que yo desconocía sobre su biografía, aunque se tendría que ver dónde acaba la realidad y empieza el mito o la leyenda.

Por último, estoy hojeando con interés una guía para la meditación escrita por una tal Kathleen McDonald, californiana, como no podría ser de otro modo, y también monja. Se ajusta mucho a lo que es la práctica. Aunque reconoce su pertenencia al Mahâyâna, se centra mucho en las posibles dificultades que se puede encontrar el meditador y las técnicas más útiles para superarlas. El estilo es claro y desnudo de enfoques sectarios, lo cual es una buena noticia.

La meditación es el pilar del budismo. Aunque para penetrar en esta filosofía no es imprescindible meditar o conocer la meditación, su práctica está considerada como la herramienta de trabajo más importante para superar obstáculos a la hora de llevar los principios de Buda a la realidad.

Pero no me extenderé ahora más en este tema, que ya ha habido suficiente teoría por hoy.

*   *   *

(*5:15 de la tarde*)

La terracita delante de mi escritorio está medio cubierta con cañas secas. Éstas descansan sobre siete palos que, al mismo tiempo, se apoyan en tres largos troncos a la manera de una portería de fútbol. En la parte inferior del tronco izquierdo hay un agujero de más o menos 12 milímetros. No me he parado nunca a mirar, pero parece tener cierta profundidad.

¿Por qué comento un detalle tan insignificante? Porque cada jornada se produce en este agujero un acontecimiento mínimo, pero que a mí me causa cierta gracia.

Dos o tres veces al día se presenta volando un moscardón gordo y azulado. Da una vuelta al tronco y hace unas cuantas subidas y bajadas, suspendido en el aire, hasta plantarse delante del agujero. Entonces se acaba de decidir y entra con impulso.

Este agujero es, pues, su casa.

Curiosamente, no lo veo salir, debe descansar ahí dentro.

Esta discreta observación se ha convertido en un hábito diario para mí. Siempre que lo veo rondar pienso: «Míralo, el sr. Moscardón vuelve a casa». Y sigo sus evoluciones hasta verlo entrar.

Se trata de un placer mínimo, de esos inexplicables que ganan fuerza con la repetición, como si ésta fuera señal de que todo está bien, que todo va como tiene que ir. Si un día el moscardón no aparece por su casa, ni el otro día, ni el siguiente, entonces sentiré que algo se ha roto, que al universo le falta algún detalle, algún condimento.

Puede que al cabo de un tiempo aparezca otro moscardón, se haga amo y señor de la casa y el ciclo vuelva a empezar. Entonces, todo volverá a fluir. Y no será importante saber que aquel insecto es, seguramente, otro que ocupa el lugar del antiguo. Lo importante será que se ha reestablecido el orden y las cosas vuelven a ser tal y como eran siempre.

Ésta es la visión de la muerte que ofréce Buda. Somos temporales, impermanentes, pero al mismo tiempo somos eternos. Porque el tiempo no empieza ni acaba nunca, y hoy, tal como me dijo un amigo, hay un hombre que come en esta mesa, una mesa de miles de años; mañana este hombre puede haber desaparecido, pero no es importante, otro comerá en su sitio.

La rueda de la existencia seguirá girando.

Me viene a la memoria el caso que me explicó hace poco el camarero zen. Al parecer, un perturbado mental secuestró un avión (donde, además, viajaba la alcaldesa de Sevilla) para ir a Tierra Santa. Según me explicó, se armó un jaleo terrible y a través de un teléfono móvil consiguieron saber quién era el secuestrador en cuestión, incluso ponerlo en contacto con su psiquiatra, que lo quiso convencer.

Relatado por el camarero, la conversación fue así:

—Quillo, está muy bien que quieras ir a Tierra Santa, pero no por eso has de obligar a estos señores a ir también…

Después de eso, se rindió, entregando el arma, que era un mando de televisión.

Identifiqué esta noticia rocambolesca con los personajes de un libro de relatos que estoy preparando, donde una serie de individuos intentan llevar a cabo un sueño que no tiene realización posible. Uno de los relatos, aún en notas, es muy similar a este incidente comentado por la prensa. Es como si se hubiera escapado de mis notas (aletargadas hace años) y, cansado de esperar, este soñador se hubiera incorporado a la realidad para cumplir su destino.

Deseo que sea tratado por el brazo de la ley con la máxima delicadeza (aunque eso sea imposible). Que pueda ir pacíficamente algún día a Tierra Santa, aunque sea en bicicleta. Nadie me merece más respeto que aquel que, sin hacer daño a nadie, se atreve a llevar a cabo su sueño.

Quien rompe las reglas de la realidad se libera a sí mismo y libera a los demás, pues les muestra que es posible salir del camino prefijado. Por eso mismo nos gusta leer libros, ver y escuchar historias de personas que hacen lo que nosotros querríamos hacer, pero no nos atrevemos.

Faltan alas para la cabeza.

* * *

(*7:15 de la tarde*)

Éste es un día de muchas escrituras (relativamente) breves. He estado estudiando la visión que tienen los tibetanos de la muerte y las prácticas que se recomiendan para ese tránsito. Realmente, no es el tema más alegre en el que pensar.

Mientras hojeaba sobre un tipo de meditación fúnebre, me he acordado de lo que me dijeron de un monasterio católico donde los monjes todo el día rezan, ayunan y piden perdón por sus pecados. Entre ellos no hablan, se limitan a rezar su rosario y hacer el trabajo que tengan que hacer. Cada vez que dos monjes se cruzan en un pasillo o se encuentran en la mesa, se dicen una sola cosa: «recuerda, hermano, que un día vas a morir». Y continúan su curso.

Una alegría similar he encontrado en las meditaciones fúnebres que he leído. Se siguen nueve puntos que quieren recalcar la inevitabilidad de la muerte desde todos los aspectos. Se propone, incluso, una práctica diaria para visualizar tu propio fin con los dolores y tristezas que la acompañan.

Está bien tener conciencia de la muerte, me digo, pero no sé si es bueno pensar tanto en ella.

Si tratamos de encaminar la vida, que nadie sabe si será corta o larga, proyectándonos siempre en la muerte, tal vez no encontremos la energía para emprender aquello para lo que estamos destinados.

Quizás no hace falta preocuparse con antelación. Cuando la muerte presente su tarjeta de visita, a través de la enfermedad o de la vejez, por ejemplo, tomaremos buena nota de lo que hay y nos prepararemos lo mejor que sepamos. Y si uno no ve acercarse la muerte (un accidente, un ataque al corazón…), tampoco pasa nada. Te vas y ya está.

No me parece necesario mezclar: la vida está para vivirla y la muerte para morirla, tan simple como eso.

Le doy el tiro de gracia a la cuestión con una buena reflexión de Epicuro al respecto en su *Carta a Meneceo*:

La muerte, temida como el más horrible de los males,
no es, en realidad, nada,
pues mientras nosotros somos,
la muerte no es,
y cuando ésta llega,
nosotros no somos.

28 de junio, domingo
O Sel Ling

(*10 de la mañana*)

Me asombra lo radiantes que son aquí las mañanas.

Aunque es domingo no he dejado de ir a la sala de meditación a las siete y media. Estos últimos días se han sumado muchos participantes que bajan del curso de masaje shiatsu, por lo que la sala estaba casi llena.

Cuando tomo de buena mañana el camino hacia el templo, el Sol apenas se entrevé tras las montañas. Después de la meditación y el largo desayuno, ya domina el cielo, proyectando su luz amarilla. Las flores adquieren entonces un color intenso, que destaca sobre el fondo árido de las montañas.

En algún sitio he leído que los colores brillantes facilitan un estado de felicidad. Puede que sea por eso que me hacen sentir tan bien las mañanas aquí.

Después del desayuno, mientras me hacía otro té, he tenido una larga conversación con la directora del centro. Se ha mostrado muy comunicativa y hemos discutido sobre el futuro espiritual para el nuevo milenio que tenemos a las puertas.

Preguntándole luego sobre su historia, he sabido que el padre de ella dirigía una de las principales agencias de viajes del país.

Después de esta conversación me he preguntado: ¿Es un mérito extra, cuando alguien proviene de un entorno acomodado, renunciar a su nivel de vida y retirarse de la sociedad?

El mismo Siddhartha Gautama era hijo de un rey.

Por una parte, se podría decir que sí, porque se pierde más en el cambio de vida que alguien que viene de un entorno humilde. Pero, por otro lado, los buscadores de buena cuna son quienes mejor lo tienen para lanzarse a la aventura y embarcarse en cualquier cosa. Si el intento fracasa o se cansan al cabo de unos años, siempre pueden volver al lugar del que han venido, pues las propiedades seguirán allí.

En cambio, si eso pasa a un obrero que ha renunciado a su puesto de trabajo, imprescindible para su subsistencia, según la edad que tenga puede que se vea viviendo bajo un puente. Si lleva mucho tiempo retirado, quizás tampoco tenga derecho a pensión, así que le resultará mejor seguir en el monasterio.

También en la espiritualidad, las personas de clase adinerada tienen más libertad de movimientos y seguridad que el resto.

Hoy he sabido cómo se formó la Fundación para la Preservación de la Tradición Mahayana, a la que pertenecemos, y por qué la sede central estaba y está todavía en California.

No sé si me han ornamentado mucho el relato, que casi parece un cuento, pero viene a ser éste:

La hija de una princesa rusa emigrada a Estados Unidos, que incluso llegó a ser actriz de Hollywood (*no recuerdo su nombre*), leyó un día un libro sobre el Tíbet donde se hablaba de un cierto lama. Quedó tan impresionada por la personalidad de este hombre que decidió salir de viaje para conocerlo.

En aquel tiempo, a principios de los sesenta, el Tíbet había dejado de ser una nación libre y la mayoría de lamas y monjes estaban en campos de refugiados en Nepal e India.

Esta americana llegó a un campamento de Nepal donde se suponía que tenía que vivir este hombre. No lo encontró; a quien sí encontró fue al Lama Yeshe y al Lama Zopa Rimponché (que quiere decir reencarnado), su discípulo. Le dijeron que el hombre que buscaba había muerto hacía tiempo. A pesar de su decepción, la antigua actriz se quedó unas semanas en el campamento, donde se sintió fascinada por estos dos lamas y sus enseñanzas.

Con sus propios recursos, ella propuso abrir un centro de budismo tibetano para instruir a occidentales. Al principio, los lamas se negaron, pero ella insistió en la importancia de llevar el Dharma a la sociedad occidental y les convenció.

Se fundó un primer centro de retiro, creo que en el mismo Nepal. Como era la época de ebullición hippie, muchos jóvenes pasaron por este monasterio. Los lamas no salían de su asombro al ver aquella fauna humana con pintas que para ellos debían de ser insólitas.

Con los años el proyecto se fue consolidando, y gracias a las donaciones de los occidentales se pudieron ir abriendo centros y monasterios en todo el mundo, hasta llegar a los más de cien que hay ahora, como este en las Alpujarras, o un pequeño centro que hay el Eixample barcelonés.

Ésta es la historia, al menos como yo la he entendido.

* * *

(11:45 de la mañana)

He hecho una pausa para regar los árboles alrededor de mi cabaña, una ocupación sencilla pero bonita. Luego he cogido uno de los libros de la biblioteca para leer un discurso del fundador de este lugar, el lama Yeshe.

Hace tiempo que está muerto y reencarnado, según dicen, en el niño del pequeño pueblo que se ve desde aquí. Lo descubrió el Lama Zopa Rimpoché, discípulo del anterior, al pasar aquí unos días. Tuvo un extraño sueño, se hicieron comprobaciones y enviaron el niño a Nepal.

Ahora se llama Lama Osel, en honor del centro O Sel Ling.

El discurso que he leído carga contra aquellos que intelectualizan el Dharma. Dice que el Dharma se debe aplicar en la vida diaria, y no someterlo a divagaciones intelectuales.

No sé si algo así es posible en nuestra cultura. Nuestro progreso se basa en la libertad de saber que todo es discutible, aunque nos equivoquemos gravemente. Como sucede en la ciencia, gracias a los errores aprendemos de primera mano los caminos correctos. La búsqueda de Occidente, tanto física como metafísica, ha comportado una andadura épica, llena de sacrificios, tropiezos y penalidades de todo tipo.

Quizá nuestra civilización se encuentre ahora en un callejón sin salida, pero eso no significa que los esfuerzos realizados sean en vano. Puede llegar el día en que la humanidad tome conciencia de la sabiduría acumulada desde los primeros pensadores (Sócrates, Buda y tantos maestros y maestras más) y aprenda a vivir más inteligentemente.

Eso también sería una Iluminación.

Me parece absurdo censurar que el individuo cuestione, examine un concepto antes de hacerlo suyo (y, por lo tanto, aplicarlo). Si no contásemos con esta protección, cambiaríamos de religión como de camisa.

No sé quién dijo que «la filosofía es la más indecente de las artes, porque le levanta la falda a todo el mundo».

La actitud crítica está mal vista en el budismo que he aprendido aquí. Te ponen un ejemplo que dio el propio Buda, donde describe tres obstáculos que impiden aprender el Dharma; lo hace comparando la persona y su conocimiento con el vaso vacío que debería contener el Dharma.

Eso es imposible si…

El vaso está boca abajo. El Dharma no puede entrar porque la persona está cerrada.

El vaso tiene un agujero. Lo que entra por un lado sale por otro, porque la persona no quiere (o puede) retener.

El vaso está sucio. Incluso la leche más pura se agriaría, se contaminaría con un vaso así.

Los que se hacen demasiadas preguntas, como yo, pertenecerían a este tercer obstáculo, y ahí reside su imposibilidad para iluminarse.

Eso lo deduje de la conversación que tuve con la monja Mercedes, que a pesar de todo demuestra ser mucho más abierta y tolerante que otros. Tiene una ternura e inteligencia naturales.

A lo largo de mi estancia aquí, la he estado persiguiendo para consultarle algunas dudas elementales. Hay que saber que en un lugar como éste es irreverente, y se puede entender, molestar a menudo a los residentes con preguntas o conversaciones. Aquí el silencio, el propio silencio de cada uno, es un bien muy preciado que se debe respetar.

Sin embargo, hoy la he encontrado en el jardín, más desocupada de lo habitual, y he aprovechado para consultarle estas cuestiones:

—Mercedes, ¿quién ha alcanzado la iluminación?

—Buda.

—Sí, ya... pero ¿quién o quiénes más? ¿Los que estudian el Dharma y lo aplican a su vida?

—No necesariamente.

—¿Los monjes?

—No necesariamente –sonríe–. A veces ni siquiera los lamas han alcanzado la iluminación.

—¿No? –me sorprendo–. Pero si un lama, alguien que consagra la vida al Dharma, no se ilumina. ¿Quién puede iluminarse?

—Buda, y los que son como Buda.

Me he quedado unos instantes en silencio, reflexionando. Después he preguntado:

—Si un lama, por ejemplo, alcanzara la Iluminación, ¿los demás lo sabrían? ¿Se lo revelaría?

—No, ¡no lo diría! ¡Faltaría más!

—Pero supongo que, si una persona consigue la Iluminación, los de su alrededor lo notaríamos...

—Lo dudo –contesta con firmeza–, porque estamos tan sucios por dentro que no podríamos captarlo. Ni lo veríamos. Fíjate que incluso hay quien critica al mismo Buda. Con eso ya te lo digo todo.

Sonríe a modo de despedida y sale por un caminito de hierba que sube prado arriba.

Yo me quedo allí parado, meditando sobre las cosas que reflejo en este cuaderno. Puedo estar equivocado y ciego de tanta suciedad que hay en mi vaso pero, como hijo de modista, no puedo evitar buscar las costuras de esta gran falda compleja que es la realidad.

*　　*　　*

(5 de la tarde)

Después de una breve siesta y de un poco de vaguear más tarde, he preparado el té y he encendido una barrita de incienso que dejó aquí mi antecesor/a.

En esta hora lenta, en la que incluso las ideas entran en letargo, me he acordado de la última anécdota del gracioso sabio zen, porque me doy cuenta de que ese camarero es un sabio.

Ayer, al anochecer, le acompañé a su casita, ya que él no vive en el centro. Para llegar se tiene que bajar saltando de roca en roca como un chivo. Una vez allí, quedé impresionado de que alguien pueda dormir en un sitio así: es una cueva, literalmente, llena de humedad donde el tejado rocoso desciende en diagonal hasta la cabecera de la cama.

Poco espacio hay aparte de esa cama. En comparación, mi cabaña es un chalé de alto *standing*.

Antes de llegar allí, me contó una de sus historias que relata con su gracia habitual:

—¿Sabes qué me ha pasado esta mañana? Que subí allá donde lo del masaje, voy detrás de la tienda grande a revisar una ducha cuando... ¡BUM! Me veo una chica en tetas.

—¿Y qué hiciste?

—Le pregunté la hora.

—¿Para qué? –le pregunto, sorprendido.

—Para venir mañana a la misma hora.

Después salta de tema y empieza a hacer coña sobre los perros del monasterio, que son tratados como reyes:

—¿Sabes qué haría yo con la abuelilla esa? La ponía a vender cupones. Ya verías tú lo que daba de sí la perra esa.

(*Por cierto, acaba de llegar el moscardón. Ya ha entrado en su cueva*).

Éstos fueron los últimos disparates de este personaje tan curioso, que tiene mujer e hijos que vendrán a visitarle un día de estos.

Vuelvo a toda prisa antes de que caiga la noche, pues entonces corro el riesgo de partirme la crisma para llegar hasta aquí. Me encuentro con una Luna muy luminosa entre dos árboles; parece pintada por Magritte.

Cambiando totalmente de tema. Me ha llamado la atención un folleto verde que he tomado de la biblioteca. Es del centro Mahayana de Barcelona. Al recibirlo, le doy la vuelta para ver la dirección y veo un cuadradito en la parte superior que dice esto:

Por respeto al Dharma, aconsejamos que guarden este folleto en un lugar limpio.

Si quieren desprenderse del mismo, les rogamos que no lo tiren, sino que lo quemen.

Muy intrigado, despliego el papel para ver qué tipo de informaciones sagradas contiene: habla de un curso-retiro de verano que hace un lama en Cataluña. Se informa del importe y del número de cuenta en el que satisfacer los gastos de inscripción.

Ya que hablamos de cursos, de aquí a unos días llegará un lama muy anciano de otro lugar a hacer un taller de diez días. He oído comentar a uno de los residentes que sólo se han apuntado cinco, cuando lo normal es superar las cuarenta personas.

He recordado que la directora dijo que no le gusta el traductor que suele llevar el lama.

Aprovechando que no había monjas en la terraza del monasterio, varios internos han discutido sobre el fracaso de la convocatoria. Al final es el Sr. Blanco, nuestro impecable y magnífico cocinero, quien dice con voz clara:

—Pues sí. Quizá este lama sea un coñazo.

Comentario que me ha hecho reír, pues es muy raro escuchar a un budista activo romper el protocolo de esa manera.

Una cosa que siempre me ha sacado de quicio es por qué hay tantos lamas, gurús y maestros que salen siempre riendo en las fotografías. No es ya una simple sonrisa, lo cual siempre es agradable, sino que son amplias carcajadas de oreja a oreja.

Cada vez que veo estas fotos, pienso: ¿De qué se ríen?

Yo soy partidario de reírme de todo, desde mí mismo hasta del líder religioso más sagrado. Pero esa no es la idea de quienes adoran las autoridades y las cosas sagradas.

Sólo los lamas pueden reír a mandíbula batiente.

En todo caso, si nos atenemos a la idea del NO-ATMAN (no-ser, no-sustancia) que defiende Buda, veremos que hay aún más motivos para reír, porque reír es relativizar la realidad y desproveerla de un peso y dignidad que no tiene.

Si nada tiene sustancia y la realidad es vacua (vacía), incluyendo toda persona, haremos muy bien riéndonos de aquellos que, contradiciendo sus enseñanzas, ostentan dignidades. De este modo relativizamos su posición, devolviéndolos a su lugar cambiante en un mundo cambiante que ellos predican.

Lo único que merece respeto para mí es el sufrimiento humano.

Ahora que lo veo todo con perspectiva, me doy cuenta de que todas las religiones resultan muy similares cuando las observamos de cerca. Tal vez porque su sabiduría está escrita en el Cielo, pero nuestra interpretación y nuestros actos son algo escrito en la Tierra.

29 de junio, lunes
O Sel Ling

(9:45 de la mañana)

La meditación de esta mañana en el templo ha sido la más difícil que he llevado a cabo, principalmente por los múltiples picores que asaltaban mi cuerpo, víctima de tantísimo mosquito emancipado que ataca sin miedo a represalias.

Ha sido una auténtica penitencia estarme allí quieto y sentado, cuando lo que deseaba era rascarme o meterme entero bajo un chorro de agua fría.

Pasado el suplicio, he desayunado largamente con los profesores ingleses del curso de Shiatsu, que se van hoy, y con la monja Mercedes. Ha sido una conversación monotemática sobre la estatua del proyecto Maitreya, que ya referí hace unos días.

Aunque he callado religiosamente (no provocaré polémicas el día en que me voy) no he perdido detalle de las informaciones y datos que se iban dando. Como dice el camarero zen, que cuando alguien le quiere explicar algo me señala y suelta: *«Cuéntaselo a éste, que le interesa todo»*, siempre me ha atraído cualquier cosa nueva o singular que esté pasando.

Y bien, ésta es la última cosecha, que me acerca más a la realidad de la estatua:

La altura superará los 150 metros, haciendo tres veces la Estatua de la Libertad. Al oír eso, uno de los profesores ha hecho un comentario bastante ingenioso:

—¿Ya tienen permiso del ayuntamiento?

La extensión que ocupará es enorme, ya que, juntamente con la estatua, se han de hacer jardines y edificios públicos. En el interior de este Buda Maitreya (el próximo Buda que ha de venir a iluminarnos a todos), que estará sentado, habrá salas de meditación, una biblioteca, monasterio, y se supone que también ascensores.

El coste inicial de la obra se ha estimado en 100 millones de dólares, aunque una vez en marcha siempre aparecen imprevistos y el coste se puede disparar.

Estado de la obra: ahora mismo tienen ya el solar, cerca de donde Buda se iluminó. El siguiente paso será activar toda la maquinaria para recaudar este dinero y empezar la construcción.

Fechas previstas:

INICIO DE LA OBRA: 1999
FINAL: 2000
FINAL DEL INTERIOR: 2006

Un apunte: actualmente se busca un material adecuado para que el Maitreya dure 1000 años.

¿Tan optimistas son sobre el futuro del mundo?

(*)[4]

* * *

(*11:30 de la mañana*)

Escribo las últimas líneas desde este mirador privilegiado sobre la Tierra y las acciones humanas.

Después de esto recogeré mis cosas, arreglaré un poco mi cabaña y comeré con los compañeros hasta que el Taxista me baje a Padre Eterno.

---

4. El 2014, las obras para el Buda Maitreya en Bodhgaya no se habían iniciado aún, aunque esperaba realizarse una estatua de menor tamaño, debido a la situación mundial y a los numerosos obstáculos que habían surgido. Diez años después, he perdido el hilo de este proyecto, del que no encuentro nueva información en las redes.

Allí empezará mi lento regreso, que me llevará mañana por la mañana a Barcelona, donde retomaré mi existencia normal, atendiendo a nuevos deseos y problemas.

¿Conclusiones? Mejor no sacarlas.

Además, ¿no dicen que «nada empieza ni acaba, todo fluye eternamente»? Tampoco quiero recurrir al tópico: lástima que se acaba, ahora que empezaba a estar bien, porque no sería verdad.

Creo que, ahora mismo, he hecho ya todo lo que tenía que hacer aquí. Es momento de apartarse de este oasis de estudio y meditación para ver qué frutos ha dado, si eran comestibles o venenosos.

Sólo se me ocurre un pequeño consejo que dejo para nadie:

Que nunca cambie de religión quien ya tenga una,
perderá tiempo y energías dando una vuelta
que le llevará al mismo sitio.

Y quien no la tenga, quizá es porque no la necesita. Al fin y al cabo, la sencillez, la compasión y la inteligencia no se guardan en ninguna estupa, cruz o mezquita. Son hijos de la comprensión que descansa en cada ser humano.

Acabaré con una nota lúdica, pues he recordado una historia de *Las aventuras del soldado Švejk*, de Jaroslav Hašek, que viene muy a cuento. Dice así, *grosso modo*:

Un pobre campesino vio como el temporal arruinaba gran parte de su cosecha. Como estaba cargado de deudas, empezó a temblar, pensando que tendría que vender los cerdos y la vaca para pagar a sus acreedores.

No salía de su desesperación cuando pasó por allí un sacerdote que quiso darle consuelo. El campesino le explicó su desgracia, con lo que el cura, sacando un libro de la bolsa, se lo dio, diciéndole:

—Toma este catecismo y reza al Señor para que te ayude. Su compasión te sacará de este mal trago. –Y se marchó.

El campesino se puso a estudiar el catecismo y a practicar la oración. Pasaron las semanas y, como lo que sacó de la diezmada cosecha apenas proveía su subsistencia, mientras los acreedores apretaban y amenazaban, acabó teniendo que vender el ganado para pagarles.

Allí mismo, donde se encontraron por primera vez, pasó meses después el mismo cura. Éste le preguntó:

—¿Qué? ¿Qué tal ha ido?

A lo que el campesino contestó:

—También podría haberlos vendido sin el catecismo.

* * *

Padre Eterno

(*3 de la tarde*)

Con la mina del bolígrafo roto sigo escribiendo este diario. Por razones de tiempo, me han bajado en Jeep hora y media antes de que pase el autocar que va a Granada.

Aquí prácticamente no hay nada: la carretera, un almacén abandonado con las letras medio borradas que indicaban el sitio. El nombre le viene por dos ermitas que se llaman así. Una está al lado de la carretera, no más grande que una barraquita, y la otra, más retirada y con más sombra, donde me he refugiado a esperar.

Mirando por la reja se ven algunos bancos polvorientos, un cirio aún encendido en mitad del pasillo y, al fondo, una gran pintura de Dios, con la barba blanca y el triángulo sobre la cabeza.

Pero el motivo de haber continuado con la escritura es un último evento que ha pasado justo ante de irme, mientras me despedía de los residentes.

De repente ha llegado un chico de algo menos de treinta años. Iba vestido como un luchador de kung-fu, con zapatillas, pantalones anchos y suéter negro; llevaba el pelo rapado. Se ha plantado ante nosotros, en la terraza, y se ha cuadrado con los puños cerrados sobre el estómago, igual que hacen los luchadores de artes marciales antes del combate.

Todo el mundo ha pensado que sería una broma y ha sonreído, pero él se ha quedado firme y en silencio. Al final, ha preguntado:

—¿Dónde, la oficina?

Le hemos dicho que estaba cerrada hasta las tres. Se ha quedado petrificado un rato; después ha dicho que viene para hacer un retiro. Enseguida hemos llamado a Mercedes para que le atendiera y él la ha seguido, marcando casi un paso militar tras ella.

Todo el mundo ha mostrado su extrañeza por aquella aparición. Tomasillo ha dicho:

—Debe de ser un meditador zen. Son muy disciplinados. Demasiado…

Esto no es diferente a otros sitios pequeños. Como nunca pasa gran cosa, las noticias vuelan y transcienden a la velocidad de la luz. Todos quieren estar al día de los últimos chismes.

Mientras bajaba con el Jeep, el serio Taxista me ha informado de la conversación que ha tenido lugar en el despacho de la monja y a la que ha podido asistir.

Dice que ha ido así:

M. –Quieres hacer retiro una semana, ¿no?
Z. –Sí.
M. –¿Has hecho alguna vez retiro?
(*Silencio de diez segundos*).
M. –Que si has hecho retiro, pregunto.
Z. –No.
M. –¿Tienes práctica en meditar?
(*Otro silencio, más largo que el otro. Ella repite la pregunta*).
Z. –Sí.
M. –¿Dónde has aprendido?
(*Otro silencio*).
Z. –Yo solo, con un libro.
(*Enseña un libro de zen*).

M. –Y ¿cuándo meditas? ¿A qué hora? ¿Qué frecuencias?

Z. –Medito siempre, por el día y por la noche.

A partir de aquí mi chófer no se ha podido enterar de más porque me ha venido a buscar. Sólo sabe que le ha tocado una casita que se llama Maitreya (como el Buda sentado), que es la más cercana a la mía, que por cierto se llama Asanga. Me digo que es una suerte que ya no me encuentre allí, o habría tenido pesadillas.

Enseguida el conductor se ha animado y me ha explicado otro caso de un verdadero «tocado» que aterrizó en O Sel Ling.

Una tarde llegó un hombre joven muy extraño que preguntaba si se podía quedar allí. Le dijeron que no, pero como insistió mucho, le dejaron quedarse a dormir aquella noche.

Al anochecer, le perdieron de vista. Lo buscaron por el jardín, por las cabañas, pero nada. Salieron varios a rastrear los caminos más alejados, con linternas y tal.

Lo encontraron parado a un lado del camino. Miraba fijamente hacia arriba y hacía extrañas señales con la mano.

Uno se le acercó y le preguntó:

—¿Qué haces?

—Hablo con esa estrella. ¿No ves que me parpadea? Está contestando. ¡Contesta!

A la mañana siguiente le dijeron que no se podía quedar más allí, que tenía que irse. El tipo pidió que le subieran a la montaña más alta para poder ser abducido.

Para quitárselo de encima, fueron dos y lo dejaron con su equipaje lo más alto posible.

Unos días después supieron que la Guardia Civil lo había ido a buscar después de que entrara en un cortijo, donde se coló a pasar la noche.

Lo bajaron al momento.

Este tipo de historias sólo pueden pasar en un sitio tan desolado como éste.

Parece mentira, apenas ha pasado una hora y ya lo veo todo como una imagen lejana.

Mientras espero la llegada del autobús, leo en una revista por qué el Buda chino está tan gordo y sonriente. Es curioso: está inflado porque se come el dolor del mundo, que queda en su barriga. Ríe mucho porque lo hace a gusto, le gusta tragarse nuestro sufrimiento.

No sé si puede hacer una analogía con los lamas.

En todo caso, ahora que estoy lejos de maestros y discípulos, el asfalto y los camiones que pasan de vez en cuando me recuerdan que he regresado a la civilización.

Tengo la impresión de haber salido de una burbuja. Incluso los árboles parecen aquí más prácticos y serios. En el aire, el polvo. En la memoria, el ruido de la campana en el templo, llamando a la meditación.

Ante mí hay una señal de madera de la Junta de Andalucía:

P. N. SIERRA NEVADA
Ruta pintoresca

* * *

Granada

(*8 de la tarde*)

Estaba destinado a entrar aquí de nuevo. Tras recorrer todo el centro y buscar un sitio tranquilo entre las teterías, he acabado saliendo por una plaza hasta que me he topado con el Café Lisboa.

Entonces he recordado que este café, que no tiene nada especial, fue el primer sitio donde me senté después de atravesar la ciudad, cuando era tan temprano que toda Granada dormía.

Al encontrarme de nuevo ante la puerta de cristal, me ha asaltado una nostalgia anticipada: una nostalgia de diez días, que ahora me parecen diez meses, llenos de principios y finales.

Pero ahora la calle está llena de vida, un lunes que podría ser sábado de tanta gente que se lanza sobre los helados, mientras los coches quedan atrapados en el centro.

¿Cuánto tarda en disolverse un oasis? ¿Puede ser que, en unas cuantas horas, el poso budista haya peregrinado a las antípodas de mi cabeza? ¿Me asaltarán en sueños los difíciles conceptos sobre la existencia?

Demasiadas divagaciones. Cuando empiezan a complicarse las frases es mejor dejar de escribir. Habrá que ir acabando.

Si son las ocho y media de la tarde y estoy en Granada, eso quiere decir que ahora me levantaré de la silla, pagaré el agua que me he bebido, iré a la parada de autobús, cogeré el que me llevará a la estación, donde me espera un tren nocturno con destino a Barcelona, y el tren arrancará y yo miraré por la ventana, y no sé qué veré o pensaré, y quizá en algún momento dormiré. Sí, dormiré. Y me parecerá, así, que viajo más rápido.

Porque mañana, mañana habrá acabado todo para volver a empezar.

Buenas noches y gracias por estar aquí.

«Tu hogar no es donde naciste;
tu hogar está allí donde cesan
todos tus intentos de escapar».

Naguib Mahfouz

Agradecimientos

A Juli Peradejordi y Anna Mañas, lúcidos editores de este libro.

A Enric Jardí, por esta portada tan distinta, y al buen amigo Carles Prats por ponernos en contacto.

A Sandra y Berta Bruna, por acoger con cariño los dos volúmenes de mi biografía.

A Víctor Jurado, por transcribir el cuaderno naranja con brillantes apreciaciones.

A los lectores de *Los lobos cambian en el río*, gracias por vuestros comentarios tan generosos y entusiastas los últimos años. Me habéis dado alas para hacer realidad *Escrito en la Tierra*.

A los lectores de mi Monday News, que muchos lunes no llega. Vosotros me sugeristeis que las reuniera en un libro. En la segunda parte de este volumen creo que he dejado las mejores.

A todas las almas que buscan la espiritualidad, sea en las Alpujarras o en el sofá de casa. Espero que nadie se sienta ofendido por mis andanzas y comentarios. Soy partidario de no tomarme la vida –ni nada– demasiado en serio.

A ti, que sostienes este libro, ¡gracias por existir!

Índice